この1冊で公認心理師・臨床心理士・養成大学院入試に使える！

心理学頻出キーワードとキーパーソン+英語集中対策

（研究計画書対策も収録）

編著：IPSA心理学大学院予備校

秀和システム

はじめに

　本書は、公認心理師や臨床心理士の養成大学院の試験で必要な「心理学（統計学や精神医学等も含む）のキーワードやキーパーソン」「心理英語」「研究計画書作成」に関する対策や、公認心理師・臨床心理士両資格試験の試験対策に使えるテキストです。

　2021年2月刊行の「心理系大学院入試＆臨床心理士試験のための心理学標準テキスト'21～'22年版」とあわせてもお使いいただけるようにしております。

　第1回の公認心理師試験が、2018年9月に行われ、北海道での追加試験が同年12月に行われました。その後、公認心理師試験が毎年行われており、数多くの公認心理師新規取得者が生まれてきています。（ここからは少し内容が難しいので、ある程度本書を読まれてから改めてお読みください）

　フロイトが自由連想法による精神分析を始めたことは偉大な功績です。フロイトがいなければ他のほとんどの心理療法は存在しえませんでした。フロイトに大きな影響を受けたユングやアドラー、その他にも書けばキリがないほどの新フロイト派、対象関係論学派といった精神力動的な臨床家がいます。

　そういった精神力動的心理療法の流れに対して、より科学的な立場で発展させる貢献を果たしたスキナー、アイゼンク、マイケンバウムらの行動療法家、認知療法を生み出したベックら。彼らによってさらに科学的、論理的、効率的な心理療法の礎が築かれていきました。

　そのような科学的、論理的、効率的な心理療法だけであってはいけないという警鐘を鳴らしたのがロジャーズらの人間性心理学派でしょう。人間が人間らしく扱われる、そのためには単に科学的に実験を行ったり、効率性のみを考えたりすることだけでは不十分でした。もちろん、先に挙げた行動療法家が非人間的だという意味では決してありません。そういった考え方が現れること、論争が繰り広げられることが臨床心理学、心理臨床を成長させていく必然的な流れだったのかもしれません。

　その後、個人療法では対象とできなかった複数人を対象とした家族療法や、問題点をクローズアップせず短期解決へ導くブリーフセラピー、クライエント個々人の

持つ物語や、クライエントの持つ力を尊重し、クライエントとの協同作業を重視するナラティブアプローチ（ナラティブセラピー）やコラボレイティブアプローチといった様々な形に広がっていきます。

　心理療法の最先端はやはりアメリカですが、アメリカでは保険制度の都合上、より短期間でより効果的なものが求められるようになり、そういった背景から認知行動療法や対人関係療法、ブリーフセラピーが心理臨床家に多く用いられるようになってきました。一方で家族療法は、心理臨床家だけではなく、アメリカでは専門的地位を確立しているソーシャルワーカーの間で重宝されています。

　「治す前に予防する」という観点から、マインドフルネスという概念を用いた第3世代の認知行動療法に用いられる"マインドフルネス"という概念や"ポジティブ"に焦点を当てるポジティブ心理学の考え方は、今やアメリカではメジャーとなっているようです。

　日本では、まだまだ上記のような心理療法は少数派ですし、心理臨床家やソーシャルワーカーの多くは家族療法とほとんど関わりはありません。日本がアメリカのようになることが最善とは決して言えませんが、ベックが「全ての心理療法は最終的に統合されるだろう」と考えているように、学派同士が対立するのではなくクライエントにとって最善のものを提供できるよう互いに切磋琢磨していければと思います。

　著者らは、そういったクライエント第一の立場で、よりよいカウンセリングルームを運営していくことを常に考え、できる限り大学院予備校でも古いものから最新のものまで偏りなく教え伝え、研修会や研究会・ポータルサイトを運営していくことなどを通して発信し続けています。本書の執筆内容を含め、まだまだ至らぬところも多くありますが、一歩一歩前進していけたらと思います。

　精神分析が始まった1886年から数えて、2021年で約130年というまだまだ若い領域です。ぜひ日本の若い世代がもっと世界の心理療法の潮流へと入っていきましょう！そのために、まずは大学院への入学や公認心理師・臨床心理士試験の合格という"始まり"があります。いつかみなさんと学会の場などでお会いできることを楽しみにしております。

2021年　IPSA心理学大学院予備校　浅井伸彦

心理療法の系譜

心理療法は、精神分析を祖としているといわれますが、大きく見ると精神分析のほかに、宗教やメスメルの動物磁気から始まる催眠、宗教に対しての科学（的見方）も心理療法の元になっていることがわかります。

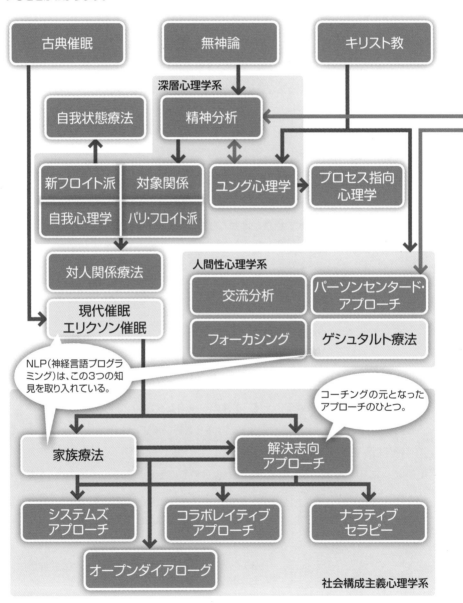

日本では、深層心理学系や人間性心理学系が優勢で、最近になって認知行動療法やマインドフルネス、EMDRなども注目がどんどん高まってきました。

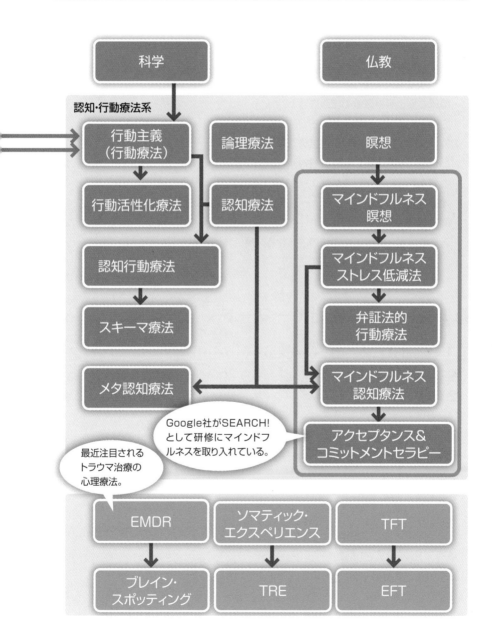

目　次

第1部　心理学頻出キーワード

第1章　心理学一般 ……………………………… 27

第2部　心理英語

第3部　研究計画書

本書の特長

　本書は、公認心理師・臨床心理士養成大学院入試や、臨床心理士試験のためのテキストとして、様々な工夫がなされています。

　第1部の心理学必修キーワード編では、最新の心理学事情も含めた新しい知見を知ることができる。
　➡心理学の歴史の流れに沿ったかたちで、キーワードがまとめられています。

　重要な英語で覚えておくと便利なキーワードについては、英語を併記している。
　➡重要キーワードに英語を併記していることで、専門用語の学習にも使えます。

　第2部の心理英語では、心理系大学院を目指す方が、大学院入試で必要とされる英語力を身に付けるために作成されている。
　➡英語レベルチェック、基礎的な英語学習から応用まで系統的に学習できるように構成されています。

　英語長文は、一般心理学から臨床心理学など多彩な内容の文章を掲載している。
　➡心理英語であっても幅広い内容を学習できるように、厳選した文章で学習できるようにしています。

　第3部の研究計画書では、心理学初学者でも研究計画書が作成できるように構成されている。
　➡作成までの準備から、完成までのアプローチ、面接対策まで研究計画書に関する事柄を掲載しています。

　有用書籍や有用なツールを提示することで、本書以外での学習や研鑽、臨床心理士・公認心理師になって後の就職のきっかけも得ることができる。
　➡本書に収まらない情報を獲得していく手助けとして使えます。

臨床心理士資格と、臨床心理士資格試験について

　2017年9月、ついにはじめての国家資格である「公認心理師」が創設され、2018年には初めての公認心理師試験が行われ、2021年9月には第4回公認心理師試験が行われました。

　心理学関係の国家資格は2017年以前には存在せず、現在は文部科学省の認定する臨床心理士（財団法人日本臨床心理士資格認定協会）や、産業カウンセラー（社団法人日本産業カウンセラー協会）、シニア産業カウンセラー（同協会）などが、事実上最も知名度も高く信頼される資格と考えられています。臨床心理士が今後どのような立ち位置の資格となるか、まだ誰にもわかりませんが、国家資格創設後も一定の優位性を持って存続し続けるであろうことが考えられます。臨床心理士という資格がこれまで長年培ってきたものを享受するという意味では、国家資格のみ保持するよりも臨床心理士を同時に持つことによって、よりスキルアップが望めるかもしれません。

　心理職が活躍できる領域として、教育・医療・福祉・司法・産業の5領域がありますが、公認心理師資格と臨床心理士資格が、今後どのようにこれらの領域の中で活用していくのかは、まだ誰にもわかりません。徐々に公認心理師という資格が浸透していくについて、その役目が明確になっていくことでしょう。たとえば医療領域において、公認心理師の行為がどの程度診療報酬の対象となるかは大きな関心事です。これまでも「臨床心理士技術者」という形で、診療報酬の対象となる心理検査・集団精神療法・デイケア・ナイトケアがありました。診療報酬は2年ごとに改定されることから、2022年や2024年と改定を経る中で公認心理師の役割が明確化していくことと考えられます。

　公認心理師の養成カリキュラムについては、大学の学部カリキュラムと大学院カリキュラムとがそれぞれ定められ、臨床心理士指定大学院のカリキュラムとは別のものとなります。公認心理師資格試験を受験するためには、公認心理師の学部カリキュラムと大学院カリキュラムの計6年間を経て、その上で国家試験を受けることが必要となります。

臨床心理士資格試験を受験するためには、4年制大学を卒業後、臨床心理士専門職大学院か第一種臨床心理士指定大学院を修了すること、もしくは第二種臨床心理士指定大学院を修了後、1年以上の実務経験を経ることではじめて受験資格が得られます。多くの指

定大学院が、第一種指定になるための基準を整えて、第二種から第一種へとなってきていますので、大学院の数としては圧倒的に第一種の方が多い状態です。

　臨床心理士資格試験の一次試験（マークシートと論述）は、毎年10月に東京で行われ、合格者のみ11月に東京での二次試験（口述）に進むことができます。筆記試験と面接試験の両方をクリアすることで、翌4月に臨床心理士資格が与えられることとされています。臨床心理士は、1988年に第1号の臨床心理士が認定されて以来、2020年4月1日現在では、38,397名が認定されています。臨床心理士に求められる専門的能力は、

1 心理検査等を用いた心理査定（アセスメント）や面接査定に精通していること、
2 面接援助技法と対応能力を持っていること、
3 地域でのコーディネーティングやコンサルテーションに関する能力を持っていること、
4 様々な心理臨床実践に関する研究や調査、発表などを行う能力を持ち、それを実践すること

の4つが挙げられます。

　臨床心理士は資質の保全のために、5年ごとの資格更新制度が定められているため、認定協会に定められた学会に参加や発表、研修会の参加、スーパーヴィジョンを受けることなどを通して、5年間で15ポイント以上を取得しなければいけません。臨床心理学は、他の学問と比べてかなり現場による差や個人差が大きく、曖昧な部分を含む学問です。そのため、臨床心理士は日々の臨床の中で実践を行っていくことや、その都度振り返りを行うこと、研究やケースカンファレンスなどを通して成長していくことが必要です。資格を取ることは始まりにすぎず、そのあとどのようなプロセスを経て自らのスキルアップを行っていくかを常に考えていくことが重要です。

　参考に、2020年度の臨床心理士資格試験の合格率は、64.2％で、1,789名中1,148名が合格しています。合格率はここ10年間は60％台を推移しており、今後も恐らく60％前後がしばらく続くものと予想されます。

公認心理師養成大学院と臨床心理士指定大学院

前項でご紹介した臨床心理士の指定大学院（以下、指定大学院）について、2020年7

月時点で、専門職大学院が5校、第一種指定大学院が157校、第二種指定大学院が8校あります。公認心理師養成大学院については、各大学院が公認心理師カリキュラムを取り入れるかどうかを独自に決め、ホームページやパンフレットに掲載していっています。前述のように、公認心理師カリキュラムは大学学部カリキュラムと大学院カリキュラムの2つに分かれるため、大学学部カリキュラムのみ取り入れる大学、大学院カリキュラムのみ取り入れる大学(大学院)、大学学部と大学院の両方のカリキュラムを取り入れる大学に分かれ、煩雑になることが予想されます。また、公認心理師のカリキュラムだけではなく、臨床心理士指定大学院のカリキュラムとの兼ね合いもありますので、さらに煩雑になるでしょう。

　受験の要件として、若干大学院によっても異なる部分はあるものの、一般的には4年制大学を卒業程度とされています。そのため、4年制大学を卒業していない場合は、短大や専門学校を卒業後に4年制大学に3年次編入するなど、大卒資格が必要となっています。また、社会人入試という形で一般入試とは別に枠を設けている大学院もありますが、社会人が誰でも受けられる訳ではなく、やはり通常は大卒資格は必要ですし、「何年以上の勤務を終えたもの」と基準が定められています。基準については各大学院によって異なるため、各大学院のホームページなどを参照してください。指定大学院の試験科目や内容は、細かい部分については大学院によって異なりますが、主にほとんどの指定大学院では臨床心理学と英語(心理学や教育学、社会学などに関するもの)、研究計画書や進路に関する口述試験が課せられます。出願する際に研究計画書(専門職大学院の場合は活動計画書など)を書いて提出する必要があります。研究計画書とは、そもそも大学院とは研究を行うための研究機関ですので、研究を適切に行っていくことができるかどうかを見定めるためのものです。実際、専門職大学院を除く指定大学院では研究を行っていく必要があり、その大学院(修士課程)2年間の集大成として修士論文を執筆します。修士論文が認められれば晴れて大学院を修了ということになります。実際、多くの大学院を目指される方や大学院生は、研究を行うことや研究計画書を書くこと、研究に必要な統計学や質的研究法などの研究法を習得すること、修士論文を書き上げることで悩んでいます。
　著者らの運営するIPSA心理学大学院予備校でも、統計学や研究計画書の部分で不安を持っておられる方が多く、英語も同じように苦手な方が少なくありません。ただ、これらは完璧を求められるようなものではないですので、受験から大学院を修了までに必要な能力を効率よくつけていくことが求められます。

第一種指定大学院と第二種指定大学院、専門職大学院の違い

　では、第一種指定大学院と第二種指定大学院とでは、どのような部分が異なるのでしょうか。また、専門職大学院とはどのようなものでしょうか。第一種指定大学院は、大学の学内に附属の心理相談室等の設置が義務付けられており、臨床心理士の有資格者の教員の必要数が多く設定されています。簡単にいえば、臨床心理士になるための設備や人員が、客観的により整備されていると認められているのが第一種指定大学院であるといえるでしょう。

　第二種指定大学院は、大学の学内に附属の心理相談室を義務付けられてはいませんが、外部機関や学内実習などでそのあたりの補完を行っています。また、第一種指定大学院よりも臨床心理士の有資格者の教員配置の人数が緩やかであることが特徴です。だからといって、客観的に比較できる要因以外にも良し悪しを決める要因が考えられますので、必ずしも第一種が優れているというわけではありませんが、ほとんどの大学院が要件をそろえて第一種へと変わってきています。また、第一種指定大学院と第二種指定大学院の大きな違いとしては、「修了したその年に資格試験がすぐ受けられるか否か」ということがあります。臨床心理士は、医師免許や看護師免許とは異なり、卒業と同時に資格を得ることはできません。つまり第一種指定大学院の場合は、2022年3月に大学院を修了すると、2022年10月〜11月に試験を受けることになり、2022年12月に合格発表、2022年12月〜2023年3月までの間に資格取得見込みというポジションを手に就職活動を行い、大学院を修了した1年後の2023年4月から就職という運びになることが多いのです。大学院を修了してから試験までの半年間は、自分でもしくは大学院等の同級生らと試験勉強を続けながら、心理職などのアルバイトで生計を立てていくことになります。第二種指定大学院では、修了したその年の試験を受けることができず、実務経験を1年間積むことが必要になりますので、翌年の臨床心理士資格試験を目指すこととなり、実際の就職は大学院を修了してから2年後ということになります。

　また専門職大学院は、第一種とも第二種とも異なり、「修士論文を書くために研究を行う」ということをせず、臨床心理士として活躍するための実践的な学びを中心に行っていく大学院で、通常の大学院というよりは（良い意味で）専門学校のような大学院といえるでしょう。修士論文を書く必要がないため研究計画書を書く必要がなく、その代わりに活動計画書など、大学院で有意義な活動ができるかを出願時に提出したりします。また、臨床心理士資格試験の際の論述問題が免除されるのも魅力の一つです。

このようなことから、研究や統計、論述が苦手な方が「研究者になるつもりはないし、実践的な学びがたくさん得られるのでは」と思い、専門職大学院を好まれる傾向が強いように思えますが、必ずしも専門職大学院に圧倒的に魅力があるかというとそうではありませんので注意が必要です。専門職大学院は上記のような理由からか、比較的受験者数が多く、倍率自体はかなり高くなる傾向があります。また、学生の受け入れ人数が比較的多いことで、第一種指定大学院の大学院生と異なりカウンセリングのケースがほとんど持てないということも少なくないようです。学外実習など実践的な学びが多いとはいえ、果たして大学院生レベルで実習として従事させてもらえる内容がどれほどあるのか、そういったことを考えると専門書を読む暇がないくらいに忙しくなることもある専門職大学院よりも、第一種や第二種の指定大学院の方が良い可能性もあり、一概にどちらがいいかを語ることは難しいと言えるでしょう。また、公認心理師カリキュラムも専門職大学院と同じ最低実習時間数（450時間以上）とされたことから、さらに違いは少なくなったように思われます。

　以上のように、指定大学院の選び方は、単に大学の名前で選ぶのではなく、修士時代に行いたい研究内容や興味のある分野（教育関係の心理臨床、○○療法 etc.）の専門の教員が、指導教官として担当していただけるかというところが基準になってきます。大学院の特徴や指導教官などが、自分の研究・学習したいこととよく合っているかを精査した上で、受験校を選ぶ方がいいでしょう。
　IPSA心理学大学院予備校においても、心理系大学院受験のための、通学講座や通信講座を行っていますが、社会人の方で一度も心理学に接点がなかった方も多数おられ、ますます臨床心理士など心理学領域への興味・関心が高まっているように感じられます。

臨床心理士資格試験の試験内容

　臨床心理士資格試験の一次試験は、筆記試験として、マークシート形式の全100問からなる試験が実施されます。試験時間は150分とされており、100問に答えなければいけません。試験内容は、臨床心理面接や臨床心理査定、臨床心理学的地域援助、研究法や調査法、倫理・法律に関する領域の6領域から成ります。知識のみではなく、心理臨床にかかわる事例問題や、関連する法律などに関する事例問題、ロールシャッハ・テストのスコアリングを見て解釈をする問題など多岐にわたります。一次試験では、難問奇問が出てくることもあるため、なかなか満点を取ることは難しいと思われます。見たことのない語句が出てくる問題も出題されることが少なくありませんが、問題数も多いですので、慌て

ず解ける問題から冷静にどんどん解いていくことが求められます。臨床心理士資格試験の問題は、全てが開示されていませんが、認定協会が誠信書房から刊行している過去問で大体の傾向をつかむことが大切です。過去問と同じ問題や同じような問題が出ることもあるため、過去問は何度も目を通し、ほぼ完全に解けるようになっておきましょう。

　また一次試験には、マークシート形式の筆記試験のあと、90分間で1001〜1200字で答えることを要求する論述問題が含まれています。この論述問題は、一次試験では評価の対象とされず、一次試験を通過して二次試験に行った際の参考として一緒に用いられるようです。それでも、一次試験のときに書いたものを、あとで修正を加えることはできませんので、マークシート形式の筆記試験とともにこちらも万全で臨まなければなりません。二次試験は面接試験（口述試験）です。二次試験では、面接官や受験生によって問われることが異なるため、全てを予測することは難しいですが、面接では常識的な服装、礼儀、態度で臨みましょう。

　面接では、どんな状況にも冷静沈着に対処できる能力、2名の面接官に対する礼儀と応答力、臨床心理士になるしっかりした自分なりの目的と心構えが要求されているのかもしれません。大学の学部生からストレートで大学院に入り、臨床心理士試験を受験した人と比べて、他の経歴から転向して大学院に入り、臨床心理士試験を受験した人の方が、「なぜ元の職業を辞めてまで臨床心理士を取ろうと思うのか」「職業はそのままで臨床心理士の資格を取ることに一体どういうメリットがあるのか。必要ないのではないか」といったことを聞かれることがあるなど、厳しくなる可能性があります。自分なりの答えを冷静に答えられるよう、あらかじめよく考えておいて面接に臨みましょう。

心理系大学院の試験内容

　試験科目としては、専門科目・外国語科目・面接試験という形で、多くの大学院の試験が行われています。専門科目には、臨床心理学（心理臨床、心理査定、地域援助など）、心理学一般（臨床以外の心理学）、統計学、精神医学などが含まれ、知識や対応力が問われます（大学院によっては、その他の専門的な内容が問われることも）。

　外国語科目では、英語・フランス語・ドイツ語・中国語などの中から選べることもありますが、もちろん多くの受験生が選ぶのは英語です。外国語科目では、全訳、部分訳、要約などの和訳問題が多く、文法問題や英作文が課される大学院はまれです。

臨床心理士資格試験の口述試験対策（面接対策）

　資格試験の面接では、面接官によって聞かれる内容が異なるため、どういった質問が出されるかはわかりませんが、よくある質問としては以下のようなものが挙げられます。
・臨床心理士や公認心理師を目指す理由
・臨床心理士や公認心理師を取得することで何が変わるか
・臨床心理士や公認心理師になれば、どういう領域で働きたいか
・大学院で学んだこと
・修士論文について・ケースで学んだこと、難しかったこと、印象に残ったこと
・スーパーヴィジョンを受けているかどうか
・一次試験はできたか・現在、臨床を実践する場はあるか。そこではどんなことをしているか。
・オリエンテーション（自分の専門領域）について

　これらは大体一般的な質問内容かと思いますが、現職教員などで臨床心理士の受験をする方の場合、臨床心理士や公認心理師の資格を取ることによるメリットや必要性などを聞かれ、「メリットが特になければ必要ないのでは？」という文脈に持っていかれることもあるので、注意が必要です。
　また、スーパーヴィジョンを受けているかどうかや、大学院を修了後に臨床の場で働いているかどうか、またその内容について尋ねられることもあるので、臨床の場で働いていなくても今後働く意欲があること、常に臨床の場で学ぶ姿勢を見せることが大切です。
　面接は、面接官によっては圧迫面接が行われることもあると聞きますが、基本的には堂々と冷静に、社会人らしい常識をわきまえた態度で面接に臨みましょう。あえて困るシチュエーションを作り、困った時にどう対処するのかを見られているのかもしれませんね。

心理系大学院入試の口述試験対策（面接対策）

　面接試験は、筆記試験のあとに同一日で続けて行う場合、続けて翌日に行う場合、筆記試験に合格した人だけが面接試験を受ける場合などがあります。面接試験では、大学院の志望動機のほか、臨床心理士を目指そうとした理由、これまでのキャリアなどの一般的な質問内容のほか、大学院で研究したい内容について、研究計画書に基づいての質疑応答が行われることが多くあります（第3部　研究計画書を参照）。

本書を利用した学習スケジュール例（大学からのストレート受験）

大学1年生～3年生

本書はここで使えます

大学院受験の1～2年前より受験勉強開始

独学 ／ 予備校で学習

X年9月～11月（秋受験）、または2月（春受験）　大学院入試（筆記、面接）

X年10月～12月（秋受験）、または3月（春受験）　大学院入試合格発表

X+1年3月　四年制大学を卒業

X+1年4月　大学院入学

2年間 大学院で研究

X+3年（時期未定）　公認心理師資格試験

X+3年3月　第一種指定大学院修了

X+3年4月　心理職勤務開始

本書はここで使えます

予備校 or 仲間内 or 1人独学 半年間の受験勉強

X+3年10月　臨床心理士資格試験（筆記）

X+3年11月　臨床心理士資格試験（面接）

X+3年12月　臨床心理士資格試験合格発表

4か月（12月～3月）待機

X+4年4月　臨床心理士資格取得

X+4年4月　臨床心理士取得後心理職勤務

本書を利用した学習スケジュール例 (社会人からの受験[大卒資格あり])

社会人として勤務・主婦など

本書はここで
使えます

受験の1〜2年前より受験勉強開始

ある程度素地は
あるため独学

心理学や英語に
自信がないため
予備校で学習

X年9月〜11月(秋受験)、またはX+1年2月(春受験) 大学院入試(筆記、面接)

X年10月〜12月(秋受験)、またはX+1年3月(春受験) 大学院入試合格発表

X+1年4月 大学院入学

2年間
大学院で研究

X+3年(時期未定) 公認心理師資格試験

X+3年3月 第一種指定大学院修了

X+3年4月 心理職勤務開始

本書はここで
使えます

予備校 or 仲間内 or 1人独学
半年間の受験勉強

X+3年10月 臨床心理士資格試験(筆記)

X+3年11月 臨床心理士資格試験(面接)

X+3年12月 臨床心理士資格試験合格発表

4か月(12月〜4月)

X+4年4月 臨床心理士資格取得

X+4年4月 臨床心理士取得後心理職勤務

臨床心理学・心理臨床領域のさらなる発展に向けて

　公認心理師・臨床心理士の職域は非常に広く、臨床心理士は横断的な資格といわれているにもかかわらず、まだまだ職業として成熟しているとは決して言えません。非常勤の職が多く、常勤の職の平均的な給与も高くはないため、安定した生活を送るための資格としては不十分だといえます。心理職の国家資格ができることで、多少は状況が変わるかもしれませんが、それでも個々の臨床心理士がそれぞれの領域でいかに役立っていくか、役立つことを証明していくか、といったことが求められるでしょう。

　本書では、紙の枠にとらわれることなく、今後の学びや心理臨床活動に活かしていけるように、以下のような様々なものをご提案しています。自分に合った学び方や教えてくれる師、一緒に学ぶ友人を得て、"合格"を自分のものにしましょう！また、指定大学院でも一部しかまだ取り入れられていない新しい心理療法に関しては、臨床心理士大学院入試にも資格試験にもほぼ出題されないということから、本書の目的を逸脱しますので、以下のような様々な媒体を通して学べるように便宜を図っています。

1　MEDI心理臨床ポータルサイト

臨床心理士や大学院生、予備校生、その他心理学に興味のある方向けの心理学系ポータルサイトです（https://cp-information.com）。最新の心理関連ニュース、心理学系の研修会や研究会情報、心理関連トピックス、臨床心理師の求人情報、各種心理学系学会の大会情報などを掲載しており、大学院に行く前の方や大学院生はもちろん、臨床心理士になってからも有用な情報がいっぱいのポータルサイトで、無料で活用していただけます。

2　IPSA心理学大学院予備校

本書を執筆している著者らが講師を務める心理系大学院対策、資格試験対策の予備校です (https://ipsa-yobiko.com)。通学と通信講座を行っています。

3　一般社団法人国際心理支援協会

現任者講習会、心理・精神医学など専門家向けの研修会の開催などをしている社団法人のホームページです (関連法人)。

4　takenote（スマホ用アプリ）

一般社団法人国際心理支援協会で企画・製作された心理系（カウンセリング補助）アプリです。iPhone・Android両対応で、iPhoneの場合はAppstoreから、Androidの場合はGoogleplayからダウンロードでき、すべての機能が無料でご利用いただけます。

インストール後、心理職・医師向けと一般の方向けの2つから選択し、心理職・医師向けでは臨床心理士ポイントの管理、資格情報や学会・研修会のお申込状況、支払状況の管理、履歴書の作成、アプリ上での名刺交換などが行なえます。また、一般の方向けではマインドフルネスや自律訓練法、フォーカシングなどの音声エクササイズや、認知行動療法や森田療法、ポジティブ心理学、解決志向アプローチなどで使える日記タイプの機能が利用できます。また、共通機能としても、カウンセリングのメモや予定の設定及び通知機能などがあります。

1部

心理学頻出キーワード

心理学一般

1 心理学の歴史
ドイツ心理学からアメリカ心理学へ

(★★★)

ヴント【Wundt,W.】世界で最初の**心理学実験室**を作った。**内観法**を用いた人の反応時間に関する研究を行い、全体を捉える心的過程を**統覚**と呼んだ。

(★★★)

ウェーバーの法則【Weber's law】知覚可能な刺激の変化の増加量のことを**丁度可知差異**と呼ぶ。ウェーバーは重さの弁別の実験を元に丁度可知差異が刺激によって異なること、刺激ごとの丁度可知差異の比率が同じであることを見出した。それをもとに $\Delta R/R =$ 一定であるという法則を提唱し、それをウェーバーの法則と呼ぶ。

(★★★)

フェヒナーの法則【Fechner's law】ウェーバーの法則で示されるような、単なる刺激間の関係だけを示すのではなく、感覚そのものの大きさを示す法則。感覚の強度は刺激の強度と対数関係になるとするもの。フェヒナーの法則は、「ウェーバー・フェヒナーの法則」とも呼ばれる。ウェーバーの法則は「$\Delta R/R =$ 一定」、フェヒナーの法則は「$E =$ 定数 $\log R$」という式で表される。

(★★★)

閾値【threshold】その値を基準にした刺激強度の限界値のこと。**絶対閾**とは、刺激を感知するための最小の刺激強度であり、**弁別閾**とは、刺激強度の変化を感知する（弁別する）ための最小の刺激強度である。

(★★☆)

構成心理学【structural psychology】構成主義的心理学ともいい、意識過程を研究対象として**内観法**によって単純な要素へと分解し、要素間の連合する法則や生物学的な条件とのつながりを明らかにしようとするもの。

(★★☆)

機能心理学【functional psychology】機能主義的心理学ともいい、心的機能や心的過程を研究対象とし、意識の適応的な機能である「習慣」「注意」「記憶」などを扱うことを特徴とするもの。

図と地【figure and ground】「ルビンの盃」のような図を見たとき、浮かび上がって知覚される部分を図（figure）と呼び、背景として切れ間なく広がるように知覚される部分を地（ground）と呼ぶ。たとえば、「ルビンの盃」の場合、色のついている部分を地として見ると、白い部分が盃のように見え（図）、逆に色のついている部分を「向かい合っている顔」と見ると、白い部分は背景のように見える（地）。

★★★

錯視【visual illusion】私たちは、物理的に存在している世界を目で正確にそのまま知覚しているわけではなく、明るさや大きさ、形、色などによって知覚にズレが出てきて錯覚が体験されることがある。錯視とはそういった様々な要因によって生じる錯覚として見えていることを指す。

★★★

ゲシュタルト心理学【Gestalt psychology】感覚を単なる要素の合成だと捉えるのではなく、形態（ゲシュタルト）の全体性を重視した心理学。

★★★

ケーラー【Köhler,W.】ゲシュタルト心理学派の重鎮。チンパンジーが棒切れや踏み台を使ってバナナを取ろうとするなど、単なる試行錯誤の結果でない洞察（insight）の獲得によって学習が行われることを実験の結果から見出した。

★★★

知覚の体制化【perceptual organization】いくつか個々に存在する図がまとまって一つの図に見えることを知覚の体制化といい、ゲシュタルト学派では**プレグナンツの法則**によるものと考えられている。

★★★

レヴィン【Lewin,K.】ゲシュタルト学派のひとり。精神分析に対し実験的な検証が行われていないことを指摘して、また行動療法に対して心を捉えようとしていないことを批判し、場の理論を唱えた。

★★★

場の理論【field theory】人の行動を、人（P）と環境（E）の相互作用による事態（S）として説明した、レヴィンによる理論。B（行動）＝（f　P.E）＝（f　S）という式で表される。

(★★★)

行動主義【Behaviorism】ヴントによる内観に基づく研究の否定から始まり、客観的に外から観察が可能な行動のみを研究対象とすることを主張した学派。S（刺激）-R（反応）の関係から人の行動を考えた。

(★★★)

新行動主義【Neo-Behaviorism】ハルとトールマンは、方法論的行動主義の研究方法と媒介変数の導入によって、ワトソンの古典的行動主義（S-R 図式）の限界を克服しようとした。つまり、環境刺激を独立変数とし、環境刺激といくつかの媒介変数によって出現する人間の行動を従属変数とした。よって、従来の（古典的）行動主義では、「S-R理論」だった行動メカニズムが、新行動主義では、S-O（Organism：有機体）-R 理論と表現されるようになった。

(★★☆)

トールマン【Tolman,E.C.】アメリカの心理学者であり、新行動主義の立場をとる。潜在学習を提唱。学習の成立は手段と目的の関係を学習することによると考え、サイン・ゲシュタルトと呼ばれる目標に向かわせるさまざまな刺激によるサインによって、主体に期待を生じさせると考えた。

(★★★)

認知地図【cognitive map】トールマンによって初めて用いられた内的表象に関する用語。ネズミを用いた迷路学習の実験において、ネズミが迷路内の空間関係を学習したことから、刺激＝反応だけの学習だけではなく、目標への到達が期待できるといった内的な地図として認知地図が存在するとした。

(★★☆)

ハル【Hull,C.L.】アメリカの心理学者。動因低減説を提唱（動因や欲求によって動機づけられた行動が喚起され、それらを低減させた反応が強化されるという考え方）。学習心理学を専門とし、1943 年の『行動の原理』の中でS-R 理論を改良したS-O-R理論を提示している。

2 認知心理学
認知革命から認知心理学へ

（★★★）

サイバネティクス【cybernetics】 数学者のウィナーによって1940年代に提唱された学問分野。生物と機械における制御と通信・情報処理を総合的に扱う。ギリシャ語の「Kysernetes（舵手）」に由来する。人間をコミュニケートする機械とみなし、また情報を環境と交換する機械とみなす立場から分析し、生物の構造や運動機能、制御機能、感覚機能などを研究するもの。この研究により、サイボーグやサイバースペースという概念が生まれた。

（★★★）

人工知能【Artificial Intelligence】 1950年代にコンピュータの誕生をきっかけに、知的な振る舞いをコンピュータにさせる科学として登場した研究分野のこと。

（★★★）

GPS【General Problem Solver；一般問題解決機】 汎用の問題解決のための初期の人工知能プログラム。論理学、幾何学問題、チェスなどの任意の形式化された記号問題しか解くことができない。**ヒューリスティック**な手続きに従っている。

（★★★）

フィルターモデル【filter model】 視覚や聴覚といった感覚受容器が受け取った多様な情報が、感覚記憶から短期記憶の貯蔵庫、あるいは長期記憶の貯蔵庫に移行するまでのプロセスをフィルター（選択的注意）によってモデル化したもの。ブロードベントの**前期選択説**、トライスマン（Treisman,A.M）の**減衰説**、ドイチェら（Deutsch,J.A.& Deutsch,D.）の**後期選択説**の3つがある。ブロードベントの前期選択説は感覚受容器に入力された情報のうち、選択的フィルターによって選別されたものだけが、短期記憶に到達するといった仮説である。トライスマンの減衰説は初期段階にフィルターを置くというところでは前期選択説と似ているが、情報を減衰させるボトルネックの位置を可変にして柔軟性を持たせているところが異なっている。

（★★★）

ニュールック心理学【new look psychology】 知覚として生じる認知が、環境や刺激そのものではなく、受け取る側、つまり「本人の**主観**によって変わる」ということ。知覚は、過去の経験（外的要因）と、価値観、感情、期待等（内的要因）が影響するという理論。

（★☆☆）

T.O.T.E.【Test-Operate-Test-Exit】 このモデルでは、operateとtest が循環している。行動というものは単に機械的に刺激と反応とが結びつくのではなく、人は入力されてきた刺激を頭の中でテスト（認識、判断）し、そのテストの結果、操作が必要だと判断したら行動を起こす。そして、行動した結果についてまたテストし、目標を果たすまでこのT.O.T.E. の単位が繰り返され、うまく解決できたと判断したら活動を終結すると考える。

（★★★）

演繹的推理【deductive reasoning】 一般的法則を個別的な事柄に適用して個別的知識を導き出す思考過程のこと。トップダウン型処理や概念駆動型処理ともいう。また、前提条件の数による違いから、直接推論と間接推論の2つに分類され、間接推論の代表が三段論法である。代表的なバイアスの一つに**信念バイアス**がある。

（★★★）

帰納的推理【inductive reasoning】 いくつかの個別的知識から、一般的法則を導き出す思考過程のこと。ボトムアップ型処理やデータ駆動型処理とも言う。バイアスに、素朴理論、信念バイアス（確証バイアス）、基礎確率の無視などがある。

3 社会心理学
社会に関する心理学

(★★★)

印象形成 【impression formation】 ある人物に対して、風貌や身振りなどの断片的な情報を手がかりにして、**全体的パーソナリティ**を推論すること。また、断片的な情報からだけでも、ある程度まとまりをもった印象が形成されるのは、人々のもつ暗黙の性格観が働いているからである。アッシュ (Ash, S) による、印象形成の心理学的研究が有名である。

(★★★)

系列位置効果 【serial position effect】 単語リストなどを記銘、学習する場合、項目を呈示する系列位置が再生率に影響を及ぼすことを、系列位置効果と呼ぶが、通常はリストの初めに呈示されたものと、終わりに呈示されたものの再生率が高くなる。前者を初頭効果、後者を親近効果と呼ぶ。

(★★★)

中心特性 【central trait】 ある人物を表すリストに並べられた形容詞のうち、印象形成の核となる「あたたかい」「冷たい」などの項目のこと。

(★★★)

周辺特性 【peripheral trait】 中心特性以外の、あまり印象形成に影響を及ぼさない項目のこと。

(★★★)

ステレオタイプ 【stereotype】 ある人物が属する集団が持っていると予想される特徴を、その集団に属しているというだけで、その人物も同じ特徴を持っていると判断すること。

(★★★)

単純接触効果 【mere exposure effect】 ザイアンスが提唱した現象のことであり、受け手にとって中立的な刺激であっても、繰り返し呈示されると、その刺激に対する好意が高まること。

(★★★)

互恵性 【reciprocity】 社会的規範のひとつとして捉えられる。お互いが他者の行為に対して何らかのかたちで応答、報いることを指す。他者から好意を示されると、その他者に対する好意が生じるという現象を、**好意の返報性** (互恵性) という。

一面提示【one-sided message】コミュニケーションにおいて、説得の際、説得したい方向（つまり、都合のいい面だけの）のメッセージ内容のみを呈示することをいう。ある人を説得する場合、その人の情報量の少ないときには、賛成の情報のみを提供する方が説得効果は高い。

★★★

両面提示【two-sided message】コミュニケーションにおいて、説得の際、都合のいい面だけではなく、それとは反対の意見、つまり都合の悪い意見も合わせて呈示すること。ある人を説得する場合、その人の情報量が多いときには、賛成の情報も反対の情報も両方提示した方が説得効果は高い。

★★★

ドア・イン・ザ・フェイス【door in the face】最初に大きな要求をして、より小さな要求を受け入れさせる説得法。最初に断られることを前提にして大きな要求をし、その上で本来の目的だった小さな要求を通す。

★★★

フット・イン・ザ・ドア【foot in the door】最初に小さい要求をして、次第に大きな要求を受け入れさせる説得法。たとえば、「アイス買って」→「今日のレストランご馳走して」→「このお洋服買って」→「50万のバッグ買って」など。小さな要求を順番に通していくことで、結果的に大きな要求も通ってしまうというもの。

★★☆

ロー・ボーリング【low balling】魅力的な条件で相手に要求を受け入れさせた後で、その魅力的な条件を取り除いたり、悪条件を加えて、悪い条件の要求を受け入れさせる方法。

★★☆

精緻化見込みモデル【elaboration likelihood model】ペティとカシオッポが提唱。態度変化が起こる過程と、変化後の態度の性質を、課題に対する熟考が生じるかどうかによって説明する、説得と態度変化に関する一般理論の一つ。話題に関して主張された物事について、受け手が能動的に考え、情報処理をする精緻化が生じるかどうかは、説得的コミュニケーションに関する受け手の処理動機づけと処理能力によって決まる。

★★☆

集団極性化【group polarization】集団で決定を行うと、一人のときより極端な決定がされること。集団極性化にはリスキーシフトとコーシャスシフトの2つがある。

リスキーシフト【risky shift】集団で決定を行う中で、極端に危険な方向へ判断が偏ること。

コーシャスシフト【cautious shift】集団で決定を行う中で、極端に安全な方向へ判断が偏ること。

社会的比較理論【social comparison theory】フェスティンガーが提唱。人々は他者との比較を通して、自分の信念や能力について判断するという理論。

公平世界仮説【just world hypothesis】ラーナーが提唱。人々は「良い人には良いことが起こり、悪い人はひどい目にあう」という信念を維持するように公平判断を行うという仮説。

犠牲者非難【victim derogation】被害を受けるのはそれなりに原因があると考える傾向のこと。

非人間化【dehumanization】犠牲者を救済する方法がない場合に、犠牲者が人間以下の存在だと思うこと。

自己モニタリング【self-monitoring】スナイダーが提唱。自分の表出行動や自己呈示行動は、社会的比較を手掛かりにしてモニターし、それらを決定する能力のこと。

鏡映的自己【looking-glass self】クーリーが提唱。他者からみた自分の姿を通して獲得された自己概念のこと。

自己覚知【self-awareness】援助者が、自らの能力、性格、個性を知り、感情、態度を意識的にコントロールすること。援助とは、援助者の価値観や感情に左右されることもあるが、利用者の問題に自らの価値観や感情を持ち込むことは、問題の状況を誤って判断することに結びつく。そのために援助者は、自らを知り、コントロールする自己覚知が必要になる。

(★★☆)

自己知覚理論【self-perception theory】ベムが提唱。自分自身の態度や感情を、自分の行動を手がかりに推測するという理論。

(★★★)

パーソナルスペース【personal space】個人を取り巻く目に見えない境界領域で、そのなかに他者が入ると心的不快を生じさせる空間のこと。

(★★☆)

暗黙のパーソナリティ理論【implicit personality theory】ブルーナーが提唱。人々が人間のパーソナリティについて漠然としたかたちで抱いている信念体系。例えば、血液型と性格との関連が含まれる。

(★★☆)

原因帰属【causal attribution】失敗の原因を自己の外部に帰す利己的な帰属のバイアスを自己奉仕バイアス、成功に関して自己の能力の高さを強調することを自己高揚バイアス、失敗に関して自己の能力に起因しないようにすることを自己保護バイアスと呼び、ある出来事の原因を解釈する習慣的なパターンのことを帰属スタイルと呼んでいる。

(★★★)

親和動機【affiliation motive】他者との接近や協力のもととなる動機のことで、他者と仲良くなりたい、友好的な人間関係を築きたいという欲求のこと。

(★★★)

達成動機【achievement motive】困難な目的や事態を成し遂げ、他者との競争でよい結果を出そうとする欲求のこと。高い基準の目的に魅力を感じて生じる動機といえる。

(★★★)

欲求不満攻撃仮説【frustration-aggression hypothesis】欲求不満は常に何らかの形の攻撃を引き出すとする仮説。何らかの基本的欲求の満足が阻止されると、心的緊張と覚醒が喚起され、これを低減するための攻撃行動が発せられる（不満の原因へ向かうとは限らず、置き換えとしていじめにおいては防衛力のない少数派が**スケープゴート**になることもある）。

(★★★)

相対的剥奪理論【relative deprivation theory】現に獲得したものと、期待との間に差異を認知したとき、欲求不満に陥ること。

★★★

認知的不協和理論【cognitive dissonance theory】フェスティンガー（Festinger, L.）によって提唱。認知的要素 x と y が不協和の関係にある場合、その不快をなんとか低減しようとする理論のことをいう。不協和は不快であるので、人はそれを低減したり回避したりしようとする。

★★★

バランス理論【balance theory】ハイダー（Heider,F.）によって提唱。ある人物（P）と他者（O）と事物（X）の P － O － X の関係をプラスマイナスで表記し、三つの符号の積がマイナスのときに人は不快を感じ、何らかの方法を使ってバランスのとれた状態へ戻ろうとするという理論のことをいう。

★★★

社会的促進【social facilitation】オルポート（Allport,F.H.）によって提唱。集団の中にいるということで、見られているということから生理学的な覚醒水準が高まり、個人の作業成績が一人きりのときよりも上昇する現象のこと。

★★★

社会的手抜き【social loafing】集団の中にいることで、責任が分散されひとりひとりの責任感が小さくなり、個人の作業成績が低下する現象のこと。**社会的怠惰**ともいわれる。

★★☆

脱個人化【deindividuation】自己意識や社会的規範による拘束が薄れている状態。匿名性の高い集団状況で起こり、衝動的な攻撃行動を促進する。

★★★

没個性化【deindividuation】集団や群衆状況の中では個人状況と異なり、平生は抑制されていた行動、特に非合理的、刹那的、攻撃的、反社会的な行動が起きやすくなるという現象。

★★☆

黒い羊効果【black sheep effect】内集団の成員が劣っていたり不適切な行動を取ったりすると、外集団の成員よりも強く非難される傾向。

★☆☆

認知的節約家【cognitive miser】認知資源を節約（判断を簡略化）するなど、認知的近道を通って情報を処理する人間のモデル。

(★★☆)

社会的アイデンティティ理論【social identity theory】人間は所属する社会的カテゴリーから自己のアイデンティティを引き出しており、他の成員を肯定的に評価したり、集団に与えられる自己のカテゴリーが自己にある特性を付与したりすることなど、自尊心に貢献するために内集団に対する肯定的なステレオタイプが形成されるとする。

(★★☆)

社会的カテゴリー化【social categorization】人は社会的刺激（個々人）を他の社会的刺激との類似点や相違点に基づいて基本的なレベルの社会的カテゴリーに分類する、根本的かつ自動的な認知傾向をもつということ。

(★★☆)

準拠集団【reference group】個人の意見、態度、判断、行動などの基準となる枠組みを準拠枠といい、この枠組みを元に自分との比較の対象となる集団のこと。一般的には家族、友人などの近隣集団や所属集団であることが多い。

(★★★)

傍観者効果【bystander effect】ラタネ（Latane,B.）によって提唱。緊急事態に直面したとき、傍観者が多いほど援助行動をしなくなる傾向のこと。傍観者効果が生じる理由として、①責任の分散、②社会的影響、③聴衆抑制が挙げられる。

(★★★)

同調行動【conformity】集団圧によって、個人の行動や信念が集団のそれと一致した方向へ変化すること。

(★★☆)

集団の凝集性【group cohesiveness】集団が個々の成員を引き付けて、その集団の一員であろうとさせる度合いのこと。

(★★☆)

集団的浅慮【groupthink】ジャニス（Janis, I）が提唱。集団の凝集性の維持を優先して議論するため、正しい情報の判断がおろそかにされる傾向。

(★★★)

グループダイナミクス【group dynamics】集団で生じる現象を、個々の成員の観点からではなく、集団全体の観点から理解しようとする考え方。レヴィンが提唱。集団力学ともいう。

（★★★）

ゲーム理論【game theory】特定の相互依存関係にある人々が、ある行動原理に従って行動することで生まれる結果を予測するための数学的手法。

（★★★）

社会的ジレンマ【social dilemma】個人の合理的な選択・行動が社会あるいは社会全体の観点からみると、望ましくない結果をもたらすこと。ゲーム理論における囚人のジレンマが例として挙げられる。

（★★★）

囚人のジレンマ【prisoner's dilemma】二者間の社会的ジレンマのこと。それぞれが自分にとって合理的な行動をした結果、他の人にとっては好ましくない影響を及ぼし、両者の行動の結果として両者ともに好ましくない状況に陥ってしまうこと。

（★★★）

応報戦略（しっぺ返し戦略）【tit-for-tat strategy】相手の協力には協力行動を、非協力には非協力行動を返す行動原理。

（★★★）

アイヒマン実験【Eichman experiment】ミルグラム (Milgram,S.) によるためミルグラム実験ともよばれる。閉鎖的な環境下で、権威のある者から指示を受けた場合、指示に従う人間の心理状態を実験したもの。

（★★☆）

監獄実験【Stanford prison experiment】ジンバルドーによって、アメリカのスタンフォード大学で行われた監獄実験。刑務所のような大学の地下実験室で21名を、11名の看守役と 10 名の囚人役に分けて演じさせた。時間が経つにつれて、看守役の被験者はより看守らしい行動を、囚人役の被験者はより囚人らしい行動をとるようになった。禁止されていた暴力が始まるなどが起こったため、結果的にこの実験は中止となった。

（★★★）

実験者効果【experimenter effect】実験者が仮説を知ることで、実験の結果に対して与えてしまう影響。

（★★★）

要求特性【demand characteristics】参加者が実験者の意図や目的を推測して、そのため行動が変わること。

★★☆

エスノメソドロジー【ethnomethodology】「会話分析」などを用い、非言語的応答も含めた「会話」など、日常的相互作用の意味を解釈し、記述していくことを目指す「方法」の分析。ガーフィンケルが提唱。

★★☆

社会的交換理論【social exchange theory】人間の社会行動や対人間の相互作用にみられるさまざまな行動のやりとりのことを社会的交換といい、日常の何げない会話、礼儀的行動、対人交渉、取引き、報酬の配分、対人魅力などがこれにあたる。これを理論化したものを社会的交換理論という。

★★☆

象徴的相互作用論【symbolic interactionism】人間行動における身振りや言葉などの象徴（シンボル）の媒介的役割、自我と他我の相互媒介性を論理的に追求したG.H.ミードの、行為＝社会についての理論に基づいている社会学理論。人間をシンボル動物として、①人間は意味によって行動する、②意味は社会的な相互作用の過程において生まれる、③意味解釈の主体は人間であることを前提としている。

★★☆

役割理論【role theory】子ども、教師、学生だったらこんな行動をするだろうなど、人々が予想する行動様式を役割といい、その行動を期待することを役割期待、役割に応じた行動を役割行動と呼ぶ。これらを役割理論という。たとえば、実験参加者を看守役と囚人役に分け、模型の刑務所の中で生活させた結果、まったく指示がないにもかかわらず、看守役は看守らしく、囚人役は囚人らしい行動をする。人は自分の役割を自覚すると、その役割に応じた考え方や行動をしてしまう傾向がある。

★★★

オピニオンリーダー【opinion leader】マス・コミュニケーション（大衆伝達）の影響過程で、送り手と受け手の間に介在し、影響を伝える人々のことをいう。フォロワーのつくような影響力のある有名人などが、オピニオンリーダーになりやすい。マス・コミュニケーションの直接の影響より、オピニオンリーダーを介した場合の方が、影響力が大きいとされる。

★★☆

沈黙の螺旋【spiral of silence】一般に認められにくい意見は公共の場で発言されないため、実際よりも少数の意見だと判断され、ますます発言されなくなる現象。

4 発達心理学
人の成長・発達に関する心理学

(★★★)

発達心理学【developmental psychology】乳児期からの身体発達に伴う心の発達について研究する心理学の学問領域のひとつ。

(★★★)

生涯発達心理学【life span developmental psychology/lifespan developmental psychology】発達心理学よりもさらに長い期間を想定し、人は**生涯**にわたって成長し続ける存在であると考える心理学の学問領域。

(★★★)

心理性的発達理論【psychosexual development】フロイト (Freud,S.) によって考えられた発達理論。人は乳幼児のころから**性欲**を持っているとし、口唇期、肛門期、男根期、潜伏期、性器期に分けた。それぞれの段階で示されている器官で性欲を感じるとされ、ある段階で十分な愛情を得ることに失敗をすると、その発達段階に**固着 (fixed)** し、下記に示すような性格になっていくと考えられる。

(★★★)

口唇期 (生後〜1歳半頃)【oral phase】口によって性欲を満たす時期。この時期に固着すると (その段階にとどまってしまうと)、**依存的・受動的**な性格になるといわれる。

(★★★)

肛門期 (2〜3,4歳頃)【anal phase】トイレットトレーニングなど、**肛門**によって性欲を満たす時期。この時期に固着すると、**几帳面・頑固・倹約家**な性格になるといわれる。

(★★★)

男根期 (エディプス期) (3,4〜5,6歳頃)【oedipal phase】ペニスに関心を持つようになり、**去勢不安**を感じる時期。この時期に固着すると、性的な違いや男性性にこだわる性格になるといわれる。

(★★★)

潜伏期 (5,6〜11,12歳頃)【latency period】小児性欲が潜伏し、一時的に性欲が現れなくなる時期。

★★★

性器期（思春期以降）【genital stage】精神分析学の概念で、心理＝性的発達段階の最終段階（性の芽生えとされる思春期以降）を指す。S. フロイトは、性愛が思春期になって初めて生じるものではなく小児にも存在するとして小児性欲を唱え、口唇、肛門、男根といった小児性欲があるとし、特に性器期にはこれらの部分的欲動が統合されるとした。

★★★

認知発達理論【theories of cognitive development】ピアジェによって考えられた発達段階。認知は独立しており、環境との相互作用によって、認知構造の構成がなされるとされ、以下のキーワードのように分けられる。

★★★

感覚運動期【sensorimotor period】ピアジェは0歳から1歳半ないし2歳前後までを感覚運動期と呼び、認知発達の第一段階であるとした。この時期は、見たり、聞いたり、触ったりという感覚や物を掴む、落とす、噛むなどといった外的運動によって外界を知る段階である。物事と動作との関係を繰り返し、その経験によって、次第に物事の永続性を理解し、やがて物事について、心の中でイメージ（表象）したり、考えたりすることができるようになる。

★★★

前操作期【preoperational period】ピアジェは1歳半ないし2歳前後から6歳前後までの思考を前操作期と呼んだ。認識の仕方が「活動」から心の中で外界のできごとをうまく処理する「操作」へと発達していく段階だといえ、2～4歳は感覚運動期の名残があるが、5～6歳は表象的活動、すなわち操作が現れてくる。表象の能力を用いて遅延模倣やごっこ遊び（象徴遊び）、描画、心像（見聞きしたことを思い浮かべること）といった行動が現れ、言語が思考に影響を与えるようになる。

★★★

具体的操作期【period of concrete operations】ピアジェは、6歳前後から11歳前後までの子どもの思考は具体的操作期によって特徴づけられると考えた。6～7歳頃になると、具体的場面や実際的課題における対象について、見かけに左右されない理論的思考が可能になり、それまではまとまらずバラバラだった心的活動が、一つのまとまったものとなって、一貫性・論理性のある考え方を行えるようになる。しかし、目の前にある具体的なものしか扱うことができない。この時期に保存の概念が形成されるといわれている。

★★★

形式的操作期【period of formal operations】具体的な現実から離れて、抽象的、仮説的に思考する形式的操作の能力を備える発達の最終段階。

★★★

エリク・エリクソン【Erickson, E. H.】精神分析家であり、自我心理学的な精神分析の流れに影響を受けたり、文化人類学者とも交流した。**ライフサイクル**論の体系化、青年期の問題を**アイデンティティ**という言葉で概念化した。遊戯を子どもが用いるコミュニケーションの方法と考え、自我の強化を目的とする積極的な介入を行った。

★★★

心理社会的発達理論【Erikson's stages of psychosocial development】エリク・エリクソンがフロイトの発達段階を拡張し、社会的に達成すべき発達段階という観点から構成した発達論。人生を８つの段階に分けて、それぞれの段階において適応・不適応あるいは発達の達成・発達の停滞といった対立する二つの特徴や傾向があるとして、各発達段階には固有の発達論的な**危機（クライシス）**があると主張した。

★★☆

アイデンティティ理論【theory of identity】自分が自分であること。自分が何者で自分はどのように生きるべきかといった自己に対する概念。国家や帰属集団、家族などの社会的属性に帰属することで、自己認識する社会的アイデンティティと、実存的な存在形式によって自己を認識する実存的アイデンティティに分けられる。エリク・エリクソンによると、アイデンティティとは自己意識が明瞭な状態として、過去から現在を通して連続的に、「自己」という主観的な実存的意識や、実存的感覚を持っていることとされている。

★★★

アイデンティティの危機【identity crisis】青年期の発達課題を達成する過程における心理的苦悩や葛藤状態のこと。アイデンティティが確立した後も発達段階の変化で揺らぐときには、中年期以降にもアイデンティティの危機（アイデンティティ・クライシス）の状況は起こり得る。

★★☆

同一性地位【identity status】マーシャ（Marcia,J.E.）がエリク・エリクソンのアイデンティティ理論に加え、自我同一性を測定する方法を考え、青年期の同一性の状態を４つの類型（**同一性達成、モラトリアム、早期完了、同一性拡散**）に分けた。同一性地位は、**危機（crisis）**に瀕した経験があるか、**傾倒（commitment）**をしているかの２次元より分類される。

★★★

生理的早産【physiological premature delivery】ポルトマン（Portmann,A.）によって唱えられた概念。人間は、他の哺乳類と比べて生まれたときには未熟な状態であり、大人が世話しないことには死んでしまう。そのことをポルトマンは生理的早産と呼んだ。

★★★

ブリッジズ【Bridges,M.B.】情動の分化図式、情動の早期発達モデルを提唱した。このモデルでは、新生児には**興奮**だけがみられ、3ヶ月になると**快・不快**が分化し、6ヶ月になると、情動はさらに分化するが、圧倒的に不快の情緒が発達していくと考えられている。

★★★

三ヶ月微笑【three months smile】/ **社会的微笑**【social smile】新生児から見られるような笑みは、単なる筋肉の一時的な**生理的緊張**とされており、感情による笑みは三か月前後にはじめて生じるとされている。

★★★

八ヶ月不安【eight months uneasiness】生後7~8ヶ月ごろになると、母親などの身近な人物以外の見知らぬ人物に対して**人見知り**をし始めることが多く、そのことを七ヶ月不安、または八ヶ月不安と呼ぶ。

★★★

愛着【attachment】ボウルビー（Bowlby, J.）によって名付けられた、生まれた時からみられる母親（養育者）と子どもの絆のこと。知覚能力や運動能力が未熟な幼児が生き延びるためには、保護対象の確保が必要となる。その保護行動を引き出す子どもの愛着行動には、微笑や発声などの発信行動、注視や接近などの定位行動、しがみついたり抱きついたりする能動的身体接触行動がある。

★★★

母性剥奪【maternal deprivation】愛情交流が妨げられたとき、子どもに知的発達の遅れ、社会性の成熟度の低下、精神病的性格や愛情欠陥的性格の形成が見られること。かつては**ホスピタリズム**（hospitalism）とも呼ばれたが、ボウルビーによって**母性剥奪**（マターナルデプリベーション）と名付けられた。

★★☆

愛着のワーキングモデル【internal working models of attachment】乳幼児期における養育者（主に母親）との相互作用の中で形成される自己や他者に関する確信のこと。自分は愛され手助けしてもらえる価値ある存在なのかという自己に関する主観的確信と他者や外的世界は自分の求めに応じてくれるのかという他者に関する主観的確信がある。

★★★

ハーロウ【Harlow,H.】生後間もないアカゲザルの赤ちゃんを母親から引き離し、針金でできた哺乳瓶付きの代理母の人形と、布でくるまれた哺乳瓶無しの代理母の人形を与える実験を行った。アカゲザルの赤ちゃんは、お腹の空いた時にだけ哺乳瓶のところへ行くが、それ以外はずっと布でくるまれた代理母にしがみついていた。この実験から、スキンシップがいかに重要であるかについて証明したことで有名である。

★★★

新奇場面法（ストレンジシチュエーション法）【strange situation method】愛着の質を測定する方法としてエインズワース（Ainsworth,M.D.S.）らが開発した。愛着は4タイプに分類され、Aタイプの回避型は、親との分離に対して泣いたり混乱したりすることがほとんどなく、親とは関わりなく行動することが多い。母親の接近に対して回避をしたりする。Bタイプの安定型は、初めての場所でも母親がいることで安心し、活発に探索を行なう。母親がいなくなるとぐずったり泣いたりして母親を盛んに求めるが、母親が戻れば嬉しそうに迎えて再び探索に戻る。Cタイプの抵抗型は、分離に強い不安や抵抗を示し再会時は積極的に接触を求めたりするが、一方で機嫌が直らず抵抗を示すため、アンビバレント群ともよばれる。Dタイプの無秩序型は、A～Cのいずれにも一貫する行動特性が見られない場合に該当。

★★★

シェマ【schema】シェマとは、先行する反応が後続する反応の道筋をつける過程を指すものとして、神経心理学の分野で用いられた。ピアジェの理論で、人が環境を捉えるための図式のこと。外界から情報を取り入れる同化（assimilation）と、同化できない場合に行われる調節（accomodation）によって、シェマを構築されていく。既存のシェマにより情報を取り入れる同化の過程と、シェマ自体を変更する調節の過程の二つが適応や発達にとって重要であるとした。

(★★★)

成熟説（生得説）【maturity theory】 人間の行動や知覚は、生まれつき内在する遺伝的なものが自律的に発現したものとし、経験によって獲得されるものではないとする説。ゲゼル (Gesell, A. L.) は双生児統制法の実験結果より、経験的に獲得することができるのは、先天的に獲得しうるような能力（レディネス）があるからだと仮定した。

(★★★)

環境説（経験説）【environmental theory】 あらゆる知識の根源は経験に基づいているとする考え。環境説は17世紀以後のイギリスの哲学者に共通した基本的な考え方であり、連合主義心理学や発達は、生まれたあとの環境、経験、学習によって決まるというワトソン (Watson,J.B.) の学習優位説へと展開していく。

(★★★)

輻輳（ふくそう）説【theory of convergence】 シュテルン (Stern,W.)、ルクセンブルガー (Luxenburger,H.) らによって提唱された。心的発達は全体としてはもとより、遺伝的要因のみによるものではなく、環境的要因のみによるものでもなく、両者の相互交渉（輻輳）によって理解されるべきものであるという説。遺伝要因と環境要因（学習要因）が共に相乗作用を発揮することで、人間の心身の発達（能力・適性の発達）が段階的に規定されていくというように考える。

(★★★)

相互作用説【interactional view】 成熟による準備状態が整い、さらに環境的働きかけがなされるという、成熟と学習の相互作用が生じる特定の時期（臨界期：critical period）に発達は生じると考える説。ただし、相互作用の生じる時期には個人差がある。相互作用説の代表的なものとして、ジェンセン (Jensen, A.R.) により提唱された「環境閾値説」があり、遺伝的可能性が各特性で顕在化するにあたって、それに必要な環境条件の質や量は異なり、各特性はそれぞれに固有の閾値（一定水準）をもっていると考える。

(★★★)

アニミズム【animism】 2〜4歳の幼児期にみられる、すべてのものが魂をもち、かつその魂はさまざまな影響力をもっているという、原始的思考様式のこと。2〜4歳の幼児期では、自己と客観とが未分化であり、現実と非現実との区別や生物と無生物との区別がつかないことがある。そのため、周りのものが、自分と同じように意識を持って生きており、生命があるとらえる。**汎心性**ともいわれる。

★★★

脱中心化【decentering】 ピアジェによって提唱された。対象の特定の部分にだけ注目することなく、他の部分にも関心を向け、物事を多面的に捉えられるようになることをいい、脱中心化によって客観的知覚が可能になってくる。

★★★

相貌的知覚【physiognomic perception】 感情などが物などに対して投影された知覚のこと。例えば雲を見て魚が泳いでいるという場合などを指す。

★★★

発達の最近接領域【zone of proximal development】 ヴィゴツキー (Vygotsky,L.S.) は、子どもが自分の力で達成できる発達の水準と、他者の補助があってはじめて達成できる水準の間にある、他者の少しの補助だけで達成できるようになる領域があると考え、その領域のことを発達の最近接領域と呼んだ。

★★☆

生態学的発達モデル【ecological development models】 ブロンフェンブレンナー (Bronfenbrenner,U.) によって提唱された、生態学的環境によって、人は発達していくという考え方のモデル。子どもを取り巻く最も近しい家庭などの関係を**マイクロシステム**、学校などの少し離れた関係を**メゾシステム**、子どもが直接関わらないが両親の職場など、子どもに間接的に影響を及ぼす関係を**エクソシステム**、それらをすべて含む社会・世界といった大きな関係を**マクロシステム**と呼んだ。

★★★

ギャングエイジ【gang age】 児童期後期は、仲間同士の凝集性が強くなり、しばしば**反社会的行動**に向かうことがあるとされた。この時期のことをギャングエイジと呼ぶが、現在ではそのようなことも減ってきているとされる。

★★★

レディネス【readiness】 レディネスが備わっていないと学習が成立しないと考えられるように、学習が効果を持つためには一定の発達が必要とされる発達準備性のこと。例えば、書き言葉を学習するに当たっては、話し言葉を十分獲得していることが望ましい。レディネスの形成には、成熟的要因と経験的要因の両者が関係している。

★★★

団塊運動 (かたまり運動)【mass activity】 新生児の姿勢や歩行などの全身的な運動を粗大運動と呼ぶが、外部の刺激に対して、身体全体で反応する運動のことを団塊運動と呼ぶ。

★★★

原始反射【primitive reflex】 新生児、乳児早期に存在し、脳の成熟に伴い消失する反射である。主な原始反射には起立反射、口唇反射、口唇探索反射、把握反射（ダーウィン反射）、モロー反射、バビンスキー反射がある。

★★★

エントレインメント【entrainment】 話し手の言葉に対応して、聴き手の身体の部分がわずかな運動をする非言語的応答。これは、**相互同期性（interactional synchrony）** とも呼ばれ、新生児においても観察される。

★★★

共鳴動作【co-action】 新生児に対して、大人が口を開閉したり舌の出し入れをすると、新生児は同じ動作を行い、生後約 5 か月くらいまで続く。このことは模倣ではなく共鳴動作と呼ばれる。

★★★

視覚的選好法【preferential looking method】 選好注視法ともいう。ファンツ（Fantz,R.T.）による新生児の実験方法で、新生児でも単純なパターンよりも複雑なパターンの視覚刺激を、その中でも人の顔をしている視覚刺激を好んで注視するということを見出した方法。

★★★

サリーとアン課題【Sally-Anne task】 心の理論が備わっているかどうかを見るための課題。物語の中で、ある登場人物が確認していない事柄も、自分が見て知っていることを理由に、登場人物も同様に知っていると捉える傾向があるかどうかをみる課題。心の理論が備わっていないと、自分が知っているからサリーも知っているだろうと推論してしまう。

★★★

奥行き知覚【depth perception】 知覚をするにあたって、三次元的に奥行きをもって知覚すること。奥行き知覚には、生理的要因（一次的手がかり）と経験的要因（二次的手がかり）が関与している。生理的要因には、水晶体の調節、両眼の輻輳、両眼視差、単純運動視差などがある。経験的要因としては、網膜像の大きさ、線遠近法、きめの勾配、大気遠近法、重なり合い、陰影などがある。

(★★★)

視覚的断崖【visual cliff】ギブソン（Gibson,E.J.）らによって**奥行き知覚**を研究するために工夫された実験。床の面が遠く底に見えるように設定され、その上にガラスを置く。ガラス側から母親が乳児を呼ぶとハイハイなどでガラスの上に踏み込むかどうかを実験する。ガラスを通して見える床までの距離（奥行き）が知覚されていれば、落下することを恐れてガラスの上まで踏み込むことをためらう。

(★★☆)

野生児研究【feral child study】人間社会の環境から切り離されて育った子どもを野生児といい、この野生児が人間社会に戻されたとき、どのようにして人間性を獲得していくかなどを研究したもの。**アヴェロンの野生児**や、狼少女アマラとカマラ、**カスパー・ハウザー**の研究が有名である。これらの研究の結果、言語発達や情動発達に関しては、乳幼児期の人間らしい環境が不可欠であることがみられており、言語発達や情緒発達における臨界期、初期学習などの重要性が示されている。

(★★★)

コンピテンス【competence】環境に対する適応能力を指す。個人が、経験や学習を通して獲得した能力のことをいい、ある状況下で有効に働くと考えられる潜在能力の側面と、その環境条件においてその潜在能力を有効に活かし自分の有能さを発揮しようとする動機づけの側面のこと。

(★★☆)

発達加速現象【development acceleration】新しい世代に進むにつれて、身体的発達が促進される現象のことをいう。

(★★☆)

エイジング【aging】出生してから、死に至るまでの生涯の過程を示す概念。単なるネガティブな意味での老化を指すのではなく、年を経るという意味を持つニュートラル（中立的）な語である。

(★★☆)

クーイング【cooing】生後２〜３か月頃から始まり、舌を用いずに母音を使って発する言葉のことを指す。乳児が機嫌のよい時によく見られる。

(★★☆)

喃語【babbling】おおよそ生後４か月頃から、音声の高低や長短を変化させたり、あごや舌などを動かして発声する「音の遊び」のことを指す。「バブバブ」や「ダァダァ」など。

5 教育・学習心理学
教育場面における心理学・学習理論

（★★★）
反射【reflex】適刺激により確実に引き起こされる体の一部の典型的な運動パターンのこと。持ち上げた膝の下をたたくと蹴る反射、光によって瞳孔の縮小や拡大が起きる反射、食べ物を口に入れるとだ液が出るだ液反射などがある。新生児期には、口に触れたものに吸いつこうとする**吸啜反射**、足の裏をこすると親指が反って他の指が開く**バビンスキー反射**、手に触れたものを握ろうとする**把握反射（ダーウィン反射）**、光を当てると抱きつくように腕を広げる**モロー反射**などがみられる。

（★★☆）
生得的行動【innate behavior】外部環境からの影響をほとんど被ることなく、遺伝的情報によって発現する行動。反射や本能行動などが挙げられる。

（★★☆）
獲得的行動【achieved behavior】外部環境の影響によって、後天的に獲得された行動。日常的な経験や訓練を行い学習することによって作り上げられると考えられている。

（★★★）
古典的条件づけ【classical conditioning】学習の過程を説明する条件付けの一つ。条件刺激の提示と無条件刺激を対提示することにより、条件刺激のみの呈示で条件反応を誘発する方法。パブロフ型条件づけや**レスポンデント条件づけ**とよばれることもある。

（★★★）
オペラント条件づけ【operant conditioning】道具的条件づけとも呼ぶ。行動の結果によって、行動が起きる頻度が変化するという学習の過程のこと。オペラント条件づけにおいて、ある行動にある結果が伴うことにより、同じような文脈におけるその行動が起きる頻度が増加、もしくは維持することを、**強化（オペラント強化）**と呼ぶ。

（★★★）
パブロフ【Pavlov,I.P.】ロシアの生理学者。犬のだ液腺の研究を行う中で条件付けを発見し、古典的条件づけとして発展させた。

（★★★）
般化【generalization】古典的条件付けにおいて、一度条件付けが形成されると、条件刺激と**類似**した刺激に対しても同様の反応が見られるようになる現象。

(★★★)

分化強化【Differential reinforcement】古典的条件づけにおいて、ある行動を強化し、ある別の行動を強化しないようにすること。

(★★★)

消去（レスポンデント消去）【extinction】古典的条件付けにおいて、条件刺激に対して無条件刺激を与えずにいると、反応が見られなくなる現象。

(★★☆)

ソーンダイク【Thorndike,E.L.】アメリカの実験・教育心理学者。猫を用いた**試行錯誤学習**の実験を行い（猫の問題箱）、効果の法則を導き出した。**オペラント条件づけ**の基礎概念を確立した。

(★★☆)

効果の法則【law of effect】**ソーンダイク**によって提唱された。学習が生起するためには、反応が環境に対して何らかの効果を持つ必要があるとしたもの。これは今日の強化の基礎概念であり、行動理論の発展に影響を与えるものであった。

(★★★)

試行錯誤法【trial and error method】ソーンダイクが効果の法則の中で発見したもの。満足をもたらす行動は状況との結合が強まり、不快なものをもたらす行動は結合が弱まる。この結合の変化が試行錯誤学習をもたらすとした。

(★★★)

スキナー【Skinner,B.F.】アメリカの心理学者で、行動分析の創始者。**スキナー**箱を用いた研究を行い、**オペラント条件づけ**の概念を提唱した。

(★★★)

強化【reinforcement】オペラント条件づけの項にて説明（前述）。

(★★★)

強化子【reinforcer】オペラント条件づけにおいて、行動の出現頻度を増加させるもの。**強化刺激**ともよばれる。新たな反応の出現をもたらすものは**正の強化子**、すでにあった反応の消失をもたらすものは**負の強化子**と呼ばれている。

(★★★)

三項随伴性【three-term contingency】弁別刺激、反応、反応結果の３つからなる連鎖のこと。個を取り巻く環境の中で、ある特定の反応を行う際の手がかりとなりうる弁別刺激と呼ばれるものがあり、その下で反応を生じると、何らかの結果へとつながる。反応により生じた結果が、望ましいものであれば、その弁別刺激の下では、反応が増大し、望ましくないものであれば、反応が減少するとされること。

(★★★)

シェイピング【shaping】漸成的近接法ともいう。オペラント条件付けにおいて用いられる技法。新しい行動を獲得させるために、目標を**スモールステップ**に分け、達成が容易なものから順に形成していく方法。シェイピングを成功させるためには、**標的行動を明確化する**、すでに達成できている行動を確認しシェイピングする行動を選択する、適切なステップサイズを設定するなどが考えられる。

(★★★)

消去抵抗【resistance to extinction】オペラント条件付けにおいて、消去の手続きを開始してから成立するまで、反応が自発され続ける所要時間や速度。

(★★★)

弁別学習【discrimination learning】オペラント条件付けにおいて、環境内の特定の刺激を手掛かりにして、オペラント反応を自発するか否かを区別する学習。オペラント条件付けでも般化がみられるが、弁別学習が進むとみられなくなる。

(★★☆)

回避学習【avoidance learning】不快な刺激を避けたり、低減させたりするといった負の強化により維持されている行動を、「**回避行動**」と呼ぶ。それらを学習するようになった過程のこと。

(★★★)

洞察【insight】認知的学習の一つ。問題解決の際、試行錯誤的ではなく、諸情報の統合によって一気に解決の見通しを立てること。ケーラーは、初期に把握された状況の構造が、目的に沿って再構造化・再体制化された結果だとみなした。また、作動記憶の最適プロダクションの選択・構造化という定義の仕方もある。

(★★★)

潜在学習【latent learning】認知的学習の一つ。トールマンとホンジック（Honzik,C.H.）は迷路学習の実験を行い、終点に餌を置くことで成績が向上することを発見した。これは行動の遂行には直接現れない、潜在的な学習過程の存在を示すものである。

Keyword

(★★★)

学習性無力感【learned helplessness】 セリグマン（Seligman,M.E.P.）によって提唱された。強制的・不可避的な不快経験やその繰り返しの結果、何をしても環境に影響を及ぼすことができないというネガティブな感覚が生じ、解決の試みを放棄しあきらめの状態になること。彼は、人間の抑うつの形成にも同様なメカニズムが働くことを指摘した。

(★★★)

臨界期【critical period】 生物がある特性を獲得するために生物学的に備わった限られた期間。その期間の学習は永続性をもち、その期間にしかるべき経験をする必要性がいわれてきたが、現在ではその期間はもっと緩やかで可逆的なものであるとされ敏感期とも呼ばれる。

(★★☆)

ローレンツ【Lorenz,K.Z.】 比較行動学（ethology）を確立した。彼は、攻撃は最も根源的な本能であり、時々その衝動を解放しないと爆発の恐れがあると考えた。その攻撃が破壊的になるのを抑制するために、牙や羽根などの誇示行動や威嚇、服従や儀礼的闘争などがあるとする。また、彼の業績として有名なものには、孵化直後の離巣性の鳥類が、孵化後の特定の時期に目にした動くものに後追い反応を示す刻印付けがある。

(★★☆)

初期学習【early learning】／刻印付け【imprinting】 個体発生の初期においてもつ経験のうち、後の発達に大きな影響を与え、場合によっては修正が困難であるものは初期経験と呼ばれ、そこでもたらされる学習は初期学習と呼ばれる。ローレンツ（Lorenz,K.Z.）の発見した刻印付けが有名で、孵化直後の離巣性の鳥類は、孵化後の特定の時期に目にした動くものに後追い反応を示す。これは臨界（敏感）期にのみ成立し、無報酬性、不可逆性がある。

(★★★)

エビングハウス【Ebbinghaus,H.】 記憶に関する様々な実験を行い、純粋な記憶過程を取りだすための無意味綴りや様々な測定方法を考案した。無意味綴りの実験では、記銘内容が時間経過に伴って忘却される過程を調べ、**忘却曲線**で表した。

(★★☆)

感覚遮断の実験【experiment of sensory deprivation】 外部刺激を減じた環境の中で行われる実験。ヘッブ（Hebb,D.O.）の実験が有名で、行動や感覚刺激の制限が、身体的・心理的活動への強い動機づけを生じさせること、正常な心理状態や脳の機能の維持には、適度の刺激にさらされながら自発的に活動する必要があることが明らかにされている。

1 心理学一般

★★★

学習曲線【learning curve】 学習の経過を表したグラフ。横軸に試行時間や試行回数、縦軸に正反応の頻度、反応率等をとる。学習曲線は様々な結果をとるが、通常は学習には疲労や慣れによる成績低下の要因のため、試行の途中で学習効果が見られない**プラトー期**を伴うものが多い。また、ある群全体の学習経過を表すには、個々人の学習曲線を等しい数の期間に分け、各期間の平均をもとに算出されたヴィンセント曲線を用いることもある。

★★☆

練習法【practice method】 ある動作を繰り返し反復し、技能の自動化や量的・質的向上を目指す方法。時間的要因からみると、休みを入れずに練習する**集中練習**と休憩を入れながら練習する**分散練習**に分けられる。また、課題内容からみると、一度に全内容を練習する**全習法**といくつかの部分ごとに完成させていく**分習法**に分けられる。また、分習法のうち、A→B→A・B→C→A・B・Cというように、以前の段階を復習しながら新たに課題を完成させていく方法は累進的分習法と呼ばれる。

★★☆

フィードバック【feedback】 サイバネティックスの文脈において用いられて以来、さまざまな自然現象や生命現象などに適用されるようになった。出力の情報を何らかの形で入力側に戻すことを指す。運動技能学習においては、結果の情報を与えることを指す。試行ごとにフィードバックを行うことで、成績の向上がみられる。また、反応の結果と目標のずれを質的に知らせるより、量的に知らせる方が効果は大きいとされる。

★★☆

学習の転移【transfer of learning】 前に学習したことがその後の学習に影響を及ぼすことで、前学習が後の学習を促進する時には正の転移、妨害する時には負の転移とよばれる。転移に影響する条件としては、二つの学習間の学習材料、方法、態度などが類似または共通していること（ソーンダイクの同一要因説）、一つの場面での経験が一般的法則として他の場面に適用されること（ジャッドの一般化説）、一つの場面で発見されたり理解された力学的な関係の一つの型を他の場面に適用すること（ゲシュタルト学派）などが考えられる。また、前学習が後の学習を阻害し、後の学習が忘却されることは順向抑制、後の学習によって前の学習が忘却されることが逆向抑制とよばれる。有名な実験として、鏡映描写による両側性転移（片方の手で学習したことが、もう片方の手で練習した時に影響を与えるということ）などがある。

★★☆

集中練習【massed practice】 練習法の一つ。時間間隔をつめて途中に休憩などの非練習時間を設けない方法。

分散練習【distributed practice】練習法の一つ。適当な時間間隔を休憩の形でとって進めていく方法。一般に、休憩を取らない集中練習よりも効果があるといわれる。

★★☆

全習法【whole method】練習法の一つ。複雑な技能を習得する際、課題の始めから終りまで全体を通して反復練習すること。一般的には全習法の方が効率的と見なされるが、学習者の能力や課題の種類によっては、課題を分割する分習法を用いる方が効果的な場合もある。

★★☆

分習法【part method】練習法の一つ。課題をいくつかの部分に分割し、各部分ごとに反復練習をしてから全体を通して練習する方法。

★☆☆

累進的分習法【graduated part method】分習法のうち、A→B→A・B→C→A・B・Cというように、以前の段階を復習しながら新たに課題を完成させていく方法。

★★☆

宣言的知識【declarative knowledge】知識の一種であり、ある物事に関する状態や結果のように、宣言的文章（AはBである）や暗示的命題（AならばBである）で表される知識。

★★☆

手続き的知識【procedural knowledge】知識の一種であり、対象を操作する手順やプロセスを表す知識。

★★☆

外発的動機づけ【extrinsic motivation】行動主義における連合理論で重要視された考え方。賞や罰など外的な要因による動機づけのこと。

★★☆

内発的動機づけ【intrinsic motivation】認知理論で重要視された考え方。知的好奇心や達成動機など内的な要因による動機づけのこと。生体は本来活動的で、たえず環境と相互交渉しつつ自らの有能さを追求していく存在という概念に基づいている。

1 心理学一般

(★★☆)

原因帰属【causal attribution】原因帰属には様々な理論があるが、成功と失敗の帰属に関してはワイナー（Weiner,B.）の理論が有名である。この理論では、成功・失敗に関する原因を、内的‐外的、安定‐不安定、統制可能‐統制不能の三次元で分類し、帰属の結果がその後の動機づけ、感情、予期、行動に影響を及ぼすとしている。

(★★★)

自己肯定感【affirmation feeling】自分は大切な存在だ、自分はかけがえのない存在だという確信のこと。特に幼少期に周囲の関わりに応じて自己肯定感の様相は異なってくると考えられている。自己肯定感が高いと、心の受容が大きく、少々のことではめげない、意欲的に人間関係の構築ができるが、逆に低いと自信が持てず、他人にどう見られているか気になり、他人の言動に過敏に反応してしまうことがある。

(★★★)

自己効力感【self-efficacy】バンデューラ(Bandura,A.)によって提唱された概念。ある具体的な課題や状況に対して、自身が適切な行動を成し遂げられるだろうという主観的な見通しのこと。自己効力感は結果予期と効力予期の2つに区分することができる。結果予期とは、ある行動がどのような結果を生み出すのかという予期のことで、効力予期とは、ある結果を生み出すために必要な行動をどの程度うまく行うことが出来るのかという予期。

(★★★)

模倣学習【imitative learning】新しい学習を習得する際に、他の人の行動を手本として学習すること。

(★★★)

観察学習【observational learning】直接経験したり、外部から強化をうけなくても、他者（モデルとなる人物やメディアなど）の行動を観察することで、その行動を習得する学習のこと。バンデューラが**社会的学習理論**を提唱する上で中心に置いた学習で、**モデリング**ともよばれる。ここで学習される行動は望ましいものばかりではなく、大人の暴力シーンを子どもが真似するという学習が起きることもある。

(★★☆)

発見学習【discovery learning】学校の教師と児童・生徒間など、教授―学習過程での学習方法において、学習者が自ら知識を発見する学習方法のこと。

★★★

メタ認知【meta-cognition】ウェルマン（Wellman,H.M.）によると、認知過程に関する知識、自己の認知状態やその過程の評価、認知過程や方略の実行制御、認知活動に関連した感情的評価といった広範囲な心的事象を指す。メタ認知の能力は、知的機能の発達や技能の熟達化に伴って発現するとされる。

★★★

ソシオメトリー【sociometry】モレノ（Moreno,J.L.）によって始められ、集団の心理的な特徴を数学的に研究することと定義される。また、数量化のための実験的技法や得られた結果そのものを指すこともある。対人関係の分析技法である**ソシオメトリック・テスト**を表す用語としても用いられる。

★★★

ピグマリオン効果【Pygmalion effect】他者に対する期待が成就されるように機能すること。ローゼンソール（Rosenthal,R.）らは、教師が児童・生徒に対して持っている色々な期待が、彼らの学習成績を左右することを実証した。教師が高い期待を持つと、ヒントを与えたり、質問を言い換えたり、回答を待ったりする行動が見られたという。

★★☆

拡散的思考【divergent thinking】ギルフォード（Guilford,J.P.）の知性の構造モデルでの認知操作の一つで、創造的な問題解決の場面で、様々な解決の可能性を広げて探る思考法。解答は無数に存在する。

★★☆

収束的思考【convergent thinking】ギルフォードの知性の構造モデルでの認知操作の一つで、論理的に唯一の適切な解答や解決に収束させる思考法。知能検査の問題の解決などがこれにあたる。

6-1 感覚・知覚
感覚の測定

★★★

刺激閾【stimulus threshold】絶対閾ともいい、刺激の存在を感じるのに必要な最小の刺激値のこと。感じる最大値を刺激頂、同じものとして認知できる主観的等価点（subjective point ofequality PSE）、個々人が持つ絶対的基準を絶対的特性という。

★★★

調整法【method of adjustment】精神物理学測定法のひとつ。被験者自身が、刺激のある属性の値を変化させて、刺激の変化を観察しながら等価判断を行う方法。

★★★

極限法【method of limits】精神物理学測定法のひとつ。実験者があらかじめ、増加あるいは減少する比較刺激を定め、順番に被験者に提示し比較させ、用意していた選択肢の中から反応を選ばせる方法。

★★★

恒常法【constant method】精神物理学測定法のひとつ。恒常刺激法（method of constant stimulus）ともいわれる。提示される刺激は極限法と同様、あらかじめ決められているが、提示の順序がランダムである。数段階に変化する刺激を数十回から数百回ランダム提示し、それぞれに対応する反応を求める方法である。弁別閾を測定する場合には、恒常刺激差異法（method of stimulus differences）と呼ばれる。

★★★

精神物理学【psychophysics】身体と精神との関係に関する精密理論であり、物理学と同様に、経験と経験事実の数学的結合に基づくとする理論。フェヒナー（Fechner,G.T）の「精神物理学要綱」において提唱された。精神物理学は「外的精神物理学」と「内的精神物理学」に分類される。前者は身体の外界と精神活動の関係のことであり、後者は身体の内的過程（生理過程）と精神活動の関係のことである。内的精神物理学は現在の生理心理学の前身である。

★★★

マグニチュード推定法【method of magnitude estimation】1つの標準刺激を定め、これと同じ物理的尺度上の刺激と比較させて、その感覚的大きさを数詞によって直接的に推定させる方法。感覚尺度構成法の1つで、スティーヴンスによって考案された。

(★★☆)

スティーヴンスのべき法則【Steven's law】感覚の強さは、刺激の強さのべき関数に比例するとした法則。フェヒナーが感覚量を直接測定できないという前提であったのに対し、スティーヴンスはマグニチュード推定法により感覚量を直接測定できると考えた。物理的刺激の強さ（I）が変化するとき、刺激とそれによる感覚の強さを関係付ける精神物理的関数Ψ（プサイ）は、刺激の種類によって決まる指数a、刺激の種類と使用する単位によって決まる比例定数kを用いて、「$\Psi = kI^a$」が成立する。つまり、刺激による感覚の強さは、その刺激の種類と物理的刺激の強さで決まる精神物理的関数で示せる、とされる。

6-2 感覚・知覚
ゲシュタルト心理学と知覚

★★☆

プレグナンツの法則【prägnanz principle/law of prägnanz/principle of prägnanz】
ヴェルトハイマー（Wertheimer, M.）が指摘した、刺激に対する全体知覚の法則のこと。プレグナンツの原理ともいう。知覚したものが全体として、最も単純で最も規則的で安定した秩序ある形にまとまろうとする傾向で、**ゲシュタルト心理学**の基本原理となっている。図形の知覚だけでなく、記憶の変容傾向や思考の洞察などもこの原理が関わっていると考えられている。

★★☆

ゲシュタルト要因【Gestalt factor】人間の知覚において多数の刺激が存在するとき、それらは個々に知覚されるのではなく、より大きな範囲のいくつかの群として知覚される傾向があり、そのまとまりを決定するもの。主に、**近接の要因**、**類同の要因**、**閉合の要因**、**良い連続の要因**などがある。

★★★

知覚の恒常性【perceptual constancy】対象物が遠ざかるのに比例して、網膜像の大きさも小さくなる。しかし、対象物の物理的大きさが変化したとは知覚せず、比較的安定して対象物を捉えることができる。このように、対象の観察距離の変化に対応して、網膜像が変化しても、その対象の見えの大きさがほぼ一定に保たれる現象のこと。**大きさの恒常性**、形の恒常性、**明るさの恒常性**などがある。

★★★

仮現運動【apparent movement】離れた2点間に、適当な時間間隔で視覚刺激を提示することで、視覚刺激が移動したように知覚される現象のこと。**β（ベータ）運動**ともいわれる。ヴェルトハイマーがこの現象を研究し、ゲシュタルト心理学の主張をするきっかけとなった。先行の刺激と後続の刺激の距離や提示間隔を適度に調整すると、滑らかで自然な運動が感じられるようになり、このような状態を**φ（ファイ）現象**という。

★★★

自動運動【autokinetic movement】暗い所で静止した光点を見つめていると、その光が不規則にゆらゆら動いているように見える現象のこと。暗闇では、準拠枠がないため、眼球運動による網膜像の変化が運動として知覚されることによって生じると考えられる。

Keyword

(★★★)

誘導運動【induced movement】対象となるものが実際には動いていないにも関わらず、運動が知覚されることを指す。例えば、隣の電車の動きにつられて自分の乗っている電車が動いているように感じるという錯覚のこと。これは、大きな背景の中に1つ異なる動きをするものがあれば、それを運動の対象として見るという基本的な情報処理のためである。

(★★★)

運動残効【motion aftereffect】滝の水の流れをしばらく見つめていたあとで、周囲の岩を見たときに、今度は岩が上に昇っていくように見える現象のこと。このことから、滝の錯視（watarfall illusion）とも呼ばれている。残効運動は上下運動だけでなく、回転運動や拡大・縮小運動にも生じる。このため、今日では運動知覚の神経機構が運動方向別に存在し、それらが運動の持続的観察によって選択的に順応するために生じるとされている。

(★★★)

アフォーダンス理論【theory of affordance】ギブソンによって作られた造語。生物を取り巻く環境世界が知覚者に与えるもので、人間や動物にとって、たんなる物質的な存在ではなく、直接的に意味や価値を提供（アフォード）するものであると捉える。従来は、外界の物質的刺激を感覚器官によって受容し、心的世界によって意味や価値を与えるとしていたが、アフォーダンスの考え方は、環境の方に意味や価値があるとする。

6-3 感覚・知覚
....
視知覚の生理学的基礎

══

★★☆

錐体細胞【cone cell】 視細胞のひとつで、網膜の黄斑に密に分布している。色覚の基礎となる各波長の光に反応するが、その反応には十分な光量を必要とする。明るいところではその機能を十分に果たすことができるため、物の形や色が明確に見える。

★★☆

桿体細胞【rod cell】 視細胞のひとつで、網膜の周辺に分布している。明暗に敏感に反応をする機能により、少量の光であっても反応するが、色には反応しない。暗所で色は見えないが、物の形を判断できるのはこの細胞のおかげである。

★★★

暗順応【dark adaptation】 明所から暗所へ入ると、最初は暗くて周囲の状況がわからないが、時間を経るにつれて次第に周囲の状況がわかるようになる現象。暗順応には30分～1時間を要する。

★★★

明順応【light adaptation】 暗所から明所へ出ると瞬間的にまぶしいが、次第に慣れる現象。その過程は非常に急激で、感受性が恒常的になるのに要する時間は、数分程度である。

★★★

ヤング−ヘルムホルツの3原色説【Young-Helmholtz trichromatic theory】 光の3原色（赤・緑・青）を混ぜ合わせることで、全ての色を作り出せる（混色の原理）。ヤングの色覚理論をヘルムホルツが体系化し、3原色説を唱えた。網膜上にそれぞれ異なる波長に反応する3種類の錐体細胞を仮定し、その興奮比率の組み合わせにより色彩の感覚が生ずるとした。色覚のメカニズムに関する仮説として、上記の3原色説と反対色説がある。3原色説の方がやや優勢であったが、現在では段階説へと移行している。

★★☆

段階説【stage theory of color vision】人間の色覚機構に二つ（あるいはそれ以上）の処理段階を想定する理論を総称して段階説という。網膜のレベルでは3原色、外側膝状体のレベルでは反対色の情報によって処理され、視覚野に送られると考えられる。実際に、錐体と桿体から信号を受け取って中枢に送る視神経内に、反対色細胞が発見されている。

7 リーダーシップ理論

グループダイナミクスとリーダーシップ

★★☆

リーダーシップ・スタイル【leadership style】レヴィンら (Lewin,K. et al.) は「**専制型**」「**民主型**」「**放任型**」の3タイプの研究で次のような結果を得ている。専制型のもとでは、リーダーへの依存度が高く、作業量は大きくなり、成員の行動として攻撃型と服従型に分かれた。民主型のもとでは、成員間は友好的で集団意識が高く、創造性にも優れ、高い生産性を示した。放任型のもとでは、作業の失敗や挫折が多く、作業の興味関心やモラルは低いことを示した。

★★★

PM理論【P-M theory】三隅二不二によって提唱されたリーダーシップ行動の機能に関する理論。**課題達成機能**をP (performance) 機能、**集団形成維持機能**をM (maintenance) 機能とし、リーダーが果たすそれぞれの機能の水準を高低2水準に分けて交差させ、PM、Pm、pM、pm の4類型のリーダーシップ・スタイルがあるとした。集団の生産性や満足度は、両機能が高水準であるPM 型のリーダーのもとで最も高く、両機能が低水準pm型で最も低いことが示されている。

★★☆

条件即応モデル【contingency model】フィードラー (Fiedler,F.E.) による、集団の条件によってリーダーシップの効果が異なるとしたモデル。リーダーの特性を**LPC** (Least Preferred Co-worker) 得点によって測定する。LPC 得点とは、「一緒に仕事をする最も苦手な仕事仲間に対して、どのくらい好意的に認知をしているか」を示す。つまり、LPC 得点の高いリーダーは人間関係志向で、LPC 得点の低いリーダーは目標達成志向である。集団状況 (リーダーと部下との関係、課題の目標や明瞭さ、リーダーの地位勢力といった3要素) に応じて、どのスタイルのリーダーであるかによって生産性が変わるとされる。

★★☆

パス=ゴール理論【path-goal theory】 ハウスによるリーダーシップのモデル。集団の目標達成のために、リーダーが成員にどのような道筋（パス）を示すかにリーダーシップの本質があるという理念に基づいている。リーダーシップ・スタイルは指示型、支援型、参加型、達成志向型の４つに分類される。また、リーダーが置かれた状況を、環境的な条件と部下の個人的な特性の２つの側面に分けている。リーダーの行動が環境的な要因に過剰だったり、部下の特性と調和しない場合には、リーダシップは上手く発揮できないが、リーダーの行動が状況に適合している場合にリーダーシップが発揮できるとしている。

★★★

SL理論【Situational Leadership theory】 ハーシー（Hersey,P）とブランチャード（Blanchard,K.H.）によるリーダシップ・スタイル（行動）と状況に焦点を当て、状況変数に成員や集団の成熟度を取り挙げた理論。成熟度とは、ある職務を遂行できる知識や能力、経験の長さ、仕事に対する意欲や自信である。リーダーシップ・スタイルは課題志向型（指示的行動）と関係指向型（協労的行動）の２つのスタイル（行動）の組み合わせによって決定される。効果的なリーダーシップを発揮するためには、成員の成熟度が高くなっていくことに対応して、リーダーシップ・スタイル（行動）を変えていく必要があるとしている。

★★★

交流型リーダーシップ【transactional leadership】 リーダーが成員たちと相互作用しながら、集団をまとめていく過程で発揮される、レヴィンら（Lewin,K.et al.）の研究から始まった従来型のリーダーシップのこと。

★★★

変革型リーダーシップ【transformational leadership】 成員の視点を将来の環境や変化に向けさせ、自らも的確に先読みし変化に柔軟であり、創造的で革新的な達成目標を掲げ、集団自体の変革を促すリーダーシップのこと。

8 ストレスと心的葛藤
ストレス理論と対処行動

(★★★)

セリエ【Selye, H.】ストレスを、有害物質にさらされることによって生体が示す非特異的な状態と定義した。もともとストレスとは物理学の用語であり、セリエの定義したストレスは生物的ストレスといわれる。

(★★★)

汎適応症候群【General Adaptation Syndrome；GAS】ストレッサーにさらされ続けると、体は様々な反応を示す。この変化はストレッサーの種類に関わらず生じる非特異的な反応であるとした。警告反応期、抵抗期、疲憊期の3段階に分けられる。

(★★★)

ストレッサー【stressor】ストレスを引き起こすもの。セリエ (Selye,H.) が名付けた。個人の外部に存在するとされている。種々のストレッサーが複合的に影響する。

(★★★)

キャノン【Cannon, W.B.】ホメオスタシスの概念を提唱した。また、特定の情動と本能的反応には関連性があることを説いた闘争－逃走反応などさまざまなストレス研究を行った。

(★★★)

ホメオスタシス【homeostasis】個人が外部の変化にも関わらず、自己の内部環境を安定した状態に保とうとする状態。恒常性ともいう。

(★★★)

心理学的ストレスモデル【psychological stress model】ラザラスが認知的評価の観点から提唱した理論。人がストレスとなる刺激を受けた際には、一次的評価と二次的評価という2つの評価プロセスが存在すると考えた。一次的評価ではその刺激が自分にとって脅威的なものであるかどうかなど、自分との関係や影響を評価するもので、これに対して二次的評価では、ストレスフルと評価された刺激に対してその出来事や状況にどのように対処すべきか、自分にどのような対処可能性があるかを判断する段階で、ここではコーピングの幅の広さや対処傾向などが関係しており、これがストレス解除の成否に関連する。

(★★★)

日常いらだちごと【daily hassles】 ラザルス (Lazarus,R.S.) は、日常生活の中にある
比較的小さく、持続的・慢性的なストレスへの主観的評価を重視した。たとえば「仕事へ
の不満」や「食事の支度」などで、ライフイベントが一過性、急性的なものが多いのに対
し日常いらだちごとは持続的・慢性的である。

(★★★)

対処行動【coping】 ストレスに対処するプロセスのこと。ラザルスはコーピングを問題
焦点型コーピングと情動焦点型コーピングに分類した。問題焦点型コーピングとは、ス
トレッサーそのものを解決すべき課題と評価し、直接働きかけて問題を明確にしたり、
改善したりするもので、ストレス源となっている相手と直接話し合うなどがこれにあた
る。一方、情動焦点型コーピングとはストレッサーよりもむしろそれに対する感情的な
反応をコントロールしようとするものである。問題を避けたり、放置して時が経つのを
待つなどがこれにあたる。

(★★☆)

ホルムズ＆レイ【Holmes,T.H.&Rahe,R.H.】 生活上の重大な出来事、たとえば「結婚」
「妊娠」「引っ越し」によって引き起こされた生活様式の変化に適応するまでの労力が心
身の健康状態に影響を及ぼすという考えに基づいて、社会再適応評価尺度を作成し、個
人のストレス・レベルを測定した。生活上何らかの変化をもたらす出来事が記述された
43 項目からなり、各項目には出来事の重大さに応じて重みづけ得点が与えられている。

(★★★)

心理的葛藤【psychological conflict】 同時に満足させることが困難な要求や、衝動が
同じくらいの強さで個人に存在し、行動が決定できない状態。

(★★★)

ソーシャルサポート【social support】 家族や友人など、個人を取り巻く様々な援助、心
理的、社会的資源を指し、有形、無形は問わない。コミュニティ心理学のキャプラン
(Caplan,G.) が概念化したもの。

1 心理学一般

9 パーソナリティ論
類型論と特性論

★★★

類型論【personality typology】多様な個性を分類、カテゴリー化をすることで典型的なパーソナリティタイプを設定し、それらのタイプに当てはめてパーソナリティを理解しようとする理論。一定の法則を基に構成され、その特徴が明確化されていることから、パーソナリティを直観的に全体的に把握するのに適している。しかし、パーソナリティを少数のタイプに分類するため、中間型が捉えにくく、また固定的に考えるため、個人差や個性は無視される。

★★★

特性論【personality trait theory】一貫して出現する行動傾向やそのまとまりをパーソナリティの構成単位と見なし、各特性の組合せによって個人のパーソナリティを理解しようとする理論。パーソナリティ特性の抽出に統計的手法が用いられ、特に因子分析を導入したことにより大きく発展した。類型論のように中間型が無視されることはない。しかし、パーソナリティ特性の組み合わせを重視するために、直感的に全体像を理解するのが難しい。また、測定できる特性は統計的に無数に存在するため、全てを捉えてパーソナリティを記述することは不可能とされる。

★★☆

クレッチマーの気質類型論【Kretschmer's typology】精神医学者のクレッチマーにより提唱された、3つの体型を分類基準とし、体型ごとに精神疾患を結びつけて構成した類型論。**細身型/分裂気質 (leptosomic type/schizothymia)** は、非社交的、過敏で神経質であり、統合失調症の病前性格と考えられている。**肥満型/循環気質 (pyknic type/cyclothymia)** は、社交的で素直であり、活発でユーモラスだが激高しやすい時と、不活発で寡黙な時が循環しており、躁うつ病の病前性格と考えられている。**闘士型/てんかん (粘着) 気質 (athletic type/viscosity temperament)** は、頑固で生真面目であり、執着心が強く、時に爆発的激怒が見られ、てんかんの病前性格と考えられている。この類型論には、中肉中背が分類に当てはまらないことや精神疾患の分類を健常者にも当てはまる根拠がないという批判がある。

（★★☆）

シェルドンの身体類型論【Scheldon typology of constitution】クレッチマーの類型論が実証性に乏しかったため、健常者の体型計測を基に発生学的な名称を用い、生得性を強調した類型論。**内胚葉型／内臓緊張型**は、体型は柔らかで丸く、消化器官の発達が良く、クレッチマーの肥満型（循環気質）に相当する。姿勢と動作がゆったりしていて鈍重で、外向的で人当たりが良い。**中胚葉型／身体緊張型**は、筋肉・骨格の発達が良く、重量感のある体型で、クレッチマーの闘士型（粘着気質）に相当する。リスクのある冒険的な行動を好み、時に攻撃性を見せることもある。**外胚葉型／頭脳緊張型**は、中枢神経系の発達が良く、クレッチマーの細長型（分裂気質）に相当する。控えめで過敏であり、感情表現に乏しく、対人恐怖症（社会不安障害）の傾向が見られることもある。この類型論はかなり恣意的に分類が行われており、現在においても実証性が認められていない。

（★★★）

シュプランガーの価値類型論【Spranger's dimensions of value type】シュプランガーが提唱した、文化的な生活領域における価値志向性（生活主題）を基に6つに分類した類型論。理論型、経済型、審美型、権力型、宗教型、社会型と6つに分類している。

（★★☆）

ユングの性格類型論／タイプ論【Jung's typology】内向−外向という心的エネルギー（リビドー）の2つの方向と、4種類の精神機能の類型（**思考・感情・感覚・直感**）を組み合わせ、8種類のパーソナリティを定義した類型論。そのため、この類型は、「外向（内向）−思考型、外向（内向）−感情型、外向（内向）−感覚型、外向（内向）−直感型」という表記になる。外向性と内向性の違いは、リビドーが自我の外部に向かうのか、内部に向かうのかというリビドーの志向性の違いである。外向型とは自分の関心がおもに外側に向いている人のことであり、社会や環境に興味があり、環境適応が早い。内向型とは、関心が内面に向いている人であり、内界の主観的要因に関心が向く。思慮深く、周りの意見に左右されない。精神機能とは、外界の情報を把握する際に主として活用する機能を主要機能、その他の機能を劣等機能とし、何かを感じ取って理解する機能（主要機能）がどれに該当するかによって類型化したものである。4つある精神機能のうち、思考とは知性によって物事を一貫的に捉える機能、感情は好き嫌いで物事を捉える機能、直観は物事の背後の可能性を知覚する機能、感覚は生理的刺激による知覚し判断する機能のことである。ユングは、人間の精神機能には過剰な外向性・内向性の偏りや一方的な思考・感情・感覚・直感による判断を無意識的に修正する働きがあると考え、この意識と無意識のバランスを保とうとする心理機制のことを**補償（compensation）**と呼んだ。

★☆☆
オールポートの特性論【Allport's trait theory】 パーソナリティの特性を他の人と比較できないような特性（個人特性）と他の人にも見られる特性（共通特性）に分類し、個々人のパーソナリティはその多少によって形成されるとした理論。この2つの特性は、辞書にある1800ほどの形容詞を、行動の動機となる特性、性格の核となる特性、表象に現れる特性という3つのレベルから分類し抽出した。この方法理論は、後の心理査定法における質問紙法の礎となった。

★★☆
キャッテルの特性論【Cattell's trait theory】 パーソナリティを16因子の特性から構成されるとした理論。個人の性格史の分析、質問紙による自己評価、特定状況の客観テストの4種類の方法を用い、観察可能な表面特性を測定し、因子分析によってその背後にある根源特性を抽出し、12の因子が抽出されたが、後の研究で4つ特性が加えられた。それに基づき、キャッテル16因子質問紙（16PF）が作成されている。

★★☆
アイゼンクの特性論【Eysenck's personality trait theory】 パーソナリティを個別的反応、習慣的反応、特性、類型の4つの層構造から成るとした、類型論と統計学的手法との組み合わせによる特性論。精神医学的診断、質問紙、客観的動作テスト、身体的差異の4つの方法で測定したものの、因子分析によって**外向－内向**と**神経症的傾向**という2因子を見出し、類型とした。その後、精神病的傾向を加え、3類型とした。個人に特有の行動様式である特殊反応が、様々なかたちで繰り返されると習慣反応になり、これらが集まることによって特性因子となり、さらに特性因子が体系化されたものが類型である。上述の内向性‐外向性の因子、神経症的傾向の因子は、MPI（Maudsley Personality Inventory）の基礎となっている。

★★★
ビッグファイブモデル／主要5因子【big-five model】ゴールドバーグ（Goldberg,L.
R.）によるもので、性格を神経症傾向、外向性、開放性、調和性、誠実性といった5つの
次元に分けるモデルのこと。**性格特性5因子モデル**ともいう。キャッテルの根源特性や
アイゼンクの特性などを基に、質問紙調査によって測定されたデータに因子分析を繰り
返すことで基本的パーソナリティの次元を導こうと試みた研究から得られた。1960年
代以降、パーソナリティ特性は5因子にまとめることが可能という結果が多数の研究か
ら発表された。研究ごとに各因子の命名は異なるが、内容的には共通したものが多い。コ
スタとマックレー（Costa,P.T.Jr.＆McCrae,R.R.）が開発した**NEO-PI-R**（Revised
NEO Personality Inventory）では、5因子として、神経症傾向（neuroticism；N）、
外向性（extraversion；E）、**開放性**（openness；O）、**調和性**（agreeableness；
A）、**誠実性**（conscientiousness；C）を挙げている。それぞれの因子には6つの下
位次元があり、1つの下位次元には8つの評定項目が含まれる。

1 心理学一般

10-1 記憶と脳
大脳皮質と大脳辺縁系

(★★★)

大脳皮質【cerebral cortex】大脳の表面に広がる灰白質の薄い層のこと。大脳基底核という灰白質を覆っており、**前頭葉・頭頂葉・後頭葉・側頭葉**からなる。

(★★★)

大脳辺縁系【limbic system】脳のうち情動、意欲、自律神経などに関係する部分。大脳辺縁系には**扁桃体**や**視床下部**、乳頭体、側坐核が含まれている。

(★★★)

大脳半球【cerebral hemisphere】大脳の一部で、左右の半球状の部分。大脳の表面のほとんどを覆っており、その表面に大脳皮質が存在する。

(★★★)

前頭葉【frontal lobe】脳の頂上に位置し、思考の統合、記憶、知的活動、感情、判断、計画、人格などを司る脳の前部の領域のことであり、実行機能という能力を持っている。

(★★★)

ブローカ野【Broca's area】**運動性言語中枢**とも呼ばれ、発話などの音声言語、手話などの算出や理解に関係している。この部位に損傷を受けると**ブローカ失語**となり、発話などができなくなる。

(★★★)

頭頂葉【parietal lobe】さまざまな感覚モダリティからの**感覚統合**に関係する部位で、数字や対象の操作に関する機能を持つ。

(★★★)

後頭葉【occipital lobe】後頭部に位置する視覚を司る部位。

(★★★)

側頭葉【temporal lobe】側頭部に位置する聴覚を司る部位。**ウェルニッケ野**と呼ばれる感覚性言語中枢が存在する。

(★★★)

ウェルニッケ野【Wernicke's area】感覚性言語中枢とも呼ばれ、言語理解に関係する中枢。聴覚野を囲むように存在し、シルヴィウス溝に接する。この部位に損傷を受けると**ウェルニッケ失語**となり、耳で聞こえたことを理解することができなくなる。

(★★☆)

扁桃体【amygdala】情動反応の処理と記憶について主要な役割を持つ。

(★★☆)

海馬【hippocampus】記憶や空間学習能力に関わる部位。PTSD やうつ病患者では委縮がみられる。

(★☆☆)

帯状回【cingulate gyrus】大脳の内側面で脳梁の辺縁にある脳回。感情の形成と処理、学習、記憶、呼吸器系の調整などと関わりがある。

(★☆☆)

小脳【cerebellum】姿勢を調節する中枢があり、体のバランスを保つために重要な役割を担う。

(★☆☆)

パペッツの回路【Papez circuit】パペッツ (Papez,J.W.) により考えられたもの。帯状回の興奮によって、海馬体、乳頭体、視床前核を経たあと、帯状回へ刺激が戻ると考え、この回路によって情動が生じると考えたが、のちに、情動ではなく記憶に関与していることが判明した。

(★☆☆)

脳幹【brain stem】間脳と中脳、橋、延髄を合わせた部位で、基本的な生命活動を維持しており、睡眠、覚醒レベルの調節、姿勢運動抑制も行っている。本能行動や情動行動の運動性出力経路でもある。

(★☆☆)

間脳【interbrain】視床や視床下部のある部位のこと。

(★★☆)

視床【thalamus】意識や情動、運動、感覚の中枢。

(★★★)

視床下部【hypothalamus】自律神経系の中枢で情動や**本能**、血圧、代謝や体温、日内リズムの調整を行う部位。大脳皮質からの指令なしで常に身体の状態を保っており、体温、血圧、心拍数など身体の状態を安定させる**ホメオスタシス**を担っている。

(★★★)

中脳【midbrain】視覚や聴覚の情報を処理し、その刺激による反射を司っている。

(★★★)

橋（きょう）【pons】大脳や脊髄と小脳の連絡を行っている。

(★★★)

延髄【medulla oblongata】呼吸や循環器、消化器など**生命維持**に重要な中枢。

(★★★)

脳梁【corpus callosum】左右の大脳皮質の間を連絡する交連線維の集合で、脳の正中矢状断で帯状回の下に位置し、前後に長い鎌状を呈している。

(★★★)

左脳【left semisphere】身体の右半分の運動・知覚を支配しており、論理的思考、言語、計算、会話などを司っている。

(★★★)

右脳【right semisphere】身体の左半分の運動・知覚を支配しており、イメージ、音楽、図形、表情などを司っている。

(★★★)

ロジャー・スペリー【Sperry,R.W.】てんかん患者の脳梁を切断した分離脳研究を行い、左右半球の機能が分かれているということを明らかにした。

(★★★)

視交叉【optic chiasma】触覚や聴覚、視覚、運動などの刺激は、左右逆の脳へ信号が送られ、特に右視野に入った情報が左脳にいき、左視野に入った情報が右脳にいくこと。

(★★★)

ペンフィールドの脳地図【Penfield brain map】脳の各部位と全身の運動や感覚がどのように対応しているかについて、てんかん患者の手術の際に脳に直接電極を当てた患者の反応を観察し、それを図にしたもの。

(★★★)

ロボトミー【lobotomy】モニス（Moniz, E.）がはじめて行った、前頭葉を脳の他の部分から切り離す手術。うつ病や不安神経症に対し有効とされ、後に統合失調症に用いられるなど画期的な治療法とされていたが、非人道的という理由で行われなくなった。

10-2 記憶と脳
記憶と神経系・脳波と睡眠

(★★☆)
記銘【encoding】符号化とも呼ばれ、なんらかの情報を覚えること。

(★★☆)
保持【storage】貯蔵とも呼ばれ、記銘によって覚えた情報を保存すること。

(★★☆)
想起【retrieval】検索とも呼ばれ、記銘・保持を行った情報を思い出すこと。想起には、以前の経験を再現する**再生**、以前と同じ経験を確認する**再認**、以前の経験を要素の組み合わせで再現する**再構成**などがある。

(★★★)
長期記憶【long term memory】長期にわたり持続する記憶のことで、短期記憶と対をなす。感覚記憶や短期記憶が、言語・イメージなどに変換され、記憶のネットワークに組み込まれることで長期記憶となる。長期記憶は、**宣言的記憶**と**手続き記憶**に分けられる。

(★★★)
短期記憶【short term memory】長期記憶に対して、短期的に保持される記憶のこと。短期記憶の容量には限界があるとされるが、繰り返し記憶を呼び起こすことによって長期記憶へと移行される。

(★★★)
感覚記憶【sensory memory】意識には上らない感覚器官によって瞬間的に保持された記憶のこと。マジカルナンバー ひとが一度に把握し操作できる情報は、約7±2個といわれており、その7という数字をマジカルナンバーと呼ぶ。

(★★★)
作動記憶（作業記憶；ワーキングメモリー）【working memory】作動記憶という概念の登場により、短期記憶の中でも一定の時間の情報の保持が必要な認知活動を説明することが可能となった。

(★★★)
意味記憶【semantic memory】知識や言葉の意味、概念についての記憶のこと。

(★★★)
エピソード記憶【episodic memory】個人的な体験や出来事についての記憶のこと。

(★★★)
宣言的記憶【declarative memory】長期記憶の一種で、事実と経験を保持するもの。言葉で表現できる内容のため、宣言的記憶と呼ばれる。

(★★★)
手続き記憶【procedural memory】時間の経過とともに認知レベルでも行動レベルでもさまざまな活動をしている過程における変化、言い換えれば情報処理過程の記憶のことをいう。同じ目標に向かう過程における情報処理様式は、繰り返すことにより次第に一定のパターンを形成するようになり、頑健な手続き記憶になる。

(★★☆)
潜在記憶【implicit memory】想起しようとする意識なしで、ある行動や判断をする時に用いる記憶。

(★★☆)
顕在記憶【explicit memory】想起しようとして、すぐに思い出すことのできる記憶。

(★★☆)
中枢神経系【central nervous system】神経系のうち、多数の神経細胞が集まっている領域で、脳と脊髄がこれに含まれる。

(★★☆)
末梢神経系【peripheral nervous system】神経系のうち、中枢神経系（脳・脊髄）以外の体性神経系や自律神経系に分けられる。

(★★☆)
体性神経系【somatic nervous system】**自律神経系**とともに、末梢神経系と呼ばれる。体性神経系には感覚神経と運動神経とがあり、知覚や運動を制御する。

(★★☆)
自律神経系【autonomic nervous system】内臓や血管の自動制御を行う神経系。自律神経には興奮時に優位になる**交感神経**と、鎮静時に優位になる**副交感神経**とがある。

(★★☆)
交感神経【sympathetic nervous system】自律神経系の一つで、「闘争か逃走か（Fight or Flight）反応」と呼ばれるように、興奮時に活性化するもの。

★★☆

副交感神経【parasympathetic nervous system】自律神経の一つで、抑制のはたらきをもつ。休息時など、安静時に作用する。

★★★

脳波【electroencephalogram；EEG】ヒト・動物の脳に生じる電気活動を電極で記録したもの。脳波には、α波、β波、δ波、θ波、棘波などがある。

★★★

α波【alpha wave】安静時や覚醒閉眼時に出現する脳波で、周波数は8Hzから13Hzである。睡眠時の第一段階、まどろみ状態に出現する。

★★★

β波【beta wave】精神緊張時に出現する周波数14Hz以上の脳波。30Hz以上になるとγ波と分類することもある。

★★★

δ（デルタ）波【delta wave】乳幼児期や、成人の深い眠りの時期に出現する周波数が1Hzから3Hzで高振幅の脳波。ノンレム睡眠時に最も多くみられる。

★★★

θ（シータ）波【theta wave】徐波とも呼ばれ、乳幼児期や成人の深い眠りの時期に、δ（デルタ）波とともに出現する。周波数は4Hz - 8Hzである。α波が徐波化して出現する場合は後頭葉優位であり、傾眠時は側頭葉優位に出現する。

★★☆

棘波（きょくは）【spike】てんかん患者に見られる脳波で、周波数だけでみることができないため、波形によって分類する。便宜上持続が20～70msの波を棘波、70～200msの波を鋭波という。

★★☆

睡眠紡錘波【sleep spindle wave】ノンレム睡眠時に見られる周波数12～14Hzの脳波で、紡錘の形に似ている脳波。睡眠の第二段階で出現する。

★★★

レム睡眠【rapid eye movement sleep/REM sleep】睡眠状態のひとつで、身体が眠っているが、脳が活動している状態。高速眼球運動のほか、身体はほとんど動かないが、脳波はθ波が優勢で覚醒時と同様の振幅を示す。外見的には寝ていても、脳が覚醒状態にあるため、逆説睡眠ともいわれる。

★★★

高速眼球運動【rapid eye movement】急速眼球運動ともいわれる。レム睡眠時にみられる急速な眼球運動のこと。このときに夢を見ているともいわれる。

★★★

ノンレム睡眠【non-REM sleep】高速眼球運動を伴わない睡眠のことを、ノンレム睡眠といい、徐波睡眠とも呼ばれる。入眠時にはノンレム睡眠が現れ、約1時間半ほどでレム睡眠に移行する。その後、ノンレム睡眠とレム睡眠が交互に現れ、レム睡眠は、ほぼ1時間半おきに20〜30分続く。一晩の睡眠では4〜5回のレム睡眠が現れるといわれる。

2

臨床心理学

1 心理臨床面接

(★★★)

カウンセリング【counseling】 言語的・非言語的なコミュニケーションを通して、個人の悩みの解決と成長のために心理的治療や援助を行うこと。狭義では、心理療法や精神療法と同義とされるが、現在ではそれに加えて予防などもカウンセリングの役割と考えられることが多い。

(★★☆)

キャリア・カウンセリング【carrier counseling】 職業指導や就職のための指導。ガイダンスとよばれることも多い。もともとカウンセリングとはこのことを指していた。

(★★★)

セラピスト【therapist】 何らかの心理療法を用いて治療を行う人のこと。心理臨床家、心理療法家、カウンセラーとも呼ばれることもある。

(★★★)

クライエント【client】 心理療法を受ける人のこと。医療分野においては患者とよばれるが、心理的場面においては必ずしも（病を）患っている人が来談するわけではなく、患者という言葉が医師に対して使われることなどから、クライエント（顧客）という言葉が用いられる。

(★★★)

インテーク面接【intake interview】 カウンセリングの導入に際して最初に行われる面接のことで、主訴やクライエントが抱えている問題の概要を明らかにしていくことが目的。治療契約の確認もここで行われる。

(★★★)

治療的面接【therapeutic interview】 インテーク面接に継続して、主訴の解決のために行われる面接のこと。心理療法にもよるが、現在では長期にわたる面接よりも、ある程度主訴が解決した時点で終結となることが多い。

(★★★)

治療契約【therapeutic contract】 治療の開始にあたってセラピストとクライエントの間で行われる治療方法や料金などの取り決めのこと。また、治療の流れや治療関係でのお互いの役割、治療の目標ということについて、双方が合意をもつことも含まれる。

（★★★）

主訴【chief complaint】主にインテーク面接において、クライエントが話す困りごとのうち、主要なものを指す。面接が進む中で主訴は変化することも稀ではない。そのため、セラピストは定期的に見立てを行い、主訴を確認しながら面接を進めていくことが求められる。

（★★★）

ラポール【rapport】カウンセリングをはじめとする心理療法において、治療者とクライエント間で形成される、有効な信頼関係のことを指す。カウンセリングにおいて、クライエントの次回来談のモチベーションを高め、治療を効果的に進めるためには良好なラポールの形成が必要であると考えられており、非常に重要視されている。

（★★★）

治療同盟【therapeutic alliance】セラピストとクライエントの協力や共同作業を示す概念。作業同盟ともよばれる。**治療同盟**が適切に確立され継続していくことで、治療が進み終結へむかうとされる。

（★★★）

治療構造【structure of psychotherapy】エクスタイン（Ekstein, R.）が名づけたといわれている。治療関係を規定する交渉様式（セラピストとクライエントの人数や、報酬、時間など）及び治療関係の構造のことを指す。場面設定や時間などの構造を外面的構造、面接での目標、秘密の保持や暗黙の了解事項（非暴力や倫理的常識）などの構造を内面的構造と呼んだ。治療構造そのものに、セラピストとクライエントの存在と関係を支える、転移・逆転移を促進させる、境界を明確にするなどの治療的な機能があると考えられている。治療構造は現実的な制限や枠組みという側面を持つが、一方でセラピストとクライエントを周囲の圧力から守り、その守られた治療環境の中でクライエントの心理的成長が促進される側面も持つ。

2 精神分析的心理療法
精神分析の誕生

(★★★)

フロイト【Freud,Sigmund】 エレンベルガー (Ellenberger,H.F.) が無意識を発見したことを受けて、無意識という概念を世に知らしめた、オーストリアのウィーン出身の精神科医。精神分析の創始者であり、神経症、特にヒステリーに着目して治療を行い、神経症の発生およびその治療メカニズムや、パーソナリティ発達のメカニズムに関する多くの理論を提唱した。また、性的な心的エネルギーとしてリビドーという概念を中心に据え、後の様々な心理療法に影響を与えた。

(★★★)

自由連想法【free association】 精神分析の治療技法。患者は寝椅子（カウチ）に横になり、分析家が患者の後ろに座り、患者が思い浮かぶ言葉やイメージなどをありのまま表現し語ることで、抵抗や抑圧、転移などの動きを踏まえて分析していくこと。フロイトは知己であるブロイアー (Breuer,J.) のアンナ・Oの症例から着想を得た。

(★★★)

精神分析【Psychoanalysis】 フロイトによって創始された治療技法と理論の体系である。心的装置には、**無意識・前意識・意識**の三つの領域が考えられ、これを**局所論** (topographical model) と呼んだ。ところが、局所論は必ずしも十分ではないことが明らかになって、フロイトは**イド・自我・超自我**を想定して、これを**構造論**と名づけた。イドは性的エネルギーでもあるリビドーの大貯蔵庫と考えられた。自我は超自我の現実外界との調整をして機能する。これを防衛機制と称した。リビドー論といわゆる欲動論、心的葛藤、防衛機制などを**力動論**と呼ぶ。

(★★★)

リビドー【libido】 フロイトが生の根源とした、性的エネルギーのこと。リビドーとはもともと、「欲望」を意味するラテン語。精神分析の中で最も重要な概念のひとつとされ、リビドーは**イド（エス）**に存在すると考えられる。リビドーは乳幼児期の間は小児性欲として存在し、生きていくための根源的エネルギーと考えられた。

(★★★)

エロス【Eros】 生の欲動のこと。次第に増大していく統一体を作り、それを維持していく目的を持つとされる。それに対して死の欲動・破壊欲動のことを**タナトス (Thanatos)**と呼ぶ。

(★★★)

意識【consciousness】 フロイトは夢の研究を通して打ち立てた精神分析理論において、心の働きが局所的に異なると考え、「意識」、「前意識」、「無意識」という三つの体系を想定した。これを局所論と呼ぶ。精神分析理論における意識とは、直接的・自覚的に経験している心の領域である。心の動きを従来の意識だけで捉えるのではなく、無意識を想定しながら連続的にとらえて概念化した点は、フロイトの大きな功績といえる。

(★★★)

前意識【preconsciousness】 意識には上ってはいないものの、思い出そうと意識を向けることで、意識化ができる記憶などが貯蔵されている領域のこと。局所論において、意識と前意識の間には"検閲"という防衛機制が働いているとフロイトは仮定した。

(★★★)

無意識【unconsciousness】 強く働き続けているにもかかわらず抑圧されている内容が含まれる局所論の一領域。人の心の中には本人も気づかない無意識的領域が存在し、この無意識が人間の言動に大きな影響を及ぼしていると考えられる。無意識には、怒りや罪悪感などネガティブな感情を伴った考えや思い、記憶、またそのままの形では充足されない願望が抑圧されており、フロイトはそれを言語化していくことで、神経症の寛解につながると考えた。

(★★★)

局所論【topography】 心の構造を意識、前意識、無意識の３つの領域で捉えた考え方。心的エネルギーであるリビドーが相互的に作用することで心的バランスが決定され、この３つの領域のバランスを崩すことで身体症状などが生じるとされる。

(★★★)

イド【id】、エス【Es】 精神分析理論の構造論における３つの要素のうちのひとつ。快楽原則に基づいて無意識に働き、リビドーを開放し、衝動や欲求を充足することによって快楽を得る機能、または心的エネルギーのことをいう。そのプロセスにおいては、論理や時間観念、社会的価値は一切無視されるため、エスの中に保存された印象はいくら時間を経ても消失されない。したがって、その印象が脱価値化され、エネルギーを失うためには精神分析療法によって意識化される必要があると考える。

(★★★)

自我（エゴ）【ego】 精神分析の構造論における３つの要素のうちのひとつ。イドや超自我を統制し、現実原則に基づいて意識的に働き、葛藤を調節する機能のこと。フロイトによる自我の概念はあいまいであったが、後にハルトマンやエリクソンらの自我心理学者によって明確に提示された。自我には心的内容を総合し、心的過程を統合する傾向があるが、イドにはそれらの傾向はない。

2 臨床心理学

(★★★)

超自我（スーパーエゴ）【super ego】 精神分析の構造論における 3 つの要素のうちのひとつ。イドの持つ本能的欲動を統制する機能のこと。自我は子どものころのしつけやルールなどによって本能的欲求の禁止を取り入れるが、それが内在化し、独立した精神機能とされる。道徳、良心につながるものであり、道徳原則に基づく。

(★★★)

構造論【structural model of personality】 フロイトは当初心の働きを局所論的観点からとらえていたが、それだけでは十分ではないことが明らかになった後に、イド（エス）、自我（エゴ）、超自我（スーパーエゴ）という3つの機能を持った構造から人格が成り立つという観点を考えた。これを構造論と呼ぶ。

(★★★)

抑圧【repression】 防衛機制のひとつ。受け入れがたいことを無意識的に意識の外に締めだそうとする心理的な働き。無意識的に意識の外に追いやるため、意識的に抑えこむ抑制とは区別されて考えられる。防衛機制の中で最も基本的なものであると言われ、他の防衛機制と同時に作用することもある。

(★★★)

防衛機制【defense mechanisms】 フロイトによって考えられ、アンナ・フロイトによってまとめられた概念で、矛盾や葛藤から生じる苦痛や不快感を、軽減するための方法のことを防衛機制という。代表的なものとして抑圧、反動形成、置き換え、投影、知性化などがある。

(★★★)

神経症【neurosis】 カレン（Cullen,W.）によって初めて使用された用語。内因性の精神病に対して、心因性のものをいい、病識がある精神疾患。抑うつ神経症、強迫神経症、不安神経症などの言葉が使われてきたが、神経症は、実際には心因性のものを指しているため、最近では用いられることが少なくなった。

(★★★)

意識化 フロイトは、無意識の内に抑圧されているものを、自由連想法を用いて言語化していくことで、意識にのぼらせることができるということを考え、そのような意識できる状態にすることを意識化と呼ぶ。

(★★★)

解釈【interpretation】 精神分析において、無意識のどのような動きによって神経症が生じているのか、抵抗、抑圧、転移などの概念を用いて、精神的な働きの意味を見いだしていくことを解釈と呼ぶ。

Keyword

洞察【insight】心理療法において、クライエントが自分自身、もしくはセラピストからみたクライエントの持つ本質や現実について気づくことで、自己の心的現実に関する理解を深めること。

直面化【confrontation】患者（クライエント）が意識することを避けている場合に、治療者側があえてそれに直面させることを試みること。これまでクライエントが避けてきたことを外部（セラピスト）から、意識化させようと臨むものであるため、セラピストは細心の注意を払う必要がある。

明確化【clarification】患者（クライエント）が言葉にして表現はしていないが、潜在的に気付いていることを、治療者が適切な表現の言葉で言い換えることで意識化を促すこと。

徹底操作【working through】患者（クライエント）に抵抗や転移を意識化させ再現させる直面化、抵抗や転移の無意識的な意味を明らかにしていく明確化、抵抗や転移の無意識的な意味を治療者が示していく解釈という一連の流れを繰り返し行うこと。

小児性欲【infantile sexuality】フロイトは、乳幼児期から「小児性欲」として性欲を持っていると考えた。心理性的発達段階に沿って、口唇期・肛門期・男根期（エディプス期）・潜伏期・性器期と小児性欲を満たす対象が変わっていくとされる。

固着【fixation】ある発達段階において小児性欲が十分満たされない場合、その時点に無意識的にとどまり、その時期から自由になれずに神経症を引き起こすとフロイトは考えた。そういった、ある時点にとどまる心理的・無意識的な動きのこと。たとえば、口唇期に固着すると甘えたがりの性格になり、肛門期に固着するとケチで几帳面な性格になるなどを考える。

去勢不安【castration anxiety】エディプスコンプレックスを抱えるエディプス期に、母親に対する独占欲から父親に敵意を向けるのと同時に持つ、父親に処罰されるのではないか（去勢されるのではないか）という不安のこと。

2 臨床心理学

85

エディプスコンプレックス【Oedipus complex】男児が母親に愛情を向け、父親に憎悪を無意識のうちに向けるという感情のこと。精神分析学のキーとなる概念である。男児は「父親を殺して母親を独占したい」というエディプス願望を持ち、それと同時に父親に処罰されるのではないかという去勢不安を持つ。エディプスコンプレックスとは、ギリシャ神話に登場するソフォクレスの「オイディプス王」の物語からフロイトが命名したもので、アポロンの信託「みずからの子どもが父親を殺し、母親を妻とするだろう」を受けたテバイの王ライオスとその妻のイオカステが、その信託通りその子オイディプスによって実現されてしまったという物語に由来する。

置き換え【displacement】防衛機制のひとつ。満たされない欲求を別のものに置き換えることで、欲求を満足させようと試みること。Aという商品が欲しかったが高すぎるため、Bという安価で似た商品を代わりに購入するなど。

反動形成【reaction formation】防衛機制のひとつ。抑圧された感情とは全く反対の行動を取ること。例えば、好きな子をいじめる、嫌いな相手に親切にふるまうなどが挙げられる。

隔離【isolation】防衛機制のひとつ。認めたくない感情や精神的なストレスなどを、精神的に隔離して置いておくことによって心を守ろうとする働き。辛い悲しいことがあっても、一旦それを置いておいて作業に熱中するなど。

知性化【intellectualization】防衛機制のひとつ。割り切れないもの、非合理的なもの、情緒的なものを知的に割り切ろうとすること。知的に解釈して平然としているように、自分にも周りにも見せかけることによって、自らの心を守ろうとする働き。

合理化【rationalization】防衛機制のひとつ。自己の行動・態度・思考に対し、論理的・道徳的に納得できる妥当な説明をし、不安や葛藤を回避する働き。

取り入れ【introjection】防衛機制のひとつ。自分の持つことのできない、他者の持っている価値を、あたかも自分にその価値があるかのように取り入れるため、外見を模倣したり相手の一部を物理的にも取り入れることで欲求を満たす働き。

(★★★)

補償【compensation】 防衛機制のひとつ。自分が劣等感を感じる部分を補うために、他の部分で努力するなどをすること。数学ができない代わりに、英語や国語をがんばるなど。

(★★★)

同一化【identification】 防衛機制のひとつ。「取り入れ」に似ているが、自分の持っていない価値を持つ他者に対し、より自分が他者と精神的に融合しようと試みているもの。子どもがヒーローやアイドルの真似をするなど。

(★★★)

投影【projection】 防衛機制のひとつ。自分のものとして受け入れがたい願望や感情を、他人がそれを持っているものとして認知すること。自分が相手を嫌いな時に、「相手が自分を嫌っているから、自分も相手のことを好きになれないのだ」と納得させることなど。

(★★★)

昇華【sublimation】 防衛機制のひとつで、最も高度なもの。文化的、社会的に受け入れやすいものとして、性衝動や攻撃衝動などのエネルギーを向けること。例としては、欲求が満たされない代わりに、勉強やスポーツでがんばることなど。

(★★★)

転換【conversion】 防衛機制のひとつ。抑圧された感情や欲動が、麻痺や感覚の喪失として身体に現れることで、失敗した防衛機制とされる。フロイトによれば、無意識的な願望や欲動が身体症状という形で現れ、言葉の代わりに身体言語で自分の抑圧された内容を語るという。「右の座席に座っている人の言うことを聞きたくない」と思っていると、実際に右耳が聞こえなくなるなど。

(★★★)

身体化【somatization】 抑圧された衝動・葛藤が、様々な身体症状となることを身体化と呼び、失敗した防衛機制とされる。転換が特に麻痺や感覚喪失であるのに対し、アトピーや喘息など、その他様々な身体症状になる。失敗した防衛機制とされる。

(★★★)

行動化【acting out】 無意識の衝動や葛藤を言葉で表現する代わりに行動を通して表現すること。フロイトによって用いられた用語。行動化は治療場面やそれ以外、またセラピストやそれ以外に対して起こる可能性があり、行動化は妨害や抵抗とされる。

(★★★)

退行【regression】 実際の発達段階よりも幼い段階に戻ることで、欲求不満状況などに対応を試みること。赤ちゃん返りと呼ばれるもの。

(★★★)

分裂【splitting】 原始的防衛機制のひとつ。対象や自我（自己）を複数に分けようをする心理機制。「良い対象」の「悪い（とされる）部分」を否定するため、本来一つの対象を、「良い対象」と「悪い対象」に分けようとする。「良い対象」は理想化された一点の曇りもない状態とされ、「悪い対象」はこき下ろされるべき最低のものとされる。単に英語からスプリッティングとも。

(★★★)

投影同一視【projective identification】 原始的防衛機制のひとつ。自我（自己）の受け入れたくない部分を対象（相手）の中に押しやり、対象をコントロールしようという意図を持つもので幻想であるとともに、心的操作である。例えば、自分の中に自己中心的な部分があり、それを認めたくない場合、その自己中心性を相手の中に押しやり（投影）、その相手に対して「お前は自分勝手な奴だ」と非難するといったことが挙げられる。

(★★★)

原始的否認【primitive denial】 原始的防衛機制のひとつ。自分に苦痛や不安をもたらすものに対し、最初から存在しなかったように否定してしまうもの。

(★★★)

原始的理想化【primitive idealization】 原始的防衛機制のひとつ。自己と対象が「分裂」している状態において、分裂した対象のうち一方に向けて、過度な理想化を行うもの。それとは逆に過度な価値下げを行うものを「脱価値化」と呼ぶ。

(★★★)

原始的防衛機制【primitive defense mechanism】 クラインによって提唱された概念。フロイトらが提唱した自我の防衛機制に対し、より早期の乳幼児の精神内界に着目し、分裂、投影性同一視、原始的否認、原始的理想化などの防衛が活発に働いていると考えられ、これらを原始的防衛機制と呼ぶようになった。その他、相手を傷つけてしまうなどの不安から自らを守るために、自分の万能感を感じたり人を貶めたりしようとするような、躁的な部分を作り上げることを躁的防衛という。

(★★★)

転移【transference】 相互関係のうち患者（クライアント）から治療者に向けられるもので、本来重要な他者（父親・母親など）に向けられるはずであった感情や行動、言動のこと。そのうち好意・愛情などポジティブなものを**陽性転移**、敵意・憎しみなどネガティブなものを**陰性転移**と呼ぶ。

★★★

逆転移【counter transference】 転移とは逆に、患者（クライエント）に対して引き起こされる治療者自身が持っている重要な他者への感情を患者（クライエント）に向けること。転移と同じく、陽性の逆転移と陰性の逆転移がある。現在では逆転移をうまく利用することが大切であるとする立場もある。

★★★

夢分析【dream analysis】 夢解釈（Interpretation of Dream）ともいう。フロイトは夢が主体の心理的世界をよく表していると考えた。夢は、抑圧されていた無意識が浮上してきたものであり、まとまりのない夢も実際はある意味を持っており、解読されるべき心理的現象であるとした。

★★★

精神分析的心理療法【Psychoanalytic Psychotherapy】 フロイトが創始した「精神分析」を基本として、クライエントの問題や時間、場所などの条件にあわせて行うようになったもの。主に1週間に1回、45分～60分の時間内に対面式で行うものが一般的なやり方である。

★★★

アドラー【Adler,A.】 個人心理学の創始者。性欲を重視するフロイトに対し、アドラーは劣等感を重視した。個人は何らかの劣等感を持ち、それを補償しようとする傾向が生じるとした。劣等感を補償するため、より強くより完全になろうとする意志があると考えており、それを「権力への意志」と呼んで重視した。

★★★

力への意志【will to power】 アドラーが提唱した鍵となる概念のひとつ。**権力への意志**とも訳される。劣等感への**補償**として人間の根源的なエネルギーが存在するとしたもの。

★★★

劣等感コンプレックス【inferiority complex】 アドラーのキー概念のひとつ。劣等感を原因として生じ、自分をよく見せようとしたり、失敗して傷つくのではないかと恐れる心の働き。

2 臨床心理学

(★★★)

個人心理学【Individual Psychology】日本では、アドラー心理学（Adlerian Psychology）の呼称が一般的である。アドラー心理学では、個人をそれ以上分割できない存在であると考え、人間の生を、個人という全体が個人の必要な機能などを使って目的に向かって行動していると考える。具体的には、人間は相対的に優越感に満たされるようなプラスの状態を目指して行動していると考えられ、行動の原因ではなく目的を分析する。さらに、人間を全体として捉え、理性と感情、意識と無意識を対立するものとせず、社会的存在として捉え、対人関係の分析に重点を置く。

(★★★)

フランクル【Frankl,V.E.】オーストリアの精神医学。フロイトやアドラーに師事し、実存分析、ロゴセラピー、意味への意志を提唱した。神経症の治療は、個人にとっての人生の意味や価値、そして責任と自覚を手に入れることによって達成されると考えた。

(★★★)

ロゴセラピー【Logotherapy】フランクルによって提唱された。人間の本質を精神的実存に求め、その在り方を分析する。「**意味への意志**」を重視し、フロイトのいう快楽への意志やアドラーのいう権力への意志が満たされても「意味への意志」が満たされないと、本当に満たされたことにはならないとした。

(★★☆)

現存在分析【Existential Analysis】ビンスワンガー（Binswanger,L.）によって創始された。クライエントの内的世界を重視し、ありのままに理解しようとする。

(★★☆)

ライヒ【Reich,W.】現代の精神分析を発展させ、性格分析の技法と理論を体系化した。自己の欲求や素直な感情を抑圧し、他者には過剰に配慮して柔軟性に欠く状態を、**性格の鎧**（character armor）と呼び、これによるリビドーの抑圧がオルガスムスの不能をもたらし、神経症を生じさせるとした。

(★★☆)

フェレンツィ【Ferenczi,S.】精神分析の先駆者のひとり。セラピストのクライエントに対する関わりの能動性（activity）を強調し、クライエントとセラピストの相互的コミュニケーションを重視し、積極療法や弛緩療法を用いて治療期間の短縮をはかった。

出産外傷説【birth trauma theory】ランク（Rank,O.）が唱えた神経症の原因は、出産に際しての心理的・身体的不安あるいは外傷に基づくものであるとする説。母胎という守られた世界から、外の世界へ産み落とされたことによる生理的ショックと、それに由来する心理的外傷（トラウマ）が最大の原因と考える説のことをいう。

アレキサンダー【Alexander,F】精神医学、精神分析、心身医学など多くの領域において先駆的に貢献した。7つの代表的な心身症である消化性潰瘍、潰瘍性大腸炎、気管支喘息、本能性高血圧、神経性皮膚炎、甲状腺中毒症、慢性関節リュウマチなど身体的疾患を力動的に捉えた。

アンナ・フロイト【Freud,Anna】現在の**遊戯療法**の基礎を築き、精神分析的自我心理学の開拓者・防衛機制を体系づけた。成人の精神分析療法の児童への適用を試み、自由連想法の代わりに遊戯療法を取り入れた。ジグムント・フロイトの末娘。

ハルトマン【Hartmann,H.】精神分析における自我心理学を創始した一人。イドと超自我間の葛藤に巻き込まれない「葛藤外の自我領域にある自我機能」という考えを用い、イドや超自我から独立した主体性を持った自我として、外界への適応を行う自律的自我という機能に焦点づけし、自我装置と名づけた。

自我心理学【Ego Psychology】自我心理学とは、自我の主体的機能や成熟度に焦点を当てた精神分析の一派。**アンナ・フロイト（Anna Freud、ジグムント・フロイトの末娘）**が創始者であることから、正統派精神分析と呼ばれることもある。フロイトの精神分析がリビドーの働きに重点を置いたのに対し、自我心理学では、**自我構造**の解明を理論の中心に置く。自我心理学派に分類される精神分析家には、アンナ・フロイトの他に、ライフサイクル論で知られるエリク・エリクソンや自我の自律的・能動的側面を強調したハルトマンがいる。

新フロイト派【Neo Freudian】主に1930年代にアメリカで発展した精神分析学派。フロイトが重視した性的リビドーを批判し、対人関係や社会的・文化的側面の影響力を重視した。対人関係論のサリヴァン、ホーナイ、フロムなどが挙げられる。

Keyword

★★☆

ホーナイ【Horney,K.】 基底不安（基本的不安）という理論を唱えた。彼女は、敵意に満ちた外界に囲まれていて、自分が孤独で無力であるという幼児の感情があると考え、両親と子どもの関係において、安全感を脅かすさまざまな要因から性格形成がなされるとした。また、彼女は神経症は真の自己と理想化された自己との葛藤と考えた。

★☆☆

フロム・ライヒマン【Fromm-Reichmann,F.】 新フロイト派の一人。統合失調症患者に「聴く」態度を基本とし、解釈よりも患者の理解を重視した。

★★★

サリヴァン【Sullivan,H.S.】 新フロイト派の一人。重症破瓜型統合失調症の治療に成功したことで有名になる。セラピストがクライエントを観察する中で「関与しながらの観察」を見出し、「精神医学は対人関係の学である」と述べた。

★★☆

エーリッヒ・フロム【Fromm,Erich】 アメリカの精神分析学者で新フロイト派のひとり。マルクス主義の影響を受け、社会経済的な条件とイデオロギーが媒介したものとして「社会的性格」という概念を提示した。

★☆☆

ラカン【Lacan,J.M.E.】 フランスの医師で精神分析家。フランス精神分析協会を創設するが後に分裂し、パリ・フロイト派を創設するが、1980年には解散させる。「フロイトへ還れ」という言葉が有名である。子どもは、想像界（投影との同一化によるイメージの世界）から象徴界（言語によるシンボル的世界）に興味を移し、次第に現実界（直接体験することのできないカオス）にも興味を持つようになると考えた。

★☆☆

フェアバーン【Fairbairn,W.R.D.】 イギリスの精神分析医で、対象関係論の中間派に位置する。精神病理学的状態の中で最も重要なのは「分裂的状態（schizoid condition）」であるとした。

（★★★）

対象関係論学派【Object Relation Theory】クラインらによって、精神分析から発展した学派。フロイトの考えを基にして、**妄想－分裂ポジション（P-S position）**と**抑うつポジション（D position）**を唱え、子どもに対して精神分析的関わりを行えるようにした。クラインの流れを受け継ぐものはクライン学派と呼ばれたが、フェアバーンはフロイトやクラインに批判的な立場を取り、ウィニコットはクラインの心的現実への偏りを指摘し、環境を重視した移行対象などの考えを提出した。彼らやガントリップ（Guntrip,H.）、バリントは対象関係論の中間派と呼ばれる。

（★★★）

クライン派【Kleinian】メラニー・クラインの考えを引き継ぐ学派。クライン派には、発達早期の母子関係を精緻に再構築したビオン、対象関係論を分かりやすく体系化したウィニコットやフェアバーン、そのほかにもスィーガルなどがいる。

（★★☆）

ビオン【Bion,W.R.】集団療法の先駆者。「集団自体が独自の意識及び無意識の領域を持つ」と考え、グループを支配する無意識的領域である規定的想定集団の概念を提唱した。また、クラインの考えを継承しながら、内的対象関係から幻想的に生み出される内的現実性を、客観的な事物によって作られる外的現実性と同列に並べて、その現実から生み出される情動・感情の意味や内容を重視した。

（★☆☆）

スィーガル【Segal,H.】クラインから直接指導を受けたクライン派の一人。ほかにローゼンフェルト（Rosenfeld,H.）やビオン（Bion,W.）なども同じくクラインの弟子にあたる。

（★★★）

クライン【Klein,M.】対象関係論の基礎を築きあげた。対象関係における2つの時期を**妄想－分裂ポジション（paranoid-schizoid position：P-S position）**と**抑うつポジション（depressive position：D position）**として捉えることを提唱した。妄想－分裂ポジションとは、「生後4ヶ月ごろまでの乳児は母親を全体的に捉えることができず、乳房という部分対象で捉えており、自分の欲求を満たしてくれる良い対象と、満たしてくれない悪い対象という分裂（splitting）が起こっている状態」のことをいう。抑うつポジションとは、「生後4ヶ月ごろから、乳幼児は次第に良い対象と悪い対象として分裂して捉えている乳房が、変わらない母親のものと全体対象として捉えるようになり、抑うつ的な不安が生じる状態」のことをいう。また、児童分析（子どもの精神分析）では、子供の持っている内的世界を解釈することを重視した。

内在化【internalization】社会規範や価値を自分の中に取り入れ、自分自身がこれに合う規範や価値を身につけるように変化していく過程のこと。他者の存在や安心感なども内在化されうる。

内的対象【internal objects】親との関係など経験を通して、外的環境に存在する表象（例えば母親）を、自己の内的世界に存在する表象として捉えたもの。

ウィニコット【Winnicott,D.W.】対象関係理論を発展させた。毛布やタオル、ぬいぐるみなどの移行対象が子どもの内的な主観的体験から客観的体験、未分化な母子関係から分化した母子関係への移行を促すとした。

ホールディング【holding】ウィニコットによって提唱された概念。常に母親がそばにいてくれるものであり、不安や欲求を受け止めてくれる母子関係のこと。

偽りの自己【false self】ウィニコットが、本当の自己との関係で論じた概念。早期の環境側の失敗に対して自己を防衛するために本当の自己と分裂して作られたもの。偽りの自己を生きている人々は、社会場面では適応的に見えるが、内面では無力感、空虚感、非現実感を抱いているとし、この原因のひとつに早期の母子関係があるとした。

移行対象【transitional object】ウィニコットが提唱した、乳幼児が特別に愛着を寄せるようになる無生物の対象を指した用語。毛布やタオル、ぬいぐるみなどが挙げられる。乳幼児は生まれた当初、母親が身の回りのすべてのことをやってくれる、言い換えると母親に完全に依存した状態で自身の欲求を満たしている。ウィニコットは、この状態を「錯覚」と呼び、乳幼児は世界が自分の思いどおりに動くという主観的な世界の中で生きているとした。しかし、成長するに従い、母親からの自立が進むと外的な世界への探索が増え、例えば未知の人やものとの遭遇といったイベントの経験により、恐怖や不安などのストレスを感じる。このように主観的な世界から外的な世界に移行していくことを「脱錯覚」と呼ぶが、移行対象はこの際に感じるストレスを軽減させるために用いられる。

94

基底欠損【basic fault】 ★★★ バリント (Balint,M.) によって提唱された概念。発達過程の早期において、母親は子どもに愛情と保護を提供するが、それらを受けられなかったために生じるとされる。基底欠損を持っている人は神経症になるリスクが高いと言われている。バリントは、この概念を通して早期の母子関係の重要性を強調した。

マーラー【Mahler,M.S.】 ★★★ 自我心理学派の精神分析家。正常な自閉症期・正常な共生期・分離─個体化期という分離─個体化の概念を提案。その後、母子を観察するなかで、分離─個体化期の段階、分化期・練習期・再接近期・分離という分離─個体化理論を提唱した。

分離個体化理論【separation individuation theory】 ★★★ マーラーによって提唱された発達理論。①正常な自閉期、②正常な共生期、③分化期、④練習期、⑤再接近期を経て、個体化が強化され、対象恒常性の獲得が始まると考えられている。個体化とは、母親と自己が未分化な状態から分離した自己 (個体) が、より自律した個体として変化してくことを指す。

①正常な自閉期：生後数週間までの時期で、心理的過程よりも生理的過程が優先である。胎児期に近い状態で外的現実から隔離された閉鎖系として機能している時期。

②正常な共生期：生後1ヶ月から5ヶ月ごろの時期で、外的刺激への関心が高まる。この反応性の高まりによって養育してくれる対象をぼんやりと認識できるようになる。

③分化期：孵化とも呼ぶ。生後5ヶ月から10ヶ月ごろの時期で、持続的に外界に注意が向くようになり、探索行動が出現する。母親と他者の区別ができるようになる時期。

④練習期：生後10ヶ月から16ヶ月ごろの時期で、はいはいができるようになるなど身体的な能力が高まり、母親から離れるようになる。この時期には母親が安全基地の役割を果たす。

⑤再接近期：生後15ヶ月から25ヶ月ごろの時期。身体的な能力はさらに高まり、直立歩行ができるようになって行動範囲が広がると、自分の力が及ばない対象の存在に近づくことになる。そのため離れる喜びだけでなく強い分離不安を示し、親の承認・非承認に敏感になる。この時期を乗り越えることによって個体化が強化されていく。

対象恒常性【object constancy】25ヶ月から36ヶ月の期間に、母親という存在が内的対象として取り入れられ統合され、その心的表象が母親の不在時にも保持できるようになること。身体的接触がなくとも母子間の絆が確信できることにより、安定した自己—他者関係が明確化し、自律的自我の基礎が確立するとされている。

★★☆

コフート【Kohut,H.】**自己愛**について、病理的な側面を強調したフロイトに対し、発達や治療に与える影響を評価し、健康的な自己愛の側面を精神分析に取り入れ、自らの立場を**自己心理学**と名付けた。

★★☆

自己心理学【Self Psychology】コフート理論とも呼ぶ。コフートが創始し、自己を中心概念とする精神分析学派の一つ。人間の心的装置である自我よりも、心の全体の中心である自己を重視した立場であり、**自己愛性パーソナリティ障害**のパーソナリティ理論と治療に端を発する。コフートが自己愛性パーソナリティ障害の患者を精神分析で治療していく中で、理想化転移と鏡転移を見出し、自己対象転移として一つの概念にまとめた。

★★★

対人関係療法【Interpersonal Psychotherapy；IPT】米国でクラーマン博士らによって開発された心理療法。アメリカ精神医学会の治療ガイドラインでもうつ病に対する有効な治療法として位置づけられるなど、認知行動療法と双璧をなす精神療法として知られている。治療は「重要な他者（自分の感情に最も大きな影響を与える人）」との「現在の関係」に焦点を当てて行い、コミュニケーションのパターンなどに注目することによって、対人関係全般の改善を目的とする。エビデンスベースドであること、期間限定の短期療法であることが特徴。うつ病のほか、摂食障害にも長期的な効果を及ぼすことが確認されている。

3 ユング心理学

分析心理学

（★★★）

ユング【Jung,C.G.】スイスの精神科医。フロイトと共に初期の精神分析の発展に貢献するが、のちに訣別して**分析心理学**をうちたてる。精神病、夢、神話などの研究から、無意識を**個人的無意識**と**集合的無意識**に分け、集合的無意識の中に特定のパターンを見出した元型論や、人間の性格傾向を**外向−内向**を軸に、**思考−感覚・直感−感情**の 4 つに分類したタイプ論など独自の理論を展開する。また、人間の心理や夢を、因果論的にその幼少期に求めたフロイトに対して、ユングはより十全な人生へと進展し続ける目的論的なものであるとした。

（★★★）

分析心理学【Analytical Psychology】ユングによってうち立てられた深層心理学で、ユング心理学とも呼ばれている。核になる考えとして、意識と無意識は互いに相補的に働いてバランスを保っており、意識が行き詰った時、無意識がそれを打破すべく働くと考えられる。それゆえに、無意識の分析に重点が置かれる。無意識は個人的・集合（普遍）的な層をなし、例えば個人の無意識にある母親イメージは、布置された太母（グレートマザー）などの普遍的な無意識のモチーフ（**元型**）から影響を受けるとされる。無意識は、言語連想テストや夢分析、能動的想像、箱庭、絵画などによって分析される。また、個人の性格を分類するものとして、外向―内向、思考・感覚・直感・感情のタイプに分けるタイプ論がある。ユングは人格のあらゆる側面の可能な限り十全な表現として全体性を考え、全体性へと向かう過程を個性化の過程と呼び、人生の究極の目的とした。

（★★★）

個人的無意識【individual unconscious】フロイトのいう無意識の部分。ユングは人間の心を意識と無意識の層に分け、後者をさらに個人的無意識と**集合的（普遍的）無意識**に分けた。個人的無意識とは、忘却されたり、抑圧されたりした意識や、意識に達するほどの強さはないが、心の内に残された感覚的な痕跡、コンプレックスなどから成り立っているとされる。

(★★★)

集合的無意識【collective unconscious】普遍的無意識ともいう。集合的無意識とは、人類や動物にさえ普遍のもので、その内容は精神病者の妄想、神話や夢、未開人の心性などに共通に認められるいくつかのモチーフ（**元型**）によって構成されている。集合的無意識の内容は意識に上ることはないが、イメージ、象徴、ファンタジーなどは無意識の表現として文化の中に現れる。

(★★★)

自己【self】自我が意識の中心であるのに対して、自己は意識と無意識を含んだ全体の中心であるとされる。自己はまた、人間の心における外向—内向、男性的なもの—女性的なものといった対立するものを統合する機能を持つ。人の意識は、自我を中心としてある程度安定しているが、より高次の統合性へと志向する傾向があり、その努力の過程を自己実現の過程と呼ぶ。その道のりは人それぞれ個性的であるがゆえに、**個性化**の過程とも言われ、人生の究極の目的とされる。

(★★☆)

象徴／シンボル【symbol】一般心理学における象徴とは「何らかの他の対象を代表しているもの」であるが、ユング心理学おいて象徴とは、「無意識の側面を有する、完全に説明しきれないものを表現する最も適切なもの」とされる。例えば、「心」というものを既に皆が知っているものとして「○」で表現すると、それは「記号」や「標識」にすぎない。しかし、一人の禅僧がその全経験を込めて描いた「円」の中に、意識では把握しきれない大きな心の全体性を見たとき、それは象徴（シンボル）となるという。

(★★★)

目的論的視点【teleological perspective】分析を行う上で、個人の過去の出来事に原因を求める（因果論）のではなく、目標や目的に求める視点。困難に陥っている原因を想定することより、その生がその人をどこへ導こうとしているのかという心の発展の道筋を描くものとして解釈する。精神分析とユング心理学が区別されるのはこの視点によるところが大きいが、ユングは因果論的視点も重要としている。

(★★☆)

拡充法【amplification】ユングの（特に夢の）解釈法の一つ。個人の夢やイメージを、神話や歴史、文化に共通したイメージと関連づけることで、解釈の対象を豊かに広げていく。これにより、夢見者はイメージに対する個人的な態度を手放し、より広い視野を持って考えることができる。一方で、過度の知的解釈に陥ったり、心のインフレーション（肥大化）を引き起こしたりする危険がある。

(★★☆)

アクティブ・イマジネーション【active imagination】ユング派の最大の技法とされ、能動的想像法とも呼ばれる。覚醒した状態で夢（白昼夢）の中に入り、無意識の内容を探り進めていく方法。最大の技法として知られるが、無意識下にある強力な欲望や感情によって、精神異常に陥る危険性があるともいわれる。

(★★★)

共時性【synchronicity】ユングは意味のある偶然の一致を重視し、因果律によらない規律である共時性を考えた。心理療法では転機が訪れる場合に経験されることが多い。こうした事象の原因を探るのではなく、何が起こり、どのような意味によってつながっているのかという点に注目する。

(★★★)

布置【constellation】もともとは星座を意味する。無関係の星同士があたかも一つのまとまりを持った星座に見える様に、無関係の個々の事象があたかも意味を持った一つのまとまりに見えること。

(★★☆)

死と再生【death and rebirth】死んで生まれ代わる死と再生のモチーフは、それまでの生き方を見直し、新しい人格の変化が訪れる時、クライエントの夢や心的内容の中に現れる事がある。一見退行したり病を患っていても、その体験を通して、より良い人格や生き方が誕生する意味で創造的退行、創造の病とも関連する。一方で、現実の死とも微妙な絡み合いを見せることがあり、注意が必要とされる。

(★★☆)

プロセス指向心理学【Process Oriented Psychology】無意識に関するユング心理学の概念と、ゲシュタルト療法を発展させたもの。**トランスパーソナル心理学**の一つと分類されることもある。

(★★☆)

ミンデル【Mindel,A.】**プロセス指向心理学**の創始者。ユング派の分析家であったが、夢において身体症状が反映されていることに注目し、ユング心理学の考え方を基礎に身体的アプローチを使った独自の心理療法をうち立てた。

(★★★)

河合隼雄 日本人として初めてユング派分析家資格を取得し、ユング心理学を日本に広めた。また、カルフのSandspiel（Sand therapy）を日本に紹介し、箱庭療法と名づけた。臨床心理士資格の整備に尽力するなど、日本の臨床心理学を発展させた数々の功績を持つ。京都大学名誉教授、国際日本文化研究センター所長、文化庁長官などを歴任した。

(★★★)

ペルソナ【persona】 元型のひとつ。人が世界に立ち向かう際に身に着ける仮面（顔）であり、自我と外界を仲介する機能を持つ。このペルソナによって自分と社会の間に折り合いをつけ、関係性を保つことができるが、自分のペルソナとあまりに密着し同一化すると、堅さや脆さが生じる。

(★★★)

アニマ【anima】 元型のひとつで、男性の中の女性像や女性イメージの部分。男性的で論理的な考え方をする人物が、女性的で感情的なものに支配されるときなどに出てくるもの。

(★★★)

アニムス【animus】 元型のひとつで、女性の中の男性像や男性イメージの部分。「企画性」「勇気」「残酷さ」などの性質を持ち、男性性に支配されるときなどに出てくるもの。

(★★★)

影／シャドウ【shadow】 元型のひとつ。そうなりたいという願望を抱くことがないもの、自分の暗い面や隠したいと思う性質のこと。自我のあるところに影は必ず存在し、影こそが人間らしさをもたらすとされる。分析心理学における心理療法で影を扱う場合、影のイメージを意識化し、生活の中で影を投影しやすい状況について認識することが目的となる。

(★★★)

太母／グレートマザー【great mother】 母なるもの。生んで育てる、慈悲深さ、心配りやいたわりという肯定的な面と、秘密、誘惑、奈落、呑み込んで離さず自立を妨げるという否定的な面の両方を持ち、個人の母親を超えた普遍的な母の元型のこと。

(★★★)

トリックスター【trick star】 元型のひとつ。いたずら者やペテン師を指し、破壊性と反道徳性を特徴とする。負の英雄だが、その愚かさによって他の者が達成できなかったことを成し遂げてしまう面も持つ。

★★★
老賢者【wise old man】 元型のひとつで、個性化過程に現れるマナ人格のひとつ。マナ人格とは宗教的で神話的な魔術的な力をもった元型で、そうした力を自らのものであると錯覚する（自我肥大を起こす）危険性を持つ。自我が意識的に己と直面する際に現れるとされる。その他、魔術師や偉大な師、自己の象徴表現、あるいは老人と少年の両極が一体となったものなど、様々な観点がある。

★★☆
エレクトラコンプレックス【Electra complex】 女児が4〜6歳ごろ、父親への愛着を強め、母親を競争相手として敵視するようになることで、それが発達不全となると感情的な状態を残すとする考え。ギリシャ神話にあるミケーアの王アガメムノーンの娘エレクトラが、敵と密通し父親を殺した母親を許さず、父親の仇を討った話から名付けられた。

4-1 行動主義と認知行動療法
行動療法の発展

★★★

行動療法【Behavioral Therapy】アイゼンクをはじめとする、行動主義・新行動主義から生まれた心理療法の総称。科学的根拠を持たない精神分析への批判から生まれた。1950年代には、ウォルピ（J. Wolpe）が学習理論を応用し、介入法を実践。その後もさまざまな人々によって、行動主義に基づく科学的な心理療法として、現在まで発展させてきた経緯がある。

★★★

アイゼンク【Eysenck,H.J.】精神分析的人格研究を批判し、実証的な立場から対人援助を行うことを重視し、その重要性を主張した。実験科学的人格研究から、モーズレイ性格検査（MPI）やアイゼンク人格検査（EPI）を作成した。

★★★

系統的脱感作法【systematic desensitization】ウォルピ（Wolpe,J.）によって考案された古典的条件付けの逆制止法の原理を利用した療法。逆制止とは、不安と拮抗するリラックスなどの反応を生じさせることで、不安や不適応な反応を弱めていく方法のことを指す。また、不安を感じる対象を、主観的な不安の程度により、高いものから低いものまで並べた票のことを**不安階層表**と呼ぶ。系統的脱感作法では、この不安階層表をもとに、筋弛緩法などの**リラクセーション技法**と、不安を感じる対象への暴露を合わせて行い、不安反応を下げていく。

★★★

エクスポージャー【exposure】古典的条件付けの原理に基づいた行動療法の一つ。主に、恐怖症や不安障害の治療において用いられる。不安や恐怖を引き起こしている状況や脅威刺激に、クライエントをさらすことによって、不適応な反応を消去する治療技法であり、暴露療法ともいわれる。脅威刺激にクライエントをさらす方法としては、現実場面、イメージ、仮想現実（IT機器などを用いる）、内部感覚といった種類がある。現実場面で行った方が、治療効果が高いとされている。不安階層表を用いて、段階的に現実場面にさらす「段階的エクスポージャー」を、通常、エクスポージャーと呼んでいる。

★★★

フラッディング【flooding】消去手続きによる恐怖や不安反応を減らすことを目的とし、強い恐怖や不安を生じさせる刺激に、クライエントが長時間さらされる治療法である。実際の臨床場面ではフラッディングを行うことはあまり多くはなく、上記のエクスポージャーを行うことがほとんどである。

★★★

バイオフィードバック法【biofeedback】人体の生理機能を電気信号として記録し、その記録を本人に**還元（フィードバック）**することで、症状に関係する特定の自律神経の調整能力を身につけ、症状の軽減を図ろうとする方法。外部からの刺激を受けた時の心拍数・血圧・筋緊張・脳波・発汗といった生理反応を測定して数値化し、精神生理的状態の自己調節（セルフコントロール）を目的とする。主に緊張性頭痛や多汗症など、ストレスが身体にあらわれる症状に用いられるが、うつ病や不安障害にも有効とされている。

★★★

トークン・エコノミー【token economy】適切な行動や反応に対して**トークン（代用貨幣）**という仮の報酬を与えるという正の強化の原理を用いて、目的行動の生起頻度を高める行動療法の一技法。トークンは、一定量に達すると特定の物品との交換や特定の活動が許されるという二次的強化の機能を果たす。適用にあたっては、事前にクライエントとトークンと代替する物品・活動の取り決めをすることが重要となる。治療場面では一般にシェイピングとの併用が効果的とされている。この技法は、場所を選ばずに簡単にできるため、汎用性が高い。また、直接的な強化子を反応が生起した直後に与えることが困難な場合にも有効である。

★★★

モデリング【modeling】→P.56 観察学習の項参照

4-2 行動主義と認知行動療法
認知行動療法

(★★★)

認知行動療法【Cognitive Behavioral Therapies】クライエントは、行動的な問題だけではなく、考え方や価値観などにおいても問題を抱えていることが多く、こうした認知的な問題を治療の対象とし、そのアプローチとして、これまでに効果が実証されている行動的技法と認知的技法を組み合わせ、問題の改善や消失を図ろうとする介入法の総称をいう。認知行動的アプローチのうち、歴史的な流れの中の区分として、第二世代の心理療法として位置づけられている。

(★★★)

認知療法【Cognitive Therapy】ベック (Beck,A.T.) により開発された心理療法。クライエント個々人に特有の**認知の歪み**と呼ばれるものがあると仮定をし、その部分に焦点を当てる方法。認知の歪みが自身の抱えている問題を維持・強化していると考える。認知の歪みは、2つに大別され、一つは**自動思考**、もう一つは**スキーマ**である。スキーマとは、心のより深くに存在している自己や世界などに対する確信的な考えである。自動思考は、スキーマから派生すると考えられており、ある状況下で瞬時に浮かぶ考えやイメージのことを指す。治療においては、クライエントが自身の考えを記録して歪みを検討し、より適切な考えを採択して元々の考えを変容させていくといった流れをとる。

(★★★)

論理療法【Rational Therapy】エリス (Ellis,A.) によって提唱された心理療法。認知の変容を治療目標とする一つの治療体系である。人の反応は外界の刺激や出来事によってのみ生じるものではなく、考え方や信念などの認知的変数によって生じると考える。ABCDE で理論づけられていることが特徴である。Aは、「activating event」で原因となる出来事、Bは、「belief」でA についての考え方や信念体系、Cは、「consequence」でB から生じた行動や考え方の結果や反応。AからCへの反応は直接もたらされるのではなく、Bの信念体系が媒介するとし、治療過程は**非合理的な信念 (irrational belief)**を**合理的な信念 (rational belief)**へ変えることである。その際に、Dの「dispute」、その人の非合理的信念を明らかにし、それを徹底的に反論して粉砕する。そして、Eの「effect」、非合理的信念に代わる、より合理的で理性的な信念を身につけさせ、将来、類似の事態が起きても、自らが修正して適応的な行動が行えるような自己コントロールを養う。これが治療の最終目標である。

★★☆

ストレス免疫訓練【stress inoculation training】 マイケンバウム (Meichenbaum,D.H.) が体系化したストレスに対する心理療法。ストレスに対する適切な対処行動を習得するとともに、ストレスに関連する諸問題の予防および健康な生活習慣を獲得することを目的とした訓練プログラム。訓練は複数の段階が用意されており、最初の教育段階では、ストレスについての知識を与える。次の段階では、リラクセーション法などの行動的技法と自己教示訓練などの認知的技法を治療セッションの中で習得し、最後は実際場面での実践を行う。

★★★

社会生活技能訓練【Social Skills Training；SST】 生活技能訓練とも呼ばれる。行動療法の諸理論 (オペラント条件づけ、社会的学習理論、認知行動理論) を背景にして、発展を遂げてきた。対人関係を中心とする社会技能のほか、服薬自己管理・症状自己管理などの疾病の自己管理技能、身辺自立に関わる日常生活技能を高める方法が開発されている。当初は、統合失調症やうつ病の患者の対人行動を改善する目的で開始された。しかし、現在では、その対象を幼児・児童・青年へと拡大し、発達障害の患者の対人関係の改善にも適用されている。

★★★

エビデンス・ベースド・アプローチ【Evidence Based Approach】 アメリカ精神医学会によると、心理学におけるエビデンスに基づく実践を、「支援対象者の特徴、文化、および価値志向の枠組みのなかで得ることができる最高度の研究と研究専門知識を統合することである」と提唱している。エビデンスとは、もともと証拠、根拠という意味であるが、心理療法の文脈の中で用いる場合には、アセスメントに基づいて介入を行った結果、治療目的を達成できたか否か判断するために示される。従来の臨床心理学には、個人的な勘や経験、各自が拠って立つ学派の理論のみに頼り過ぎているという批判があり、専門家として介入 (アプローチ) の根拠を明確にするという社会的責任に対する疑問があった。それらの批判や疑問を乗り越えるためにエビデンス・ベースド・アプローチは発展してきた。具体的には、どの心理療法がどのような問題 (疾患) に対して効果があるのかを実証的に示した介入法の効果研究の結果に基づいて、介入 (アプローチ) を行っていくことである。

(★★★)

マインドフルネス【mindfulness】心に浮かんだ思考や感情について、価値判断をせずに、瞬間ごとに観察し意図的に関わるプロセスを指し、その概念には禅仏教の影響がある。マインドフルネスを用いた心理療法は、第三世代の認知行動療法、新世代の認知行動療法などと呼ばれる。マインドフルネスの概念を取り入れた心理療法としては、以下のものがある。マインドフルネスストレス低減法から生まれてきた、マインドフルネス認知療法、アクセプタンス&コミットメント・セラピー、弁証法的行動療法、メタ認知療法など。

5-1 人間性心理学
人間性心理学の興り〜ロジャーズ

(★★★)

カール・ロジャーズ【Rogers,C.R.】人間性心理学において、非指示的療法から来談者中心療法、パーソン・センタードアプローチへと発展させた人物。人間の成長と変容を支持することを重視した。彼のアプローチは忠告・意見などの指示を与えないことから、最初、非指示的療法と呼ばれた。その後、来談者中心療法（クライエント中心療法）となり、個人療法の知見を生かしてパーソン・センタード・アプローチへ発展させた。パーソン・センタード・アプローチでは、カウンセリングの他にエンカウンター・グループ、人種問題や民族紛争などの問題に取り組むなど、平和運動に力を注ぎ、彼のアプローチを社会問題へと広く応用した。

(★★★)

来談者中心療法【client centered therapy】1940年代にロジャーズによって発展した心理療法。来談者中心療法では、理想と現実の不一致状態が、心理的な混乱を起こすと考えられた。また、人間は自ら成長できる力を持ち自己決定できる存在である、という人間への理解をもつとされる。「いま、ここ（here and now）」にある人間理解を大切にし、無条件の肯定的配慮・共感的理解・自己一致という必要十分条件を重視することが特徴。これらの考えは、後に多くの心理療法におけるセラピストの基礎的な態度として考えられるようになった。

(★★★)

必要十分条件【necessary and sufficient conditions】ロジャーズによって書かれた『治療的パーソナリティ変化の必要にして十分な条件』はセラピストに必要とされる条件のことであり、無条件の肯定的関心、共感的理解、自己一致という3つの条件が満たされれば、クライエントに治療的な変化が生じるとしたもの。

(★★★)

無条件の肯定的関心【unconditional positive regard】/受容【acceptance】ロジャーズによるセラピストに必要とされる、6つの必要十分条件の一つとして知られる。クライエントの経験について、この部分は認めるが他の部分は認めない、といった条件を付けるのではなく、クライエントをひとりの人間として無条件に肯定的な関心を向ける態度のことを指す。

（★★★）

共感的理解【empathic understanding】ロジャーズによる、セラピストに必要とされる6つの必要十分条件のひとつである。クライエントが体験している内的な世界を感じ取り、セラピストが自らの枠組みに照らし合わせながら、自分の中に生じてきた体験を吟味することでクライエントを理解すること。怒りや悲しみから一緒に揺さぶられるという同情とは異なり、その感情体験の背後に生じている状況や心情といった意識していない内面を感じ取り、知的に理解していく側面が含まれる。

（★★★）

自己一致【congruence】／**純粋性**【genuineness】ロジャーズによる、セラピストに必要とされる6つの必要十分条件のひとつである。セラピストは態度や感情など自己の経験と、それを捉える自己概念とが一致している状態にいること。自分自身に対して純粋で偽りのないこと。

（★★★）

傾聴【active listening】相手の話に熱心に耳を傾けること。表面的な事実にとらわれることなく、共感的理解に努めながら積極的に聴くという臨床心理面接の基本的な行為である。

（★★★）

パーソン・センタード・アプローチ【Person Centered Approach】ロジャーズを中心として始まった、人間性を中心として考えたアプローチで、個人療法としての来談者中心療法や、エンカウンター・グループ、人種問題や民族紛争などの社会問題への取り組みなどを総称したもの。

5-2 人間性心理学
人間性心理学派の臨床家

(★★★)

ジェンドリン【Gendlin,E.】 ロジャーズの共同研究者、フォーカシングを開発した。ひとの心に感じられる、常に変化し続ける体験過程を示す理論である体験過程理論を唱えた。

(★★★)

フォーカシング【Focusing】 フォーカシングは、感情と共に生じるフェルトセンスに焦点を当て、その体験過程に着目する。ロジャーズの自己理論を踏襲しており、自らの体験の中のフェルトセンスに焦点を当て、それと自己概念とを照合しながら、言葉で言い表したり意味を捉えたりという作業を行う。その作業をすることで、自己概念と体験を一致させていくことができると考えられている。

(★★★)

フェルトセンス【felt sense】 フォーカシングにおいて、悩みや問題としていることに意識を向けたとき、自然に身体から湧き上がってくる**身体感覚**のこと。

(★★☆)

フォーカサー【focuser】 フォーカシングを行う主体者のこと。セラピストがクライエントのフォーカシングをガイドする場合、クライエント側のことをフォーカサーという。

(★★☆)

リスナー【listener】 フォーカシングにおいて、フォーカサーの体験する内容を聴き、フォーカシングを進めていく補助をする役割を担う人。ガイドともいう。

(★★☆)

ゲシュタルト療法【Gestalt Therapy】 パールズ（Perls,F.S.）を中心に提唱された。「ゲシュタルト」とはドイツ語で「形」「全体」「統合」などを意味しており、人格の統合を目指す心理療法である。人間性心理学で重視される「いま、ここで」はもちろん、関係の全体性も重視をする。ゲシュタルトとは「形」や「全体」、「統合」を表すドイツ語であるが、「いま、ここで」知覚されてくる気づきを統合させていき、クライエント自身の自己や外界への気づきを促すことを目的とする。

★★☆

エンプティ・チェア【empty chair】/ホット・シート【hot seat】 椅子を置き、誰も座っていない椅子に、イメージ上の他者や自己を座らせて対話を行う技法。その中で自己への気づきを得ることを目的するもの。元々、ゲシュタルト療法の創始者パールズの前に出て行い "ホット" になるということから、ホットシートとも呼ばれる。

★★☆

ボディワーク【body work】 ゲシュタルト心理学では、内面的な生き様が象徴的に身体に現れると仮定している。身体に関心を持ち、自らが身体の一部となったイメージを描き、その身体の一部と自己が対話するなどして、身体を通しての気づきを促すもの。

★☆☆

夢のワーク【dream work】 夢を過去のものや分析される対象にはせず、「いま、ここ」である面接の場において再現し、その夢に出てくる登場人物や事物の気持ちを感じる技法。クライエントが自らの夢とコンタクトを取り、夢の中に投影した姿に気づき、洞察にいたることを目指す。

★☆☆

ファンタジー・トリップ【fantasy trip】 ゲシュタルト療法の技法の一つで、ファンタジーの世界で誰かに出会う旅をイメージし、その幻想の世界を広げていき、導いていく役割をセラピストが担う。実施にはあらかじめ場面を構成して導入する。

★★★

欲求階層理論【need hierarchy theory】 マズロー (Maslow,A.H.) が提唱した理論。**自己実現理論**とも呼ばれる。マズローは、人間は自己実現に向かって成長し続けると仮定し、人間の欲求を5段階のピラミッドによって示した。**生理的欲求、安全欲求、所属と愛の欲求、承認欲求、自己実現欲求**という5段階からなり、下位の欲求が満たされてはじめて上位の欲求が生じると考えている。

★★★

交流分析【Transactional Analysis,TA】 バーン (Berne,E.) が創始した。「いまここ」を重視しており、人間性心理学に分類される。人の心的状態を自我状態としてP (Parent)・A (Adult)・C (Child) に分け、分析を行う。「いまここ」の自我状態に気づくことによって自己コントロールできるようになる。

★★☆

デュセイ【Dusay,J.】 自我状態の心的エネルギー量をグラフ化するためにエゴグラムを創案した。本邦では、**東大式エゴグラム (TEG)** という質問紙検査が開発されている。エゴグラムは自我状態を量的にグラフで表すことができ、パッと見た時にもそのバランスが捉えやすく、わかりやすいという利点がある。さまざまな臨床現場や教育場面などで実際に用いられている。

★★☆

交流/ストローク【stroke】 人間は、人から自分の存在を認めてもらうストロークを欲しいと望んでいる。ストロークには陽性と陰性があり、陽性ストロークの例は、好意的な言葉をかけられる、優しく触れられるなど、陰性ストロークの例は傷つけるような言葉を言われる、にらみつけられるなどである。このように、ストロークは言語的刺激、身体的接触など様々な形式を含む。陰性のストロークであっても自分の存在を認められることにはなるため、陽性のストロークを得られない場合には陰性のストロークを求めることもある。

★★★

構造分析【structural analysis】 人の自我状態が、自我構造と呼ばれる5つの部分から構成されていると考え、それらのバランスを把握し、分析を行う。自我構造とは、親の部分 (P：Parent)、大人の部分 (A:adult)、こどもの部分 (C：Child) の3つがあり、さらにP は **厳しい父親 (CP：Critical Parent)** と **養育的な母親 (NP：Nurturing Parent)** に分かれ、Cは **自由なこども (FC：Free Child)** と **順応/適応したこども (AC：Adapted Child)** に分かれる。

★★☆

交流パターン分析【transactional analysis】 構造分析を用いて人との間のコミュニケーションパターンの分析を行うこと。

★★☆

ゲーム分析【game analysis】「ゲーム」と呼ばれる習慣化しているコミュニケーションのパターンを分析すること。

★★☆

脚本分析【script analysis】 クライエント自身が自分で決めてしまっている人生脚本を分析することを脚本分析という。

(★★☆)

マイクロカウンセリング【micro counseling】 アイヴィ（Ivey,A.E.）が提唱した。来談者中心療法におけるコミュニケーション技法を整理し、カウンセリングの訓練を行うために体系化を行った。マイクロカウンセリングはカウンセリングのメタモデルであり、コミュニケーション一つ一つが目に見える形になっているため、心理教育や日常のコミュニケーションなどにも有用であるといわれている。

(★★☆)

表現アートセラピー【Expressive Art Therapy】 カール・ロジャーズの娘であるナタリー・ロジャーズが創始した。表現媒体は絵画、造形、動き、踊り、音楽、詩歌、文芸、劇などあらゆる媒体を用いる。分析や解釈は行わず、自己の主体的な体験を尊重し、気づきや解放を重視している。

6-1 家族療法
家族療法の誕生

（★★★）

家族療法【Family Therapy】 家族をお互いにコミュニケーションし合う"システム"と見なし、コミュニケーションの相互作用に変化を起こすことによって症状や問題の消失を目指す心理療法。家族療法といっても、必ずしも家族全員が来る必要はなく、背景に家族というシステムがあることを想定し、クライエントが一人で来談した場合にも行うことができる。家族全員に来てもらうものを特に合同家族面接と呼ぶ。

（★★★）

ダブルバインド理論／ 二重拘束理論【double bind theory】 グレゴリー・ベイトソンによって唱えられた理論。1950 年代から行われた「分裂病（統合失調症）の家族間コミュニケーション」に関する研究において提出された。言語的コミュニケーションと非言語的コミュニケーションとが逆の意味を持つ場合、その混乱が分裂病を形成すると考えられた。現在ではそのこと自体は否定されているが、ダブルバインドという概念は広く扱われている。

（★★★）

グレゴリー・ベイトソン【Gregory Bateson】 カリフォルニアのパロアルトでMRI（Mental Research Institute）を創設し、ダブルバインドという概念を提案。MRI はパロアルト・グループとも呼ばれ、1966 年にはフィッシュ（Fisch,R.）がワツラウィック（Watzlawick,P.）とともに短期療法センターを開設し、短期療法を始めた地でもある。

（★★☆）

ジャクソン【Jackson,D.D.】 MRIの初代所長を務める。家族療法に関する最初の専門誌Family Processは、ジャクソンとアッカーマン（Ackerman,N.）により創刊されたものである。

（★★★）

システム理論【systems theory】 家族療法のキー概念のひとつ。元々は、生物学者のフォン・ベルタランフィー（von Bertalanfy,L.）の一般システム理論による。相互作用の関係にある諸要素の複合体であり、フォン・ベルタランフィーによると、システムの特徴として、全体性、関係性、等結果性が挙げられる。

(★★★)

コミュニケーション理論【communication theory】家族療法のキー概念の一つ。コミュニケーションについて説明する理論のことを指し、以下の5つの公理によって成り立っている。

公理1：人はコミュニケーションせずにはいられない。すべての行動はコミュニケーションである。

公理2：コミュニケーションには内容と関係の2つのレベルがある。

公理3：関係がどういう性質を持つかはコミュニケーションに参加する人のコミュニケーションの句読点（パンクチュエーション）によって規定される。

公理4：コミュニケーションにはデジタルとアナログのモードがある。

公理5：すべてのコミュニケーションは「相称的（Symmetrical）」または「相補的（Complementary）」のどちらかである。

(★★☆)

チーム・アプローチ【team approach】特殊な面接構造（三種の神器：**ワンウェイミラー・インターホン・VTR**）を用いたアプローチ。ワンウェイミラーの奥の部屋にセラピストのチームが控え、セラピストとクライエントの面接のやりとりを見て、セラピストが面接中に行き詰まりを感じたとき、隣の部屋のチームにアドバイスを求めることができる。この構造は、家族療法のアプローチのひとつとしてだけではなく、セラピストのトレーニングにも有益として扱われている。

(★★★)

円環的因果律【circular causality】普段、我々は「物事には原因があって、結果がある」といった考え方をすることが多い。そういった考え方を**直線的因果律**と呼ぶが、それに対して「原因は結果にもなりうるし、結果は原因にもなりうる。原因→結果（原因）→結果→…」というように物事と物事との関係は、単に直線的に存在するのではなく、互いに循環しているのだという考え方。

6-2 家族療法
さまざまな家族療法の種類

(★★★)

ファースト・オーダー・サイバネティクス【first order cybernetics】1980年代以前の家族療法では、システムとは家族システムのことのみを指しており、セラピストは家族とは独立した観察者として考えられていた。（家族）システムは、セラピストによって「**観察されたシステム**」であり、セラピストによる影響は考慮に入れられていなかった。

(★★★)

セカンド・オーダー・サイバネティクス【second order cybernetics】ファースト・オーダー・サイバネティクスに対して、1980年代以降に起こったパラダイムシフトによる考え方。セラピストはシステムの一部として考えられ、（家族）システムは、セラピストも含んだ「観察しているシステム」として考えられる。

(★★☆)

構成主義【constructivism】「現実」とは絶対的なものではなく、我々自身によって構成されているものであり、お互いに言語や非言語によって拘束しあうことによって、「問題」とされる現実を構成しているという考え方。

(★★★)

社会構成主義【social constructivism】構成主義と同じく、「現実」を絶対的なものとはせず、「『現実』は発見されるものではなく、会話を通じて『合意』されるものである」という考え方。たとえば、問題は「物事を" 問題" として語る」ことによって、はじめて問題となる。

(★★★)

コミュニケーション派家族療法【Communication Approach】ベイトソンらのMRIによって行われた家族療法。システム理論、コミュニケーション理論、チーム・アプローチを基礎とし、**悪循環**が問題を維持していると考えるもの。悪循環を断ち切り、**良循環**を形成していくことで、問題を持つシステムが問題を持たないシステムとなるよう援助していく。家族ホメオスタシスという考え方がキーとしても捉えられる。家族ホメオスタシスとは、「家族システムは、問題解決を望みながらも、一方で問題を持っていることが続いている、という均衡状態を崩すことを恐れ、排除行動が行われる」という考え方であり、精神分析の「抵抗」を家族療法として再構築されたものと考えられる。また、リフレーミングやパラドックスなどの有益な技法も生み出された。

★★☆

精神力動的家族療法【Psychoanalytic Family Therapy】アッカーマン（Ackerman, N.）によって行われた家族療法。精神分析的な色合いが強いが、精神分析理論を家族療法へと昇華させていった功績は大きい。

★★★

多世代派家族療法【Intergenerational Family Therapy】ボーエン（Bowen,M.）によって行われた家族療法。1966年に紹介された自己分化、三角関係化、核家族の感情過程、家族投影過程、多世代伝達過程、同胞順位という概念に、70年代に情動遮断、社会の情動過程2つが加わり8つの概念が形成された。ボーエンは、自己の知性と感情システムの分化や融合状態により、人間関係にも影響を与え、多世代に渡り継承されて症状が作られていくと考えた。

★★★

構造派家族療法【Structural Family Therapy】ミニューチン（Minuchin,S.）によって行われた家族療法。拒食症に対するアプローチとして評価が高く、システムを構造として捉え、「境界線」「提携」「権力」という概念を用いる。親子間などでの家族内の境界線が固いか明瞭か、曖昧かということを重要視し、敵対関係を含む提携である「連合」や敵対関係を含まない「同盟」を想定した。ランチセッションなど、具体的な行動を提示する**エナクトメント**、セラピストが家族の持っている独特の文化、特徴を捉えるための**ジョイニング**なども含まれる。

★★★

戦略派家族療法【Strategic Family Therapy】ヘイリー（Haley,J.D.）やマダネス（Madaness,C.）によって行われた家族療法。ミルトン・エリクソンの心理療法を戦略的と呼んだことに端を発する。家族の中で起こっている循環的相互作用を起こりにくくするため、戦略設定を行い実践していく。治療的介入が無効化されることを防ぐため、直接的ではない間接的な介入を試みる。1990年代以降、恣意的すぎるとのことからあまり注目されなくなってきた家族療法。

★★★

ミラノ派家族療法／システミック・アプローチ【Milan Systemic Approach】セルヴィーニ・パラツォーリ（Selvini Palazzoli,M.）が、イタリアのミラノに家族療法研究センターを設立、チェキン（Cecchin,G.）やプラータ（Prata,G.）、ボスコロ（Boscolo,L.）とともに行われた家族療法。分裂病患者のいる家族は、「**家族ゲーム**」と呼ばれる家族内の相互的コミュニケーションを行っていると考えられた。1980年には仮説化・円環性・中立性という概念をガイドラインとして論文発表し、円環的質問法と名づけられる質問法を考案した。

(★★★)

解決志向アプローチ【Solution Focused Approach】スティーブ・ド・シェイザー（de Shazer,S.）やインスー・キム・バーグ（Berg,I.K.）によって提唱された短期療法（ブリーフセラピー）であり、最近では、ブリーフセラピーとはこのことを指すことが多い。ミルウォーキーのBFTC（Brief Family Therapy Center）で活動が行われていたため、ミルウォーキー派と呼ばれる。従来の心理療法のように「問題がどのようなものであるか」に焦点を合わせるのではなく、「どのようにすれば解決と言えるか」について考えるアプローチである。スターティング・クエスチョンやミラクル・クエスチョンのような質問技法や、「問題が起きていない例外」を探す例外探し、例外がはっきりわからない時に観察をしてきてもらう観察課題など、多くの技法を包含する。

(★★★)

ナラティブ・アプローチ【Narrative Approach】物語療法、書き換え療法とも呼ばれ、狭義には、オーストラリアのマイケル・ホワイト（White,M.）やデイヴィット・エプストン（Epston,D.）らによって用いられたアプローチ。クライエントの持つしばしば否定的なドミナント・ストーリー（支配された物語）を、肯定的、もしくは中性的なオルタナティブ・ストーリー（代替可能な物語）へと書き換えていくことを目的とする。その中では、「外在化」が用いられることが多く、クライエントの中にあると思われがちな問題をクライエントの外に存在するものとして捉えなおし、問題を客観化することを試みる。広義には、リフレクティング・プロセスや協同的言語システムアプローチ（コラボレイティブ・アプローチ）なども含まれる。

(★★☆)

協働的言語システムアプローチ【Collaborative Language System】アメリカのハロルド・グーリシャン（Goolishian,H.A.）やハーレーン・アンダーソン（Anderson,H.）によって用いられたアプローチ。コラボレイティブ・アプローチともいう。社会構成主義や解釈学といったものを大きく取り入れ、人の持つシステムを言葉と意味によって作り上げられるシステムだと捉えることが特徴的である。

システムズ・アプローチ【Systems Approach】日本独自のアプローチとして、家族療法をもとに発展した。家族療法の一つと考えられているが、システムズ・アプローチの中に家族療法があるともいえる。システムズ・アプローチが、システム理論やコミュニケーション理論などにのっとっているのは家族療法と同じであるが、セラピスト側の認識において治療構造を定式化することを重視する。治療関係の形成にもジョイニングを重視し、クライエントとの関係の中で治療的な働きかけを行っていく。セラピストとクライエント（家族）とのコミュニケーションの間において、良い変化を少しずつ増やしていくことを行っていく。決まった介入技法が存在するわけではないため、家族療法の持つ方法論がシステムズ・アプローチの方法論と考えられる。

オープン・ダイアローグ【Open Dialogue】フィンランドの西ラップランド地方で生まれたアプローチで、「開かれた対話」という意味である。急性期の統合失調症に対し、原則24時間以内に（家族療法のトレーニングを受けたスタッフから成る）チームが駆けつけ、危機が解消するまでの十数回、一回90分以内のミーティングが毎日のように行われる。ミーティングでは、モノローグ（独語）にならずダイアローグ（対話）になるように行われ、今後に関する何らかの決定は、必ず患者当事者の目の前で話し合われる。対象は統合失調症だけではなく、全ての精神疾患といわれている。

7 遊戯療法と箱庭療法
非言語での心理療法

(★★★)

遊戯療法／プレイセラピー【play therapy】 子どもを対象に、遊びを通して行う心理療法。アンナ・フロイト (Freud,A.) やクライン (Klein,M.) によって始められた。遊びは子どもの内的な世界を表現するのに適しており、プレイルームでセラピストとの温かい治療関係の中で誰にも介入されずに自由に遊ぶことによって、内的な葛藤の解決や自己成長が促進される。**アクスライン** (Axline,V.M.) は、セラピストの取るべき「8つの原理」を提唱している。

(★★★)

アクスライン【Axline,V.M.】 児童中心療法を考案。セラピストの取るべき態度として「8原則 (子どもと暖かい友好的な関係をできるだけ早くつくることなど)」を提唱した。遊戯療法の基本原則を示しているともいえ、日本における遊戯療法の発展は、アクスラインの影響を受けているといわれている。

(★★★)

児童中心療法の8原則【8 principles of Child centered play therapy】
アクスライン (Axline,V.M.) はパーソンセンタード・アプローチの流れに大きな影響を受け、子どもに対して遊戯療法を行った。子どもの自己治癒力を最大に活かすことを考え、セラピストに必要な8原則を提唱した。①温かい友好的な関係②子どものあるがままの姿の受容③受容的な感情④感情の敏感な察知と反映⑤ 子どもの選択と責任の尊重⑥非指示⑦子どものペースでの進行⑧必要な制限、が挙げられる。

(★★★)

ローウェンフェルトの世界技法【Lowenfeld's World Technique】 子どもを対象として考案された方法であり、箱庭療法のもととなった。子どもたちは準備されたミニチュアを使って、箱の中に自分の世界を表現した。

(★★★)

カルフ【Kalff, D. M.】 ローウェンフェルトのもとで世界技法を学び、ユング心理学と結びつけて箱庭療法を確立した。

(★★★)

箱庭療法【sandplay therapy】 ローウェンフェルトの世界技法を、**カルフ**（Kalff,D. M.）がユング心理学と結び付けて心理療法とした。それを**河合隼雄**が日本に持ち帰り「箱庭療法」という訳語をつけたもの。セラピストが見守る中で、決められた砂の入った箱の中に自由にフィギュアなどおもちゃを入れて表現する心理療法。言語的に未熟な子どもに有効であるが、成人にも用いられる。

(★★☆)

母と子の一体性 カルフは、成長や心理的治癒には、セラピストの心理的な守りと砂箱の枠などの物理的な守りによって、母と子の一体性が感じられる状況が再現され、その中でクライエントの自己治癒力が働くと考えた。

(★★☆)

動物的植物的段階、闘争の段階、集団への適応の段階 カルフはノイマン（Neumann,E.）の考えに従い箱庭の表現の段階として以下の3段階を考案した。①動物・植物的段階②闘争の段階③適応の段階である。ノイマンはこの3段階をへて古代から意識を発達させていると捉え、症状の解消とともに意識や心の発達にも注目した。

(★★★)

空間象徴理論【space symbolism】 箱庭や描画を行う際、どの部分（空間）に何をどのように配置するか（描くか）ということが、その主体の内的世界を象徴していると考える理論。箱庭療法や、バウムテストなどの描画法の解釈の際に用いられる。たとえば、主体から見て左側は内的世界、無意識的世界を表し、右側は外的世界、意識的世界を表すなど、解釈の際に空間に対して意味付けがなされるもの。

(★★☆)

スクィグル【squiggle】 相互なぐり描き法とも呼ばれる。精神分析家ウィニコットによって開発された。まずセラピストがなぐり描きをして、クライエントに何に見えるかを尋ね、見えたものになるように線を描き足して完成してもらう。その後に役割を交代し、新たにクライエントがなぐり描きをしたものにセラピストが線を描き足して絵を完成させる。こうした作業を何度か繰り返す。

(★★☆)

スクリブル【scribble】 なぐり描き法とも呼ばれる。精神分析家ナウムバーグ（Naumburg,M.）によって開発された。クライエントにまず自由に線を描いてもらう。その後、その線から何が見えてくるかを尋ね、見出されたイメージに対し彩色をしてもらう。

(★★☆)

相互スクリブル【Mutual Scribble Story Making；MSSM】山中康裕が開発した。1枚の紙を6〜8コマに区切り、各コマに交互になぐり描きをし、その後すべての絵を使って話をつくる方法。

(★★★)

治療的退行【therapeutic regression】欲求不満に直面した時に、過去の発達段階に戻り、その段階で満足を得ることを退行と呼ぶ。一方、治療的退行とは、治療の過程で治療力動との関わりにおいて起こる退行を意味する。特に精神分析療法では、この退行により感情転移が生じ、解釈と徹底操作により治療過程が進むと考えられている。

8 心理教育と集団に対するアプローチ

集団のよさを活かすアプローチ

(★★★)

心理教育【Psycho Education】クライエントやその家族に対して症状の理解や適切な対処技能の習得などの心理学的な知識をセラピストが教えるもの。心理療法と教育が統合された方法で、クライエントの自己管理能力を高める。

(★★★)

アサーショントレーニング/自己主張訓練【Assertion Training】自分も相手も大切にする自己表現、対人関係の持ち方を訓練する技法。1950年代にアメリカで、対人スキルや社会的技能の獲得を目的にして行動療法家が開発した援助プログラムに端を発する。企業、教育などさまざまなところで活用されている。

(★★★)

エンカウンター・グループ【Encounter Group】ロジャーズ（Rosers,C.R.）の理論の実践にもとづく集中的グループ体験の一つである。各個人の人間的成長を促進するために、本音での交流を持つために一定期間維持されるグループである。一般に7～20人程の参加者と**ファシリテーター**とよばれる役割をする人物で構成され、数日間の合宿形態をとる。ファシリテーターは、参加者の心理的安全を確保し、自己開示や自他の受容、その時に感じたことを大切にするように促す。エンカウンター・グループには、非構成的エンカウンター・グループ/ベーシック・エンカウンター・グループ（Basic Encounter Group, BEG）と、構成的グループ・エンカウンター（Structural Encounter Group, SEG）がある。ベーシック・エンカウンター・グループの特徴は自発的に集まったメンバーによって構成され、プログラム内容やテーマを自主的に選び、進められていく。それに対し、構成的グループ・エンカウンターの特徴は、偶然に集まったメンバーによって構成され、エクササイズなどの共通体験の中で生じた感情について取り上げる。

(★★☆)

ピアカウンセリング【peer counseling】仲間同士でのカウンセリングのことをいう。年齢や経験、問題など、何かに類似性を感じている人同士でのカウンセリングであり、相互作用の効果を利用して行う。

Keyword

★★☆

自助グループ【self help group】共通の問題を抱えた人々が集まり、相互援助的に、ともに心理的成長、回復を目指すグループ。アメリカで始まった、アルコール依存症の人のためのグループであるAA（アルコホリクス・アノニマス）が有名である。

★★☆

断酒会 アルコール依存症者の例会での体験発表と酒害相談活動による、断酒のための**自助グループ**である。

★★☆

集団療法、集団精神療法【group psychotherapy】集団になることで現れる力動性を利用した心理療法。主に、グループの中でそれぞれの自分の抱えている心の問題を話し合うとともに、他の患者の抱える問題点にも耳を傾けることで、自らの問題を客観的に認識し、自分の問題を発見することを目的としている。この治療法の特徴は、クライエントが発見した個々人の問題に対し、同時にその改善法をその場を借りて試みることができるということである。分類として、表現・明確化・支持的アプローチと再構成・統合的・洞察的アプローチとに大きく分けられる。適応範囲は、統合失調症、アルコール・薬物依存症、不安障害、うつ病、摂食障害など、様々な精神疾患に用いられる。

2 臨床心理学

9 その他の心理療法
催眠療法と日本の心理療法

★★★

EMDR【Eye Movement Desensitization and Reprocessing】シャピロ (Shapiro,F.) によって偶然発見された**PTSD**などトラウマ関連疾患の治療法。トラウマ場面のイメージ、感情、身体感覚、否定的認知を思い出しながら、**眼球運動**を行う手続きを繰り返すことで、圧倒されるようなイメージが低減し、肯定的認知の獲得が可能となっていく。短期間のうちに劇的な改善がみられることも多い。ただし、EMDR は扱い方によってはトラウマを悪化させる危険性があるため、日本EMDR 学会ではEMDRの正規のトレーニングを受けたうえで行うと定めている。

★★☆

TFT（思考場療法）【Thought Field Therapy】ロジャー・キャラハン (Callahan, R.) によって創始されたもので、東洋医学のツボをタッピング・眼球を動かすなど決められた手順で行うことによって、不安や恐怖、怒り、トラウマなどを改善させることを狙いとする。

★☆☆

EFT（感情開放テクニック）【Emotional Freedom Techniques】TFT が症状によってタッピングの手順を変える必要があることに対し、**ゲアリー・クレイグ (Craig,G.)** がひとつの決められた手順でどの症状にも扱えるようにした。

★☆☆

NLP（神経言語プログラミング）【Neuro-Linguistic Programming】ジョン・グリンダー (Grinder,J.) とリチャード・バンドラー (Bandler,R.) によって作られた。ゲシュタルト療法のパールズの研究からはじまった研究が、ベイトソンの助言により家族療法のヴァージニア・サティアや催眠療法のミルトン・エリクソンの研究へと発展し、体系づけた。

催眠療法【hypnotherapy】 メスメルの動物磁気療法を起源とする心理療法。暗示療法（suggestive therapy）とも呼ばれる。催眠中の状態をトランス状態（変性意識状態）といい、その特徴は、企図機能の低下、現実吟味力の低下、心身のリラックス、被暗示性の亢進、催眠中の健忘などが挙げられる。問題となる対象に対して、心身のリラクゼーションと暗示による症状除去、カタルシス効果や自己治癒を促すことが目的となる。催眠技法を巧みに心理療法に利用するものとして、ミルトン・エリクソン（Erickson,Milton. H.）のエリクソン催眠がある。エリクソンの催眠技法は、クライエントのリソース（資源）や間接暗示を利用するといった特徴があり、後に、家族療法や短期療法などに大きな影響を与えた。

自律訓練法【Autogenic Training；AT】 シュルツ（Schultz,J.H.）によって考案された。段階的に訓練を進めることにより、弛緩、自律神経系の安定など、心身のセルフコントロールを目的とする。本来は、不安・緊張などが基底にある心身症や神経症の治療方法として開発された。しかし、現在では、ストレスコーピングのひとつとしても行われる。普及している。自律訓練法には、「気持ちが落ち着いている」などの言語公式を用いて、6段階の練習から構成される標準練習が有名である。

森田療法【Morita therapy】 森田正馬によって考案された神経症に対する精神療法。森田療法は他にも、家庭的療法、自覚療法、体験療法、練成療法とも呼ばれる。気分への執着を止めさせ、やるべきことを目的本位、行動本位で行い、その際に湧き上がるあるがままの自分を体験させることにより、よりよく生きていくための積極的動機に転換する治療法である。森田療法では、神経症を森田神経質と呼び、生への欲望が精神交互作用（身体と心の不調に注意を集中することによってさらに主観的苦悩が増大する）によって固定化された状態と定義している。そのため、治療の目標は、精神交互作用を生み出すとらわれから離れ、人間が本来もっている生の欲望にあるがままの状態で受け入れることである。治療形態として、入院森田療法と外来森田療法がある。前者は、約一週間すべての活動が禁じられる臥褥期（がじょくき）、軽度の作業療法を行う軽作業期、忍耐を要する作業を行う重作業期、最後に実生活を行うような生活訓練期の4段階で構成されている。後者では、日記療法を通して、症状に対するあるがままの状態と目的本位の行動をしていく。適応範囲は、パニック障害、（難治性でない）うつ病、強迫性障害など、ある程度自我を保つことができる精神病理に用いられる。

内観療法【naikan therapy】浄土真宗の一派に伝わる求道法の「身調べ」をもとに、吉本伊信により一般の人々の精神修養・自己啓発法として提唱されたものである。他の心理療法に比べ、極めて簡単で、標準化された治療プログラムであるのが特徴である。内観の方法として、自分の身近な父、母、配偶者、知人に対して内観3問（お世話になったこと、して返したこと、迷惑かけたこと）の具体的事実を過去から現在まで3〜5年刻みで回想する。治療構造として、集中内観（一週間集中実施）、日常内観（日常生活の中で数時間）、短期内観（一泊二日）がある。内観3問を通して、自覚される罪悪感と他者への感謝の気持ちの対比から懺悔心が芽生え、改心することで心理的問題の解決を図る。アルコールなどの依存症の治療に用いられることが多い。

臨床動作法【clinical dohsa method】成瀬悟策によって考案された、人の動作をよりよい方向に改善することで、心の働きを改善していくことを目指す治療法。脳性麻痺の児童に催眠下に暗示をかけると、それまで動かなかった手が動いたということが契機となって生まれた。臨床動作法における動作とは、目に見えるからだの動きだけではなく、体を動かそうとする意図も含む。人間の身体の動作は、心によって意図された後、身体活動が実現されるため、心の働きと深く関わっている。そのため、治療としては動作の際の体験の仕方に注意を向け、体験の仕方自体を望ましいものに変化させることが目的である。具体的には、言葉かけを中心にクライエントの緊張を緩め、症状の改善のための動作課題を設定する。クライエントは動作課題のどの部分に緊張しているのかに気づき、その度にリラクゼーションを繰り返し、自ら緊張を緩める方法が身につけられるようにする。それによって、緊張からくるストレスを防ぐことができるとともに、心の緊張も緩めることができる。技法としては、他者に身体をゆだねて脱力するというおまかせ脱力がある。適応範囲は大人から子どもまで幅広く、脳性麻痺児童だけでなく、自閉症、ダウン症、高齢者の健康維持増進を図る健康法としても用いられている。

126

★★☆

心理劇【psychodrama】サイコドラマとも呼ばれ、モレノが考案した即興劇を主体とした集団心理療法。心理劇で重視されるのは、自発性と役割演技であり、筋書きで決まった役割を演じるのではなく、今、ここで生じたテーマの状況に基づく役割を演じる。心理劇の治療の場では、主治療者（演出家）である監督、副治療者であり治療の媒介（助監督）となる補助自我、被治療者である演者、そして観客、舞台の5つの要素によって構成される。導入にあたっては、まずは簡単なウォーミングアップから始まり、ドラマの開始、ドラマの集結に進んでいくが、この段階では、主題や主役の分身をおくダブル、相手の立場から自分を見る役割交換、補助自我や他者が演じる自分を見るミラーなどの演者を配置する。その後、主役の体験を分かち合い、それぞれの体験の話し合いに移る。治療効果として、演者や観客の抑圧されたものを意識化することによるカタルシス効果や、演者同士あるいは観客とのコミュニケーションの高まりなどが挙げられる。適用範囲は教育領域、医療領域など、広い範囲で利用できる。しかし、統合失調症などの自我境界が曖昧なクライエントには適応を避けるべきである。

★★☆

芸術療法／ 表現療法【art therapy】芸術作品を創造する活動を通じて、心身の健康を回復することを目的とした心理療法。これは、自らの心の奥にある形にならないものを表現したいという人間本来の欲求を基礎としている。芸術療法の効果として、自己の内面をイメージにより表現することにより内的葛藤が解放されるというカタルシス効果や、無意識に抑圧したものを作品に投影することで自己への気づきとなること、心身のリハビリテーションとしての効果などが挙げられる。芸術療法の種類は多数あり、**絵画療法**、音楽療法、詩歌療法、**コラージュ療法**などがある。適用範囲は広く、様々な精神的症状、発達障害や情緒障害児に対しても適用できる。しかし、構造化の程度が低い技法ほど侵襲性が高くなるため、退行しやすいクライエントには枠組みを守るように注意しておく必要がある。芸術という響きが「きれいなものを描かなければいけない」という印象を与えることから、山中康裕は**表現療法**と名付けた。

3

心理査定

1 心理査定
心理的アセスメント

★★★

心理査定【psychological assessment】心理アセスメントともいう。臨床心理士・公認心理師がクライエントに対して心理的援助を行うために、情報や状況、特徴を把握するプロセスのこと。臨床心理士の専門業務の一領域として挙げられる。心理査定は、面接法、観察法、検査法などの方法を通して行われる。その中で、異常を発見するための手段ではなく、肯定的な側面も含めたクライエントの可能性や特徴を評価しようとする営みであることを踏まえておく必要がある。

★★★

内田クレペリン精神作業検査【Uchida-Kraepelin performance test】作業検査法による人格検査。クレペリンの研究をもとにして、内田が考案したもの。ランダムに並んだ1桁の数字の隣同士を次々と加算していき、作業曲線の形から人格を推定するもの。

★★★

自己評価式抑うつ性尺度【self-rating depression scale；SDS】ツング (Zung,W.W.K.) らによって開発された質問紙法による検査。20項目の質問によって構成され、抑うつの度合いを評価する尺度。

★★★

ベック抑うつ尺度【Beck depression inventory；BDI】抑うつ症状の度合いを判定するために作られた21項目の質問紙の抑うつ検査。

★☆☆

Hamiltonうつ病評価尺度【Hamilton Rating Scale for Depression；HRSD】ハミルトン (Hamilton,M.) によって考案された21項目からなる、うつ病の重症度を評価する尺度。

★★★

CES-D【Center for Epidemiologic Studies Depression Scale】ラドロフ (Radloff,L.S.) によって作られた、20項目からなる質問紙法の抑うつ尺度の一つ。

(★★★)

STAI【State-Trait Anxiety Inventory；状態―特性不安検査】スピルバーガー（Spielberger,C.D.）らによって開発された質問紙法の不安尺度で、状態不安と特性不安に分けて不安を測定するもの。各々20項目から構成されている。

(★★★)

MAS【Manifest Anxiety Scale；顕在性不安尺度】テイラー（Taylor,J.A.）が不安測定を目的として、ミネソタ多面人格目録（MMPI）の中の項目から50項目を抽出したものに虚偽尺度15項目を加えて作成した尺度。児童用のCMASも作成されている。

(★★☆)

CAS不安測定検査【Cattell Anxiety Scale】キャッテルとシャイアー（Scheier,I.H.）によって作成された、質問紙法の不安尺度。不安を10段階に分け、下位尺度に不安を構成する5つの性格特性をみることで不安の構造を調べるもの。

(★★☆)

GHQ【General Health Questionnaire；一般精神健康調査票】ゴールドバーグによって考案された60項目の質問紙法による精神健康調査。GHQの目的は、神経症として括られる軽度な精神障害を検出することとされている。

(★★☆)

CMI【Cornell Medical Index；コーネル・メディカル・インデックス】コーネル大学のブロードマン（Brodmann,K.）らにより開発された、身体的自覚症状と精神的自覚症状に関する質問紙検査。日本版では、男性211項目、女性213項目からなる。

(★★☆)

UPI【University Personality Inventory；大学精神健康調査】大学の新入生を対象にした精神状態のスクリーニングテストで、60項目から構成されている。

3　心理査定

2 質問紙法の心理検査
複数の質問による心理テスト

★★★

質問紙法【questionnaire method】測定したい事柄に関して質問を複数用意したものを**質問紙**（questionnaire）といい、これにより個人や集団の特性を測定する方法を質問紙法という。実施が簡易であり、一度に大量のデータの収集ができることはメリットだが、内観による回答方式をとるため、個人の言語力に大きく頼らざるを得ず、客観性に乏しい点がデメリットとしても考えられる。

★★★

YG（矢田部ギルフォード）性格検査　【Yatabe-Guilford Personality test】ギルフォードの性格理論に基づき、矢田部達郎によって作られた質問紙検査である。12の下位尺度ごとに10問ずつ、合計120問の質問項目から構成されている。特性論の解釈を行うことができ、なおかつプロフィールの傾向を把握することで類型論的な評価も可能である。

★★★

東大式エゴグラムⅡ【Tokyo university egogramⅡ；TEGⅡ】バーンの弟子のデュセイ（Dusay,J.M.）の考えたエゴグラムを1974年に杉田らが質問紙として発表し、東京大学の石川らによって作られた質問紙法の人格検査の第二版。交流分析の自我理論に基づいており、P（親）とA（大人）、C（子ども）の部分に分けた自我状態を、さらにPをCPとNP、CをFCとACに分けて測定し、そのバランスを捉える。

★★★

モーズレイ性格検査【Maudsley Personality Inventory；MPI】アイゼンク（Eysenck, H.J）によって作成された質問紙法の性格検査。外向・内向性と神経症傾向の二次元から性格を捉える。虚偽発見尺度であるL尺度が含まれている。

⭐⭐⭐

ミネソタ多面的人格目録【Minnesota Multiphasic Personality Inventory；MMPI】
ミネソタ大学のハザウェイとマッキンレー (MaKinley,J.C.) によって開発された人格検査。550 項目からなり、内容は多岐にわたることから様々な性格傾向について知ることができる。臨床尺度は心気症尺度、抑うつ尺度、ヒステリー尺度、精神病質的偏奇尺度、男子性・女子性尺度、パラノイア尺度、精神衰弱尺度、統合失調尺度、軽躁尺度、社会的内向尺度からなる。また、虚偽尺度であるL尺度のほか、受験態度の偏りをみるF尺度や、防衛的な態度を測るK尺度をも備えている。

⭐⭐☆

EPPS性格検査【Edwards Personal Preference Schedule】エドワーズ (Edwards, A.L.) によって、マレー (Murray,H.A.) の欲求- 圧力理論をもとに作成された質問紙法の性格検査。15の欲求を測定する検査で、社会的望ましさのほぼ等しいものを対にして選ぶようにできている。

⭐⭐☆

POMS【Profile of Mood States】65項目からなる質問紙検査。緊張・抑うつ・怒り・活気・疲労・混乱の6つの尺度によって感情の測定を行うもの。

⭐⭐☆

16PF【The sixteen Personality Factor questionnaire】キャッテル (Cattell,R.) による質問紙法の人格検査で、全部で187 項目からなる。

⭐⭐☆

向性検査【introversion-extroversion test】性格特性の一つである向性を測定することを目的としている。個人の内向を数量的にとらえ、その数値を内向指数 (version quotient：VQ) により表す。内向指数が高いと外向性、低いと内向性を示す。それが極端に高いと超外向性、低いと超内向性となり、性格にやや問題があることをうかがわせる。多くの人は外向性とも内向性ともはっきり決められない両向性である。

⭐⭐☆

NEO-PI-R【Revised NEO Personality Inventory】240項目からなる5因子の人格検査。ビッグファイブの理論を元に構成されているのが特徴。

3 投映法の心理検査
曖昧な刺激による心理テスト

★★★

投映法【projective method】 質問紙法が、比較的意識している部分を測る人格検査だとすると、普段意識していない部分を測る人格検査だといえる。何を測定しているのかがわかりにくいため、**反応歪曲**が起こりにくい。回答者が意図的に結果を操作することはほぼ不可能であり、その点はメリットである。一方、検査者によって解釈の結果が異なるという点はデメリットにもなる。

★★★

バウムテスト【Baum test】 コッホ（Koch,K.）によって創始された投映法性格検査。もともとは職業相談の領域において使われていたもの。A4 用紙に鉛筆で「実のなる樹木を1本」描かせ、空間象徴理論などに基づいた分析でその図を評定する。検査者によっては、単に「木を1本描いてください」という風に、「実のなる」と言わないこともある。

★★★

HTP【House-Tree-Person test】 バック（Buck,J.N.）によって考案された投映法による人格検査。家と木と人を順番に特定の大きさの別々の紙に描かせる。解釈は、絵の大きさや描かれた位置などの絵についての形式的な特徴の分析と、内容についての分析などから行われる。また男女両方描く方法や一枚の紙に描く方法、彩画する方法などもある。

★★★

文章完成法テスト【Sentence Completion Test：SCT】「子どもの頃私は…」など、書き出しだけが書いてある未完成の文を提示し、そのあとに続く文を書いてもらう投映法の人格検査。SCTと略して呼ばれることが多い。

★★★

描画法【drawing test】 投映法には描画による方法が多く、バウムテスト、風景構成法、DAP、HTP テストなどの、多くの描画法が存在する。

★★☆

HTPP【House-Tree-Person-Person test】 基本的にはHTPテストと同じだが、もう一人反対の性の人物を描かせ、その反応を解釈する検査である。いずれの性の人物像を先に書くか、それらの人物像の特徴をどのように描き分けるかなど、様々な観点から解釈することが可能である。

★★☆

統合HTP【integrated HTP test】 HTPから発展したもので、3つの絵を一度に1枚の紙に描くものをいう。HTPと比較して対象者の負担が軽度であり、集団検査も実施しやすいこと、家と木と人がどのように関連づけられているかによって対象者の社会への意識や集団力動的側面を理解することが可能なこと、何か描き加えるかどうかは対象者の意思に委ねられ、また「人」については、棒人間やシルエット像を描くことを禁止しないなど、統合HTPは課題画ではあるが、極めて自由度が高く、対象者の心の状態が直接的に表現されやすい。

★★☆

DAP【Drawing A Person test；DAP】 マコーバー（Machover, K.）により開発された人物画テスト。「ひとりの人の頭から足のつま先までの全身を描いてください」という教示を行う。DAMが知的水準の測定を意図して開発されたのに対し、性格の査定を意図して開発されたもの。

★★☆

TAT【Thematic Apperception Test；主題統覚検査】 あいまいな状況を表す絵を提示し、そこから物語を作成させることから被検者の心を分析するもの。マレー（Murray,H. A）らによって考案された。TATでは刺激図版は30枚と何も描かれていない白紙の図版が1枚あり、登場人物は1人か2人で、そのうちの何枚か（マレーの方法では20枚）の図版を選択して実施する。

★★☆

CAT【Children's Apperception Test；児童統覚検査】 TATを参考に、ベラック（Bellak,L.）によって開発された児童用の主題統覚検査で、子どもに親しみやすいようカードの登場人物は、**動物**が使われている。

★★☆

SAT【Senior Apperception Test】 ベラックが開発した、高齢者用の主題統覚検査。16枚のカードを用いて行う。

(★★☆)

ソンディ・テスト【Szondi test】ソンディ（Szondi,L.）によって考案された投映法による性格検査。運命分析学と衝動学説を検証するために作られたテスト。同性愛や緊張型分裂病、妄想型分裂病、うつ病など8つのタイプの精神疾患患者、性格異常者の顔写真を被検者に見せ、好き・嫌いを評定することで診断を行う。

(★★★)

P-F スタディ【Picture-Frustration study】ローゼンツヴァイク（Rosenzweig,S.）によって考案されたもので、**絵画欲求不満テスト**ともいう。欲求不満状況に置かれた図の人物がどのように答えるかを記入させることで、パーソナリティを解釈するもの。

(★★★)

風景構成法【landscape montage technique】**中井久夫**により創案された、投映法検査の描画療法の一つ。紙に枠づけをし（**枠づけ法**）、クライエントは、その枠の中に川・山・田・道、家・木・人、花・動物・石の順番で10個のアイテムを描いてもらう方法。

(★★☆)

言語連想テスト【word association test】あらかじめ準備された刺激語を被検者に呈示し、そこから連想される言語反応と反応時間等を分析することで、被検者の心の状態を推定するもの。

4 ロールシャッハ・テスト
投映法でよく使われるロールシャッハ

(★★★)

ロールシャッハ・テスト【Rorschach test】1921年にスイスの精神科医である**ヘルマン・ロールシャッハ**（Hermann Rorlschach）が『**精神診断学**』（Psychodiagnostik : Methodik und Ergebnisse eines wahrnehmungsdiagnostischen Experiments）を出版しロールシャッハ・テストが生まれた。ロールシャッハ・テストは10 枚のインク・ブロット（インクのしみ）の図版を1枚ずつ提示し、何が見えるかを反応してもらい分析を行う。図版は無彩色の図版と有彩色の図版がある。このテストでは、刺激への反応という形で被検者の視知覚体験を明らかにし、どのように体験しているかという点から被検者を理解しようとする。反応数や反応時間、どの部分に反応したのか（**反応領域**）、どういうところから見えたのか（**反応決定因**）、何を見たのか（**反応内容**）、どの程度的確であるか、明細であるか、結合性を持っているか（**形態水準**）について記号化し分析を行う。分析方法は**クロッパー法**、ベック法、ピオトロウスキー法、ラパポートーシェーファー法、エクスナーの**包括システム**がある。1930 年に日本に紹介され、実施、研究され続けている。日本でも、阪大法、名大法、慶大法、**片口法**など、分析方法は非常に多く存在する。実施は教示、図版を見てもらい被検者が反応する**自由反応段階**、反応について質問を行う**質問段階**、必要に応じて行う**限界吟味段階**に分けられる。

(★★☆)

ロールシャッハ【Rorschach,H.】スイスの精神科医。ブロイラーのもとで医学を学び、精神分析への興味を深める。1911年から児童や患者を対象にインク・ブロットを用いたテストを行っていた。途中、中断するものの1921年に『精神診断学』を出版しロールシャッハ・テストを発表した。

(★★☆)

包括システム【comprehensive system】包括システムとは、ロールシャッハ・テストの分析方法が増え、混乱していた状況をうけて、**エクスナー**（Exner,J.E.）が開発した分析方法である。包括システムでは、反応数が13以下の場合は十分な再検査信頼性を得ることが難しいという理由から、反応数が14 以上になるよう、反応段階を繰り返すことになっている。

Keyword

★★☆

片口法【Kataguchi system】片口安史によって作られた、**クロッパー法**をもとにした
ロールシャッハ・テストの解釈法。日本では最もよく使われている方法のひとつ。

★★☆

自由反応段階【performance proper】各インク・ブロットが何に見えるかについて教
示し、被検者に図版を見せ、被検者の反応をすべて正確に書き取る段階。**初発反応時間**
と終了時間を計測する。また、検査中の被検者の行動や表情なども観察し記録しておき、
参考にする。自由反応段階における検査者の言葉やうなずきなどは被検者に影響するこ
とに注意し、検査者は必要がなければ沈黙しておくべきである。

★★☆

質問段階【inquiry】被検者が図版のどの領域に反応したか、どの内容に反応したかを
正確に把握するために質問を行う段階。質問は被検者が用いた言葉を使って行い、誘導
的になってはならない。

★★☆

限界吟味段階【testing-the-limits】限界吟味段階は質問段階で明らかにならなかった
ところを、意図的に明らかにするために行うものである。限界吟味段階で得られた情報
は記号化には用いず、補助的な資料とすることが原則である。

★★☆

反応領域【location】ロールシャッハ・テストでは、被検者がどの領域に反応したか
を、反応領域として記号化する。**全体**反応、**普通部分**反応、**特殊部分**反応、**空白**反応に分
けられる。それらの領域のこと。

★★☆

反応決定因【determinant】ロールシャッハ・テストでは、図版のどういった要因に被
検者が反応したかを記号化する。図版の形から反応したとする形態反応のほか運動反
応、色彩反応、陰影反応など細かく分類する。それらが、どのようなところから内容を捉
えたかについて、示す記号のこと。

★★☆

反応内容【content】ロールシャッハ・テストにおいて被検者が見た内容のこと。

★★☆

形態水準【form level】被検者の反応の特徴とインク・ブロットの特徴が合致してい
るか、または合致している程度を形態水準という。＋、±、干、－のような記号で表し、
病的な反応があるほどマイナスに近づき、現実をどの程度捉えられているか、その指標
として考えられている。

138

★★★

継列分析【sequence analysis】被検者の精神力動的な内的心理過程の変化をとらえることを目的とした分析方法である。防衛機制を通して現実検討力や病態水準をアセスメントし、症状や不適応行動の背景にある精神力動の理解に役立てる。

★★★

初発反応時間【reaction time to the first target step】被検者に図版を渡してから反応するまでの時間を計測し記録する。初めてなんらかの反応をするまでの時間のこと。

★★★

色彩ショック【color shock】有彩色の図版に対して、被検者に初発反応時間の遅滞、反応数の減少などの変化がみられることがある。情緒的に反応しやすい人が、彩色図版で色彩を捉えたことによって感情面が刺激されたと考えられる。過去に何らかのトラウマがあり、色彩ショックが生じるといわれている。

★★★

陰影ショック【shading shock】図版の黒い部分に強く反応して、被検者に初発反応時間の遅滞や反応数の減少などがみられる。クロッパーによると、愛情欲求に関する葛藤・抑圧。回避などの傾向を示すもの。

★★★

平凡反応【popular response】P反応ともいう。ロールシャッハはインク・ブロットの特定の領域に対して、3人のうち少なくとも1人には生じる同様の反応内容を平凡内容とした。平凡反応の数については研究によって異なり、4~6人に1人に生じる内容を平凡反応とする学派もある。

★★★

稀有反応【original response】O反応ともいう。めったに反応として現れない反応のこと。平凡反応とは違い、反応内容の種類が決められているわけではない。

★★★

コンセンサス・ロールシャッハ法【Consensus Rorschach method】ロールシャッハ・テストを用いて行う集団のアセスメントである。家族に適用すれば、家族のコミュニケーション理解など、家族アセスメントに用いることができる。

5-1 発達検査・知能検査
発達検査と知能検査の基礎知識①

★★★

発達指数【developmental quotient；DQ】 ビューラー（Buhler,C.）とゲゼル（Gesell,A.）が考案し、知能検査と同様な指数として算出したもの。発達年齢は対象児の発達の相当年齢を示している。発達指数は、発達年齢（Developmental Age；DA）÷生活年齢（Chronological Age；CA）× 100 で示される。発達指数が100であることは、生活年齢相当であるということになる。

★★☆

ゲゼル【Gesell,A.】 双生児研究などを行い、そこから発達の**成熟優位説**を唱えた心理学者。

★★☆

津守式乳幼児精神発達診断法 津守真・稲毛教子（0～3 歳）や津守真・磯部景子（3～7 歳）によって作成された発達検査で、間接検査（養育者へ質問する方法）により発達を測定するものである。「1～12ヶ月・1～3 歳・3～7 歳」に適用可能な3 種類の発達検査が作成されており、運動、探索、社会（大人との関係・子どもとの関係）、生活習慣（食事・排泄・生活習慣）、言語の5領域、438項目から構成されている。検査結果から被検者の子どものプロフィールを、**発達輪郭表**として表す。発達の遅れの判定が可能なスクリーニング検査であるが、結果はあくまで検査時点の発達水準であり、必ずしもその後の発達の遅れを意味するものではない。

★★★

新版K式発達検査2001 京都国際社会福祉センターにより研究・発行された発達検査の2001年改訂版である。「姿勢・運動領域」、「認知・適応領域」、「言語・社会領域」の3 領域で構成されており、0 歳～成人まで適用可能である。各領域に発達年齢（DA）および発達指数（DQ）を算出し、発達プロフィールを表す。発達の遅れなどのスクリーニング目的の検査ではなく、生活年齢における課題の得意さや遅れ、バランスの崩れなど全体像を捉え、養育の指標を得るための検査である。

（★★☆）

遠城寺式乳幼児分析発達検査 九州大学の遠城寺宗徳らによる、日本で最初の乳幼児向け発達検査法。昭和51年に「九大小児科改訂版」として発表された。新生児〜 4歳7カ月頃まで適用可能。すべての問題について年齢ごとの通過率を示し、移動運動・手の運動・基本的習慣・対人関係・発語・言語理解の6 領域について養育者へ質問を行い、プロフィールを作成する。心身両面の発達状況の分析的評価が可能である児童の心身障害のスクリーニングが目的の検査であるが、何度も検査することで、発達の縦断的診断ができる。

（★★☆）

日本版デンバー式発達スクリーニング検査【Japanese version of Denver developmental screening test；JDDST】アメリカのデンバー式発達スクリーニング検査を、上田礼子らが日本の乳幼児向けに改訂して標準化したものである。適用年齢は、生後16日から6歳までで、就学前の年齢範囲の全体を網羅している。この検査には個人－社会領域、微細運動－適応領域、言語領域、粗大運動の4領域、104項目があり、各検査項目において各発達年齢に対応した90%達成月（同年齢の子どもの90%が達成可能な発達課題）を知ることが出来る。現在は、改訂日本版デンバー式発達スクリーニング検査（JDDST-R）が用いられている。

5-2 発達検査・知能検査

発達検査と知能検査の基礎知識②

⭐⭐⭐

ビネー式知能テスト【Binet test】ビネー（Binet,A.）とシモン（Simon,T.）が、1905年に開発した児童用の個別式知能検査、およびそれ以後に改訂された知能検査の総称である。これは、フランス文部省の依頼により、劣等児童の鑑別という実際的な要求により開発された、世界で初めての知能検査である。この検査は、子どもの発達段階にあわせて、易しい問題から難しい問題へと順に配列されており、精神年齢（MA）を基に個人間の知能の発達度合いを比較することが可能である。また、知能指数（IQ）を算出できるため、集団内の特定個人の知能水準を測定することができる。ビネー式知能検査は、知能を個々の因子に分析せず、一般知能を測定する目的で開発された。しかし、その知能観に対する批判からウェクスラー式知能検査が開発されることになる。

⭐⭐⭐

精神年齢【mental age；MA】知能発達の水準を相対的に測定するための概念で、該当する年齢水準の問題に正答するかどうかによって決定される年齢である。同じ教育文化圏に所属する、ある年齢集団（例えば8歳の集団）の児童に問題を解かせて、50〜75%の児童が正しく回答できる問題を「当該年齢（8歳）の知能水準を測定できる問題」とする。そして、その問題に正解できた児童の精神年齢は、その問題が示す当該年齢（8歳）となる。

⭐⭐⭐

知能指数【intelligence quotient；IQ】知的能力という観点から標準的な発達水準における相対的な位置づけを示す数値である。IQは、精神年齢（MA）／ 生活年齢（CA）×100 の公式で算出することができ、生活年齢相応の知能水準であればIQ100となる。

(★★★)

ウェクスラー式知能検査【Wechsler intelligence scale】ウェクスラー（Wechsler, D.）がビネー式知能検査に対する不満から、独自の知能間に基づいて開発した知能検査。ウェクスラー・ベルビュー成人知能検査が、ウェクスラー式知能検査の始まりである。現在、WPPS-Ⅲ（ウェクスラー就学前幼児用知能検査　第三版）、WISC-Ⅳ（ウェクスラー児童用知能検査 第四版）、WAIS-Ⅳ（ウェクスラー成人知能検査 第四版）が日本語版として標準化されている。3検査は、いずれも複数の下位検査から構成されている。ここでの知能指数は、**偏差知能指数（DIQ；Deviation IQ）**であり、ビネー式知能検査で提唱された知能指数とは異なる。DIQとは、暦年齢による年齢群内での相対的な位置を示す数値であり、すなわち得点分布上の相対的な位置を示す偏差値のことである。いずれの年齢集団基準に対しても、平均を100、標準偏差を15に調整している。

3 心理査定

(★★★)

WPPSI-Ⅲ【Wechsler Preschool and Primary Scale of Intelligence-Third Edition】幼児向けのウェクスラー式知能検査である。適用年齢は2歳6ヶ月〜7歳3ヶ月であるが、幼児の認知発達の変動性を考慮して、2歳6ヶ月〜3歳11ヶ月と4歳0ヶ月〜7歳3ヶ月の2部構成となっている。2歳6ヶ月〜3歳11ヶ月では、4つの基本検査から**全検査IQ（FSIQ）**、**言語理解指標（VCI）**、**知覚推理指標（PRI）**を算出できる。また、「絵の名前」を含んだ5つの検査の実施でさらに「語い総合得点（GLC）」を算出できる。4歳0ヶ月〜7歳3ヶ月では、7つの基本検査の実施からFSIQ、VCI、PRIを算出できる。また、10検査の実施でさらに**処理速度指標（PSI）**とGLCを算出できる。

(★★★)

WISC−Ⅳ【Wechsler Intelligence Scale for Children-Fourth Edition】児童用のウェクスラー式知能検査である。適用年齢は5歳0カ月〜16歳11カ月で、基本検査10と補助検査5の全15の下位検査から構成される。特定の認知領域の知的機能を表す4つの指標得点、**言語理解（VCI）**、**知覚推理（PRI）**、**ワーキングメモリー（WMI）**、**処理速度（PSI）**という指標とともに、全般的な知能を表す合成得点、**全検査IQ（FSIQ）**を算出することができる。

(★★★)

WAIS−Ⅳ【Wechsler Adult Intelligence Scale-Fourth Edition】成人用のウェクスラー式知能検査である。適応年齢が16歳0ヶ月〜90歳11ヶ月で、10の基本検査と5つの補助検査の15の下位検査から構成されている。10の基本検査から**全検査IQ（FSIQ）**、**言語理解（VCI）**、**知覚推理（PRI）**、**ワーキングメモリー（WMI）**、処理速度（PSI）という指標得点が算出できる。WAIS-Ⅲでは2つの下位検査（絵画配列、組み合わせ）と符号の補助問題が削除され、新たに「パズル」、「バランス」、「絵の抹消」と「数唱」の数整列課題が追加された。

⭐⭐☆

コース立方体組み合わせテスト【Kohs block design test】1920年、アメリカの
コースが発表した分析と統合の能力を測定する知能検査。日本では1966年に大脇義一
が難聴、言語障害、ろう児用に翻案した。適応年齢は、正常児6歳からで、高齢者の知能
測定にも適している。また、視空間失認、脳損傷などの神経心理学の領域にも利用でき
る。各面が赤、白、青、黄、赤と白、青と黄に塗り分けられた1辺3センチの立方体を組み
合わせて、難易度順に並べられた17問の模様を作る課題である。正解時間によって得点
が変わり、制限時間以内に2連続して課題が達成できないと打ち切りになる。そのため、
検査時間は短く、被検者の苦痛や負担が少ない。高齢者の年代別の粗点の平均と、SD及
びIQの平均とSDの資料がついている。様々な認知障害に関するリハビリテーションの
現場でよく用いられる。

⭐⭐☆

ITPA言語学習能力診断検査【Illinois Test of Psycholinguistic Abilities】カー
ク（Kirk,S.A）により開発された、児童の知的能力を言語学習能力の側面から測定する
検査。知能検査の一つであるが、児童の個人内での発達のバランスを見出すことから発
達診断の要素が強い。適応年齢は3歳〜9歳であり、コミュニケーションに関する言語能
力の回路、過程、水準の3次元でモデル化している。また、10の下位検査よりプロ
フィール分析が可能で、情報処理過程のどの部分に遅れがあるのかを診断できることが
特徴である。

⭐⭐⭐

K-ABCⅡ心理・教育アセスメントバッテリー【Kaufman Assessment Battery For
Children Second Edition】1983年にカウフマン（Kaufman,A.S.）が開発した子ども
のための個別式心理教育診断バッテリーで、2013年に日本版K-ABCⅡが刊行された。
この検査の理論的基盤となるのは、ルリア（Luria,A.K.）の**神経心理学理論**（カウフマ
ンモデル）と、キャッテル・ホーン・キャロル理論（CHC理論）である。適応年齢は、2
歳6ヶ月〜18歳11ヶ月である。検査の構成は、「**認知尺度**」と「**習得尺度**」からなり、前
者には「**継次**」「**同時**」「**学習**」「**計画**」の4尺度がある。後者には、「**語彙**」「**読み**」「**書き**」「**算
数**」の4尺度がある。子どもの知能を**認知処理過程**と知識・技能の**習得度**の二つの側面
から評価し、得意な認知処理様式を見つけ、指導・教育に活かすことを目的としている。

★★☆

グッドイナフ人物画知能検査【Goodenough draw-a-man test；DAM】グッドイナフ (Goodenough,F.L.) により考案された、人物画を描出することにより、動作性知能を推定する知能検査。描画された人物像を、身体の部分、身体の部分の比率、人物像の部分の明細化、など50項目によって採点する。採点基準に従って加算された得点をもとに、換算表から精神年齢 (MA) が算出される。描出像を数量化し、知能を推定するだけでなく、知覚・認知面での障害の有無の予測、あるいは人への興味のありようなど、多角的な情報収集が可能である。描画という特性から被検者にとって心理的負担や抵抗が少ないため、言語発達の遅滞が顕著な聴覚障害児や自閉性障害児にも適応できるなど、広範囲な活用が可能である。実際の査定においては、他の検査とテストバッテリーを組んで使用されることが多い。

6 神経心理学的検査
高次脳機能障害への心理テスト

★★☆

エイダス認知機能下位検査日本語版【ADAS-Jcog.】アルツハイマー型認知症の認知機能障害の変化を経時的に評価することを目的とした検査。主に、見当識、記憶、言語機能、行為、構成機能を評価する11項目の下位尺度から構成されている。得点の範囲は0~70点（正常→重度）である。MMSEよりも記憶、構成能力に重点が置かれている。

★★☆

レーヴン色彩マトリックス検査【Raven's colored progressive materices】知的能力を測定する非言語性検査で、失語症や認知症のスクリーニング検査として単独でも用いられる。表示された図案や図柄の中で一部欠落したところに当てはまると思われるものを選択図案の中から一つだけ選ぶといった検査。言語障害や運動障害のある被検者でも検査できるという利点があり、**WAB失語症検査**の下位検査としても取り入れられている。この検査も多数の一般人のサンプルを元に標準化されており、IQ算定が可能。

★★★

改訂長谷川式簡易知能評価スケール【HDS-R：Hasegawa Dementia Scale-Revised】1974年に長谷川和夫らによって開発された認知症のためのスクリーニング検査。1991年に改訂版が作成され、現在、日本で最も広く用いられている。MMSEと同様に所要時間が短く簡便に全般的な評価を得ることが可能。時間・日付の見当識、記憶、計算などの項目があり、30点満点で**20点以下**は認知症の疑いとなるが、この検査のみで診断したり、重症度を評価してはならないとされている。

★★★

ミニメンタルテスト【Mini Mental State Examination：MMSE】見当識や記憶、注意、言語あるいは文章指示に従い、模写などの項目から全般的な認知機能を評価するスクリーニング検査。感情や思考障害などの評価は除外される。この検査は、世界でもっとも広く用いられ、日本においてもMMSE-Jとして使用されている。30点満点で、**23点以下**が認知症疑いとされている。この検査のみで認知機能の重症度の詳細を評価することには不十分であり、他の検査との併用が望ましいとされる。

★★★

三宅式記銘力検査【Miyake memory test】短時間かつ簡易に行える聴覚性言語の記憶検査である。高次脳機能障害、精神疾患や認知症の評価場面で広く使用されている。短期記憶障害、対連合記憶や注意障害を鋭敏に反映する検査である。2つずつ対にした有関連対語10対と、無関連対語10対を読んで聞かせた後に、片一方を読んでもう一方を想起させて10点満点の得点とし、同じ事を3回繰り返す。言語性短期記憶のみならず、対語の連想から学習に至る過程（プライミング）を反映すると考えられている。頭部外傷では、特にこの無関連対語の成績が悪いことが多い。

★★★

ベントン視覚記名力検査【Benton visual retention test】ベントン（Benton,A.L.）によって開発された高次脳機能障害のスクリーニングとして使われる視覚性記憶検査。主に器質的脳機能障害者を対象に、視覚性注意、視覚認知、視覚記銘、視覚構成能力を評価する。数個の図形が描かれた10枚一組の図版を用いて、描画による再生または模写を行う。施行A（10秒提示即時再生）、施行B（5秒提示即時再生）、施行C（模写）、施行D（10秒提示15秒後再生）の4つの施行方式がある。正解数と誤謬数を指標とし、誤謬数は省略・ゆがみ・保続・回転・置き違い・大きさの誤りの6部門（63種）に分類される。コルサコフ症候群の査定にも用いられる。

★★★

ウェクスラー記憶検査改訂版【Wechsler memory scale-revised；WMS-R】1945年にウェクスラーによって作成されたWMSを改訂した国際的に最もよく使用されている総合的な記憶検査。情報、見当識、精神統制、図形の記憶、論理的記憶、視覚的記憶など、13の下位検査から構成される。一般的記憶、注意／集中力、言語性記憶、視覚性記憶、遅延再生の5つの記憶指標を算出する。記憶の様々な側面を測定し、認知症をはじめ様々な疾患の記憶障害を評価するのに有効とされる。対象年齢は16歳～74歳。

★★★

リバーミード行動記憶検査【Rivermead Behavioural Memory Test；RBMT】日常記憶の障害を検出し、治療効果を調べる目的で開発された。日常生活をシミュレーションした検査内容であり、記憶を使う場面を想起して検査する。実施時間は短く、氏名、持ち物、約束、絵、物語、顔写真、道順、用件、見当識の下位検査からなる。同じ程度の難易度の課題が用意されているため、練習効果を排除して記憶障害を継続的に評価できる。9点以下は重度認知障害、16点以下は中等度記憶障害とされる。記憶障害の重症度評価ができるだけでなく、課題が日常生活に近いため、社会復帰を目指した記憶の治療経過、回復の評価に使用できる。

★★☆

BADS【Behavioural Assessment of the Dysexecutive Syndrome；遂行機能障害症候群の行動評価】日常生活上の遂行機能を総合的に評価する検査。カードや道具を使った6種類の下位検査と1つの質問紙から構成され、各下位検査を0～4点で評価し、全体の評価は各下位検査の評価点の合計点でプロファイル得点を算出することができる。この検査は、遂行機能の4つの要素（目標の設定、プランニング、計画の実行、効果的な行動）を評価でき、様々な状況での問題解決能力を総合的に評価できる点に特徴がある。

★★☆

ウィスコンシンカード分類検査【Wisconsin Card Sorting Test；WCST】抽象的行動と概念形成および概念の転換に関する検査であり、前頭葉機能を測定することができる。1組の反応カードを、色・形・数の3つの分類基準に基づいて並べ替えさせるテストである。分類の基準は示されず、正誤のフィードバックのみが与えられ、被検者は検査者の分類の基準を推測しながら選択し続ける。カードの総数は128枚であり、連続10枚正解であれば、そのカテゴリー達成とされる。このテストの評価は、達成されたカテゴリー数と、保続数、保続性誤り数によってなされる。保続とは被検者が自分の考えた分類カテゴリーに固執し続けることをいい、保続性誤りは分類カテゴリーが変わったにもかかわらず、前に達成したカテゴリーにとらわれて誤反応する保続が一般的である。前頭前野背外側部損傷者は達成カテゴリー数が少なく、保続が多くなるといわれている。

7 家族アセスメント
家族関係を測定する心理検査

★★★

動的家族画【kinetic family drawings；KFD】「あなたの家族がそれぞれ何かをしている絵を描いてください」という教示を行い、家族成員の絵に表れるイメージ、色彩、空間配置などを見て解釈する検査。

★★★

FAST【family system test】 ゲーリング（Gehring,T.M.）によって作られた方法で、家族成員を表す人形やブロックを、ボードの上に配置することによって、家族関係をシステムという視点から査定する方法。

★★★

家族造形法【family sculpture】 デュール（Duhl,B.）によって作られた方法で、家族関係を「いま、ここで」という面接場面を利用して、家族が自身の身体を用いて相互にわかりあうためのもの。

★★★

FIT【family image test】 亀口憲治によって作られた心理検査。家族に見立てた5種類の丸シールと3種類の線の組み合わせを用いて家族関係のあり方について表す。

★★★

FACES【the Family Adaptability and Cohesion Evaluation Scale】 オルソンによる円環モデルに基づいた家族システム評価尺度で、アメリカでは第4版のFACES-Ⅳや、関西学院大学で作成された日本での第4版、FACESKGなどがある。

★★★

親子関係診断尺度【EICA】 子どもから見た父と母に対する関係を調査する尺度。40問からなる。

★★★

親子関係診断検査【CCP】 P-Fスタディのような絵と吹き出しがついている検査で、母と子、父と子という関係における日常生活場面での親の姿を測る検査。

8 心理検査の使い分けとテストバッテリー
テストバッテリーを組むには

★★★

テストバッテリー【test battery】心理検査を複数実施し、ひとつの診断ツールとして使う方法のこと。ひとつの検査では測定できる部分が限られているため、被検者の多面的な理解を目的として投映法と質問紙法の人格検査でテストバッテリーを組んだり、人格検査と知能検査でテストバッテリーを組んだりすることが有効である。ただ、複数を一度に実施することで被検者側の負担が増大する点も考慮して行う必要がある。

★★☆

目隠し分析【blind analysis】心理アセスメントを行う際、あくまで心理検査は査定のためのひとつのツールに過ぎない。そのため、被検者の人物像を知らない状態で、心理検査の結果のみを見て解釈をすることは非常に危険であり、そのことを目隠し分析と呼ぶ。心理検査のトレーニングには使われることもあるが、実際の臨床においては決して使うべきではない方法である。

4

心理学的研究法と
心理統計

1 推測統計学

....
推測統計学の基礎知識
....

(★★★)

記述統計学【descriptive statistics】観察対象である集団の性質・傾向（ばらつき）をできるだけ正確に記述することを目的とする統計学。サンプルの個別データを数量化（数値化）して取り扱って集団の性質を記述していく。データを科学的に取り扱うために、質的データではなく量的データを取り扱う。

(★★★)

推測統計学【inferential statistics】母集団から抽出した**標本（sample）**に基づいてその**母集団（population）**全体の特徴や性質を推測しようとする統計学であり、一般的に統計学に基づく集団の分析などというときには、この推測統計学が前提にされることが多い。

(★★★)

母集団【population】調査対象や研究対象となるもの全体をいう。例えば、日本の男性について調べたい場合、日本の男性すべてが母集団ということになる。

(★★★)

標本【sample】実際に母集団から得られたデータ。母集団全てのデータを集めることは事実上不可能であり、その代わりに全体の傾向を代表する少数の標本（サンプル）を扱う。

(★★★)

系統抽出法【systematic sampling】あらかじめサンプルに通し番号をつけておき、リストの順番によって等間隔で上から選んでいくこと。

(★★★)

無作為抽出法【random sampling】作為的ではなく、無作為にサンプリングすること。リストの順番によって上から選んでいくことは**系統抽出**と呼ぶが、無作為抽出ではまったくの意図なしでサンプルを抽出することで、少数から母集団を推測することを妥当化できる。

Keyword

（★★★）
帰無仮説【null hypothesis】推測統計学において仮説を立てる場合、最初に立てる仮説のこと。無に帰するための仮説であり、研究者が望むのとは反対の方向での仮説とし、採択されずに棄却されることを望むもの。

（★★★）
対立仮説【alternative hypothesis】推測統計学において、帰無仮説に対して立てる仮説のこと。研究者が望む方向での仮説とし、帰無仮説が棄却されることではじめて採択されるもの。

（★★★）
有意確率【significance probability, P】有意差検定を行った際、実際の検定や分析で出力された有意差を示す値のこと。P値とも呼ばれ、$P = 0.050$ 未満であれば、5%の有意確率で有意（誤差ではなく、意味のある差）ということができる。

（★★★）
有意水準【significance level, α】有意差検定を行った際、出力された有意確率が有意な差といえるかどうかの水準として決めておくもの。αで表され、通常**5%**や**1%**という値が扱われる。10%未満5%以上の有意確率を示すものは、有意傾向と呼ぶことがある。

4 心理学的研究法と心理統計

2 尺度水準と分布
尺度と分布の種類と性質

(★★★)

名義尺度【nominal scale】スティーブンスが提案した4つの尺度の一つで、同一性のみ求めるもの。血液型、職業、性別などが挙げられ、数字を割り振った時にその数字はラベルとしての意味しか持たない。

(★★★)

順序尺度【ordinal scale】スティーブンスが提案した4つの尺度の一つで、同一性と順序性を求めるもの。ランキングなどのように、数値が順序においてのみ意味を持つ。数値間は等間隔ではなく、尺度の原点も不定である。

(★★★)

間隔尺度【interval scale】スティーブンスが提案した4つの尺度の一つで、同一性と順序性、差の等価性を求めるもの。温度や時刻などが挙げられ、等間隔で原点を任意に定めることができるが、0は尺度の対象が全くない状態というわけではない（絶対0点がない）。

(★★★)

比率尺度【ratio scale】スティーブンスが提案した4つの尺度の一つで、同一性と順序性、差の等価性に加えて比の比較可能性も求めるもの。身長や体重など、自然に原点が決まっている。（0は尺度の対象が全くない状態である。絶対0点がある。）

(★★★)

1変量データ【univariate date】一つの検査から得られる得点など、単一の変量についてのデータのこと。

(★★★)

多変量データ【multivariate date】同一被験者の国語と数学の検査結果というように、多数の変数についてのデータのこと。2種類の得点によるデータの場合は、2変量データと呼ばれる。

(★★★)

分散【variance】散布度の一つで、分布の広がりの程度を表す指標。N個のx_1、x_2……x_N測定値について、測定値の二乗を用いて求める。すなわち、分散S_x^2は、

$$S_x{}^2 = \frac{1}{N} \sum_{i=1}^{N} (x_i - \overline{x})^2 \quad \text{で定義される。}$$

(★★★)

標準偏差【standard deviation；SD】 散布度の一つで、観測値と同じ単位で分布の広がりの程度を表す時に用いられる指標。分散の正の平方根。すなわち、標準偏差Sxは、

$$S_x = \sqrt{\frac{1}{N} \sum_{i=1}^{N} (x_i - \overline{x})^2} \quad \text{で定義される。}$$

(★★★)

理論分布【theoretical distribution】 データ数を無限に大きくしていった時に、非常になめらかな線で描かれるような度数分布のこと。その中でも有名なものとしては正規分布が挙げられる。

(★★★)

正規分布【normal distribution】 理論分布の中で最も有名で、統計的方法においてよく用いられる確率分布。ガウスによって発見された。また、正規分布には、次のような特徴がある。①左右対称で釣鐘型をしている、②$-\infty$から$+\infty$までの値をとる、③平均値、中央値、最頻値が一致する、④平均μ、分散δ^2という2つの値によって分布の形が決まる。

(★★★)

標準正規分布【standard normal distribution】 平均値が0、標準偏差が1である正規分布。

(★★★)

標準誤差【standard error】 標本分布の標準偏差のこと。推定の標準誤差（標本統計量による母数推定の精度の指標）、測定の標準誤差（同一個体に繰り返し観測を行った時の観測値の誤差成分の散らばりの程度を示す指標）、予測の標準誤差（線形回帰モデルにおける予測値と観測値のずれの標準偏差）に区別することもある。

(★★★)

平均値【Mean, 母集団ではμ】 代表値の一種。データの総和をn（データの個数）で割ったもの。一般的に使われる「平均値」という言葉と同義。数列データによっては、平均値を数列を代表する値として使うことが適切でないことも多く、その場合は別の代表値を用いることが重要である。

(★★★)

代表値【representative value】標本の分散（散らばり）を説明するために、平均値や中央値、最頻値などの値で代表させることが多いが、それらを全て代表値と呼ぶ。数列データによって、どの代表値を用いることが、最も妥当であるかについてよく考慮しなければならない。

(★★★)

最頻値【Mode】データのうちで度数の最も大きい（いくつも出現する）値のこと。名義尺度の場合に使われることが多い。

(★★★)

中央値【Median】データを一列に並べた場合の中央にくる値。順序尺度のときに使われることが多い。

(★★★)

度数分布表【frequency table】等間隔にデータを区切り、それぞれの個数を並べていき、視覚的に把握できるよう表に表したもの。

(★★★)

散布図【scatter plot】変量が分布の平均値の周りにどのように散らばっているかの程度を散布度といい、それを視覚的に理解できるように図上に表したものを散布図という。

(★★☆)

ヒストグラム【histogram】度数分布表をグラフにしたもの。棒グラフが主に連続性のないデータ間の差を見るのに対して、ヒストグラムでは連続性があるデータの時系列などにおける移り変わりなどがわかるように棒と棒の間に空白がなく描かれる。

(★★☆)

自由度【degree of freedom,df】互いに独立して動けるデータの個数（自由に動かせる数値）で、合計を算出すると1減るという特徴がある。自由度はN（データの個数）-1となる。標本の分散を求める際には、偏差平方和（平均値と実測値間の差の総和）を標本の数（N）で割るが、母集団の推定を行う際には不偏分散（母分散の不偏推定量）を求める必要があり、偏差平方和を（n-1）で割ることになる。

(★★★)

標準化【standardization】メートルとグラムのような異なる基準で測定されたもの同士を比較するため、標準化という手続き［（得点－平均値）÷標準偏差］を行うことで、互いに比較することが可能となる。

標準得点/Z得点【standard score/Z score】標準化して平均値が0、標準偏差が1になるように調整された基準値のこと。

3 信頼性と妥当性
信頼性係数と妥当性係数の種類

★★☆

古典的テスト理論【classical test theory】心理検査を作成したり、検査としての評価を行う際に活用されることが多い。この理論では、観測得点Xは、真の得点Tと誤差得点Eの和とされる。また、誤差得点の平均は常に0、すなわち真の得点と誤差得点の間の相関は0、2つの検査から得られた誤差得点同士は無相関という仮定が設定される。そこから、観測得点の分散＝真の得点の分散＋誤差得点の分散ということが示される。また、この理論では、信頼性係数の値を重要視し、この値をもって心理検査を評価する。

★★★

信頼性【reliability】同一人物に同一条件のもとで、繰り返し同じ検査を行った場合、一貫して同じ結果が得られること。心理検査において信頼性が確保されていなければ、その心理検査が対象をよく測定できていないということになる。したがって、心理検査を作成するときにはまず信頼性が重要視される。

★★★

信頼性係数【reliability coefficient】関心下の検査が、どの程度真の個人差をとらえることができるのか（信頼性の度合い）を表す指標。信頼性係数r_{xx}が取りうる値は、$0 \leq r_{xx} \leq 1$である。信頼性係数の推定方法には、再検査法、代理検査法、折半法、内的整合性に基づく方法などがある。特に内的整合法による信頼性係数（クロンバックのα係数）のことを指すことも少なくない。

★★☆

真の得点【true score】同一被験者に対して同一検査による測定を繰り返し行い、そこで得られた得点を平均したもの。実際には観測不可能な、理論上の構成概念。

★★☆

測定誤差【measurement error】測定の際の微妙な条件の差異や被験者の体調、その他のとらえきれない要因によって生じる誤差。測定誤差の大きさは誤差得点で表され、正の得点も負の得点も取りうる。

★★★

平行検査【parallel test】繰り返し同一の心理特性を測定する場合に、前回の影響を次の結果に残さないようにするためにもう一つ用意された検査。対応する項目の測定内容や形式、困難度は同一であるが、項目そのものは異なる。スタンフォード・ビネー式の知能検査には平行検査が用意されている。

★★★

再検査法【retest method】信頼性係数の推定方法の一つ。同一検査を、一定期間おいて同一被験者に2回実施し、得られた得点間の相関係数を求める。この方法で求められた推定値は、再検査信頼性係数とよばれる。

★★★

代理検査法【vicarious test method】信頼性係数の推定方法の一つ。関心下の検査と観測得点の平均と分散が等しく、他の検査などにおける測定値との相関も等しい代理検査を用意し、2つの検査から得られた得点間の相関係数を求める。この方法で求められた推定値は、代理検査信頼性係数とよばれる。

★★★

折半法【split-half method】信頼性係数の推定方法の一つ。一つの検査を分割して下位検査とみなし、2種類の観測得点間の相関係数を求める。そこで求められた測定値をスピアマン・ブラウンの公式を用いて修正し、推定値とする。この方法で求められた推定値は、折半法信頼性係数とよばれる。2つの下位検査に折半する際、奇数番号と偶数番号の質問項目で分ける方法は、奇偶法とよばれる。

★★★

内的整合性【internal consistency】質問項目に対する被験者の反応の一貫性の程度を示す指標の値をもって、推定値とするもの。質問に対する答えが「はい」「いいえ」などの2通りの場合は、キューダー・リチャードソンの公式が用いられる。また、答えが3通り以上の場合は、クロンバックのα係数が用いられる。

★★★

クロンバックのアルファ係数【coefficient alpha , α】信頼性係数のうち、内的整合性に基づいて求められる指標。クロンバック（Cronbach,L.J.）により導出された。質問項目に対する反応が3つ以上にわたる場合にも用いることができる。

n：テスト項目数　　S2(xj)：項目jの分散　　S2(x)：テスト得点の分散 としたとき

$$\alpha = \frac{n}{n-1}\left(1 - \frac{\sum_{j=1}^{n} S^2(x_j)}{S^2(x)}\right)$$ で定義される。

4　心理学的研究法と心理統計

159

Keyword

コーエンの一致係数（カッパー）【kappa；κ】同一対象に対して2回分の調査や2名の評定者間の評価の一致度をもって信頼性を評価する。自由回答やインタビューなどの質的データに対して、名義尺度による評定を行った時に用いられる。κ が取りうる値は、$-1 \leqq \kappa \leqq 1$ である。観察者間で実際に判断の一致した確率を Po、観察者間の判断が偶然に一致する確率を Pe としたとき、

$$\kappa = \frac{P_o - P_e}{1 - P_e}$$ で定義される。

妥当性【validity】測定したいものをうまく測定できているかを示すもの。例えば抑うつ検査において抑うつの度合いをうまく測定できていなければ、その心理検査の妥当性は低いといえる。妥当性には大きく分けて、**内容的妥当性**、**基準関連妥当性**、**構成概念妥当性**の3つがある。あくまで信頼性は妥当性よりも先に立つため、信頼性が確保されていない限り、妥当性が確保されることはありえない。

内容的妥当性【content validity】妥当性の評価方法の一つ。専門家の個人的で主観的な判断で評価されるもので、特に学力検査などにおいて重視される。**表面的妥当性**と**論理的妥当性**の2つに分類される。

基準関連妥当性【criterion-related validity】妥当性の評価方法の一つ。一般には、心理検査の得点と外部基準における測定値との間の相関係数で表され、その値は妥当性係数とよばれる。**併存的妥当性**と**予測的妥当性**の2つに分類される。

構成概念妥当性【construct validity】妥当性の評価方法の一つ。関心下の検査が心理学的な構成概念や特性をどれほどよく測定するかを示すもの。他の心理検査との比較を通して測定する場合、同じ構成概念を測定する他の心理検査と高い相関を持つ時には、その検査には**収束的妥当性**があるといい、異なる構成概念を測定する検査との相関が低い時には、その検査には**弁別的妥当性**があるという。また、対立仮説をたてて検証する方法や、因子分析を用いて分析する方法などもある。

表面的妥当性【superficial validity】内容的妥当性のうち、心理検査の内容をみることによって判断されるもので、被験者が判断するものも含まれる。この妥当性が、被験者の検査に対する態度に影響を与えることが多いため、検査によっては重視される。

(★★★)

論理的（標本）妥当性【logical validity】**内容的妥当性**のうち、検査の質問項目や課題内容がどの程度測定されるべき行動の領域を代表しているかの程度を、専門家によって判断するもの。

(★★★)

併存的妥当性【concurrent validity】**基準関連妥当性**のうち、基準値が心理検査の得点とほぼ同時期に得られる場合。例えば、すでに就職し働いている人を対象に適性検査を実施し、同時に職場での評価値を入手し相関係数を求める方法がこれにあたる。

(★★★)

予測的妥当性【predictive validity】**基準関連妥当性**のうち、心理検査の得点が得られた一定期間後に、基準値が得られる場合。例えば、入社時に適性検査を行い、数カ月後に職場での評価値を入手し相関係数を求める方法がこれにあたる。

(★★★)

収束的妥当性【convergent validity】ある心理検査（A）の構成概念妥当性を求めるために、他の心理検査（B）との関係において妥当性を評価する際、同じ構成概念を測定する心理検査（B）と高い相関がみられた時、その検査（A）には収束的妥当性があるという。

(★★★)

弁別的妥当性【discriminant validity】ある心理検査（A）の構成概念妥当性を求めるために、他の心理検査（B）との関係において妥当性を評価する際、異なる構成概念を測定する心理検査（B）と低い相関がみられた時、その検査（A）には弁別的妥当性があるという。

(★★★)

選抜効果【selection effect】妥当性係数をもって心理検査の妥当性を検討する際に注意が必要な事象の一つ。入学試験や入社試験などを行うことで、被験者が選抜されて等質化されている場合があり、選抜によって妥当性係数の値が低くなること。

(★★★)

虚偽尺度（ライ・スケール）【lie scale】人格検査において、受検者が意図的に結果をよく見せようとする歪曲反応を検出するために用意された尺度。社会的に好ましいことではあるがほとんどありえない行為、または好ましいことではないがよく見られる行為などを質問項目に入れる。虚構尺度、L 尺度などとも呼ばれ、MMPIなどに用いられている。

（★★☆）

テストバイアス【test bias】 心理検査を用いて何らかの決定を行う際、その心理検査がある性別、学歴、居住地域など特定の下位集団に対して不利、または有利な得点を与える傾向があるかどうかを指す。

4 心理学研究法
心理学的研究法の種類

(★★★)

観察法【observational method】観察者が客観的に対象者を観察し、行動を記録していく研究方法。**自然観察法、実験的観察法**に分類される。統制が少ないため、対象者の日常的で自然な行動を観察できるメリットがあるが、観察者の主観が入りやすく、観察したい行動が必ずしも出現するとは限らない、得られたデータが数量化しにくいというデメリットがある。

(★★★)

実験的観察法【experimental observational method】自然観察法と組織的観察法の欠点を補うために、それらの観察から得られた仮説を、明確な条件の統制のもとで検証する方法。

(★★★)

質問紙調査法【questionnaire survey method】質問紙によって回答を求める方法。あらかじめ用意された選択肢から回答する方法と、自由に記入する自由回答法がある。一度に多人数に行えること、研究者の影響を与えにくいことがメリットであるが、状況を統制しにくいことや質問紙以外の反応が分からないこと、対象や状況ごとに質問が変化できないことがデメリットである。

(★★★)

検査（テスト）法【test method】問題や項目などの課題を用いて、性格や学力、知的能力などのデータを収集する方法。利用目的や作成手続きなど様々な基準での分類が可能である。テスト結果は個人に大きな影響を与えることが多く、作成から結果の利用に至るまで、専門的な知識と注意が必要である。

(★★★)

面接法【survey interview】調査員が面接を行ってデータを収集する調査方法。**構造化面接、半構造化面接、非構造化面接**に分類される。対象や状況に応じた対応が可能なことや、言語以外での情報も得られることがメリットであるが、一度に得られるデータ数に限りがあることや調査員の影響を与えやすいことがデメリットである。

★★★

自然観察法【naturalistic observational method】観察法のうち、対象に制限をかけずに行動を観察する方法。通常はこの方法が用いられることが多く、日常的な家庭、教育機関での親子の様子などを**偶発的観察法**と呼ぶ。また、特定の状況、条件を定めたものを**組織的観察法**と呼び、**場面見本法**、**行動見本法**、**時間見本法**に分かられる。

★★★

日誌法【diary recording method】特定の被観察者が、日常的な生活の文脈のなかで示す新しいエピソードをそのつど観察する方法であり、自然観察法の1つ。観察者と被観察者が、日常的場面を共有する度合いの高い関係にある場合、日誌法によって有益な資料を得ることができるが、観察者の主観が入りやすく、着目する行動に偏りができたり、事実と観察者の解釈が混同されやすいという短所がある。

★★★

場面見本法【situational sampling method】行動観察の1つで、ある行動を観察しようとするとき、その行動が生起しやすいさまざまな場面を選んで観察する。例えば、学齢時の仲間同士のやり取りを観察する場合、休み時間、給食を用意する時間などを選び、課題への集中を観察する場合には、いくつもの授業場面を観察する。

★★★

行動見本法【behavior sampling method】組織的観察法のうち、特定の行動の生起するプロセスや条件などを観察する方法。

★★★

時間見本法【time sampling method】あらかじめ決めた頻度、長さの時間で、その各々において観察対象となる行動がどのくらい生じるかを記録する方法。たとえば、1時間など一定の観察時間を決め観察する方法や、1時間ごとなど特定の間隔で短時間観察する方法などがある。チェックリストを用いて行動の発生をチェックするので記録が容易で、同時に行動とその情緒的側面の観察が可能である。また、観察単位ごとに対象者をずらして観察することで、一度に複数の対象者を観察することができる。

★★☆

ワーディング【wording】質問紙調査における、質問の主文や選択肢の言い回しのこと。不適切な用語や偏向した文章があると誘導尋問になる可能性が出てくるため、予備調査を行うなどして慎重に検討する必要がある。

★★☆

キャリーオーバー効果【carry over effect】質問紙調査において、前の質問の内容や存在が、後の質問の回答に及ぼす影響のこと。

⭐⭐☆

黙従傾向【acquiescence tendency】質問内容とは無関係に、反対（否定）より賛成（肯定）を選択してしまう傾向のこと。回答者によっては、この傾向を示す場合があるので注意が必要である。

⭐⭐⭐

標準テスト【standardized test】検査法で用いられるテストのうち、性格検査のように問題の提示方法や手順、回答法などを厳密に規定する（標準化する）手続きによって作成されているもののこと。

⭐⭐⭐

構造化面接【structured interview】面接法のうち、あらかじめ質問項目や質問の手順を用意しておき、手順通りに行われる面接。

⭐⭐⭐

半構造化面接【semi-structured interview】面接法のうち、あらかじめ質問項目を用意しておくが、面接の流れに応じて質問内容や手順を変更して行われる面接。

⭐⭐⭐

非構造化面接【unstructured interview】面接法のうち、あらかじめ質問項目や手順を設定せず、被験者の反応に応じて自由に進められる面接。

⭐⭐⭐

横断的研究【cross-sectional method】異なる年齢集団を対象に行い、集団間の発達的変化やメカニズムなどを明らかにしていく研究法。同時的に多くのデータを収集することができる。

⭐⭐⭐

縦断的研究【longitudinal method】個人や同一の対象集団を長期間にわたって追跡し、発達的変化に関するデータを収集する方法。個人差を考慮に入れることができ、因果的説明がつきやすい。

⭐⭐⭐

コホート研究【cohort method】横断的研究と縦断的研究の欠点を補うため、これらを併用する研究方法。世代差分析とも呼ばれる。横断的にとった標本のいくつかを、その後縦断的に追跡することで、集団の特徴が明らかになるとともに、因果関係についても言及が可能となる。

Keyword

双生児研究【twin method】双生児の遺伝的関係を利用して、身体・心理・行動の発達や個人差への遺伝と環境の影響を推定する方法。

★★★

リッカート法【Likert scaling】個人の態度測定のために用いられる方法。ライカート法とも。態度対象についての評価的意味を内包する5～10問の短文の各々に、「非常に賛成」「賛成」「どちらでもない」「反対」「非常に反対」など数段階に分けた回答を用意し、それぞれに点数をつけることで数量化する。態度を数量として分析処理できるため多用されている。

★★★

SD 法【Semantic Differential method】オズグッド（Osgood,C.E.）によって提唱された。行動主義のS-R 理論を発展させたもので、S（刺激）に対して抱かれる情緒的意味を分析的に把握することで反応の予測を立てようとするもの。コンセプトとよばれる刺激から連想される形容詞を収集し、それと反対の意味をとる形容詞を対にして評定尺度のセット（SD 尺度）とする。それを評定させ分析することで、コンセプトを評価性、力量性、活動性の三次元から理解する方法。

★★☆

5 相関係数とノンパラメトリック検定

2種類のデータの関係性の強さを測る分析と、母集団に仮説を設けない分析

(★★★)

ピアソンの積率相関係数【Pearson's product-moment correlation coefficient】ピアソン（Pearson,K.）が考えた相関係数で、間隔尺度以上の尺度水準データに適用可能。2つの数列データのうち、片方が上がればもう一方もそれに連動して上がる（もしくは下がる）といった傾向性（相関）を示す場合、その相関の程度を最大値±1.00、最小値0.00として表すもの。一般に相関係数と呼ばれるときは、このピアソンの積率相関係数を指す。

(★★☆)

無相関検定【test for non-correlation】相関の有意性検定のこと。統計ソフトでピアソンの相関係数を算出する際に同時に行われ、有意確率が表示される。2変数が無相関という帰無仮説のもと行われ、相関が有意であるかを検定する。

(★★★)

擬似相関【spurious correlation】見かけの相関、見せかけの相関ともいう。変数xとyの間には、実際には相関がないのにも関わらず、第3の変数が隠れているためにそれが影響して、あたかも相関があるかのようにみえているもの。重要な概念であり、真の相関かどうかを見極めることが必要である。

(★★★)

スピアマンの順位相関係数【Spearman's rank correlation coefficient】ピアソンの積率相関係数を基本にした順序尺度に適用できる相関係数。順位の差が等間隔かのように扱われる。記号は ρ（ロー）で表される。

(★★☆)

ケンドールの順位相関係数【Kendall tau rank correlation coefficient】スピアマン（Spearman,C.E.）の順位相関係数と同様、順序尺度に適用できる相関係数記号は τ（タウ）で表され、2変数間の全ての順位大小関係の組み合わせから相関係数を算出する。

(★★★)

偏相関係数【partial correlation coefficient】 x、y、zという3変数があり、xとy間の相関関係を見る際、z がx-y間に及ぼす影響が予想される場合、zのx-y間に及ぼしている影響を、取り除いた状態でのx-y間相関係数のことをいう。第3の変数zによって、x-y間の相関係数が低くなっていることが仮定される場合に行う。

(★★★)

パラメトリック検定【parametric test】 正規分布のような分布型を仮定している母集団に対して行う検定のこと。F分布に従う分散分析や、t 分布に従うt検定がこれに当てはまる。間隔尺度や比率尺度といった連続数を扱うことのできる検定の総称。

(★★★)

ノンパラメトリック検定【non-parametric test】 パラメトリック検定のような分布を仮定しない母集団に対して行う検定のこと。カイ二乗検定やクラスカル・ウォリス検定などがこれに当てはまる。名義尺度や順序尺度を用いる際に使われることが多い。

(★★★)

カイ二乗検定（χ^2検定）【chi-square test】 ノンパラメトリック検定の代表的な手法で、母集団間の比率の差の検定。2変数間の適合度の検定や独立性の検定を行うことができ、名義尺度や度数の有意差を見る際に用いる。検定はクロス集計表を用いる（例えば都市部出身・郊外出身×男・女）。

(★★☆)

残差分析【residual analysis】 カイ二乗検定は2×2のクロス集計表を用いて行われることが多いが、2×2を超えるクロス集計表を用いたカイ二乗検定を行う際、どの比率とどの比率の間に比率の差があるのかを調べるために、カイ二乗検定後に残差分析が行われる。

(★★★)

ウィルコクスンの符号順位検定【Wilcoxon signed-rank test】 サンプルが正規分布に従わない場合や片方の母集団の母数が大きく、t検定で必要とされる仮定が満たない場合に用いられる。t検定のノンパラメトリック版とも考えられ、2群間の差を検定する。

(★★☆)

クラスカル・ウォリス検定【Kruskal-Wallis test】 母集団の分布が均一でない場合に、各群の平均に差があるかを検定する手法。一元配置分散分析と対応しており、母集団の分布が均一である場合は、一元配置分散分析を選択することになる。3群以上の差の比較に用いる。

6 t検定と分散分析
有意差を調べるパラメトリック法

（★★★）

t検定【t test】2群の平均値の差が統計的に有意であるかどうかを検討する方法。母集団間の平均値の差の検定。間隔尺度以上の尺度水準に適用され、母集団が自由度によって正規分布にならないことを利用して、サンプルAとBの平均値の差が、全Aと全Bの平均値の差が、全Aと全Bの母平均の差を表していると認めてよいかを検討するもの。

（★★★）

対応のないt 検定【independent t-test】t検定の中でも、A群（男性）とB群（女性）のように、対応関係がない群間での平均値の比較を検討するもの。つまりはA群とB群で、両群に同一人物がいないことを前提としたt検定のことを指す。

（★★★）

対応のあるt 検定【paired t-test/dependent t-test】t検定の中でも、A群が「実験前」、B群が「実験後」のような、実験前と実験後の人物が、それぞれ全てにおいて対応している群間での平均値の比較を検討するt検定のことを指す。

（★★★）

分散分析【ANOVA、analysis of variance】要因の効果によるバラツキが偶然の効果によるバラツキよりも統計学的に有意であるかどうか、F検定を用いて検定する方法。3つ以上の平均値の差も検討することができる。3つ以上の平均値の差を検討する場合、分散分析では全体に差（A⇔B⇔C）があるかどうかをみることになるので、各群ごとの差（A⇔B、B⇔C、A⇔C）を詳しくみていくためには事後検定（その後の検定）として多重比較を行う。

（★★☆）

F検定【F test】分散分析を行う際や、t検定の等分散性を確認する際に使われる検定で、フィッシャー（Fisher, R.A.）の頭文字を用いて命名された。正規分布に従う2群における等分散性の検定として、t検定を行う前に用いられるもの、正規分布に従う2群以上の間の平均値に有意な差があるかを調べるため、分散分析の際に用いられるものがある。F検定では、F分布に従うことが仮定されている。

(★★★)

交互作用【interaction】分散分析において、主効果のあるなしに関わらず、独立変数Ａ
とＢの相互作用によってはじめて生まれる効果のことを指す。

(★★★)

主効果【main effect】分散分析において、それぞれの独立変数が、従属変数に与える独
自の効果のこと。

(★★★)

多重比較【multiple comparison】全体として差があるかどうかを検討する分散分析に
対して、それぞれの群間に差があるかを検討する方法。最初から明確な仮説（Ａ群とＣ群
の間に差があるなど）がない場合は、分散分析を行った後の事後検定として用いる。
TukeyのHSD検定やBonferroni検定など、様々な方法が研究者によって提案されて
いる。

7 因子分析と主成分分析
潜在因子を探る分析

★★★

因子分析【factor analysis】複数の観測変数（各質問項目）の中に共通する少数の因子（共通因子）を見つけ出し、その因子ごとに観測変数を分けるための分析手法。観測変数は共通因子と独自因子に分けられると仮定される。

★★☆

因子の抽出【extraction of the factor】因子の抽出とは、因子分析の初期解を出すために行われる方法のこと。数列データが持っている共通因子を見つけ出し、どの質問項目がどの因子に対して負荷を持っているかを調べることができる。因子抽出法としては、主因子法、最尤法、最小二乗法などがある。

★★★

因子の回転【rotation of factor loadings】因子軸を回転させること。初期解を求めた後、初期解で難しい因子の解釈を行うために、バリマックスなどの**直交回転**や、プロマックスなどの**斜交回転**を行う。

★★☆

共通性【commonality/common】各観測変数に共通因子がどの程度あるのかを示す指標のこと。例えば、因子分析の結果、2つの共通因子が抽出された場合、ある観測変数が共通因子Aと共通因子Bにどの程度共通する部分があるのかを示した指標といえる。共通性が高いほど（原則として最大値は1）、その観測変数には共通因子がかなりの程度ある、つまり、共通因子を探り出すことに寄与しているといえる。因子軸の原点からの距離（因子負荷量）の二乗和で求められる。1から共通性を引くと、その観測変数の独自性が求められる。

★★☆

スクリープロット【scree plot】因子数を決定する際に参考とするグラフのこと。縦軸に固有値（因子数を決定する際に参考とする数値のこと）、横軸に因子数をとり、各因子における固有値をプロットしてグラフを描く。因子数が増えるにつれて固有値が減少するが、固有値の減少の仕方、つまりグラフの勾配から因子数を決定する。スクリープロットを使用して因子数を決定することをスクリープロット基準という。

（★★★）

主成分分析【principal component analysis】各質問項目（多変量データ）に共通な成分を抽出することで、合成変数として情報を集約させ、合成得点の算出ができる形にしていく分析。因子分析が、観測変数に影響を与える共通因子を見つけるのに対し、主成分分析では観測変数間で共有する情報を合成するものである。

8 回帰分析
代表的な多変量解析

(★★★)

回帰分析【regression analysis】ある変数Yを他の変数によって説明し、予測するための方法。因果関係が想定される場合に用いられるが、必ずしも因果関係があるとは限らない。回帰分析はY＝a＋bX という回帰式から表される。

(★★★)

単回帰分析【simple regression analysis】回帰分析とは、直線的な因果関係を想定した一次方程式を利用して行われる分析であって、Y＝a＋bX のように、bX（独立変数）が一つの場合、単回帰分析と呼ぶ。

(★★★)

重回帰分析【multiple regression analysis】単回帰分析の独立変数が一つであることに対し、Y＝a＋bX＋cX…と、X（独立変数）が複数ある場合、重回帰分析と呼ぶ。

(★★★)

決定係数 (R^2)【coefficient of determination】重相関係数の2乗。寄与率とも呼ばれ、回帰式で説明できる割合のことを指す。この値は、回帰モデルの**当てはまりのよさ**を示している。R^2 は1.000に近ければ近いほど当てはまりがよいとされる。特に重回帰分析の係数のことを**重決定係数**と呼ぶ。

(★★★)

標準偏回帰係数 (β)【standardized partial regression coefficient】偏回帰係数では、cm などの長さを測る単位とgなど重さを量る単位を同じに扱うことはできないため、数値を標準化することによって、偏回帰係数が正しく算出されるように工夫したもの。βの値が±1に近ければ近いほど影響力（予測力）が強いとされる。β

(★★★)

強制投入法【forced entry method】回帰分析の中で行われる「全ての変数を強制的に計算式に投入する」方法。後述のステップワイズ法と異なり、従属変数への影響を考慮しない。

★★☆

ステップワイズ法【stepwise method】 回帰分析の中で行われる変数を取捨選択し、当てはまりのいいモデルを選ぶ方法。全ての変数を強制的に投入する強制投入法とは異なり、従属変数への影響について有意なものから順番に投入していき、複数のあてはまりの良いモデルを選択、提案する方法をいう。

★★☆

多重共線性【multicollinearity】 説明変数同士の相関係数が著しく高い場合、それらの説明変数は、互いに似通っているものである可能性が考えられる。よって、そういった多重関係にある説明変数をなくすために扱う指標。多重共線性が一定以上高い場合、変数を見直すことが必要と考えられる。**VIF（分散拡大係数）** の診断を行った場合、一般的にはVIF＝5 以下が望ましいとされ、VIF＞10など高すぎる場合は多重共線性が起きている可能性が極めて高いといえる。

9 共分散構造分析とその他の量的分析
その他の量的分析

★★☆

共分散構造分析【Covariance Structure Analysis;CSA】複数の観測データの背景にある要因同士の関係について分析する手法。パス図で表示することから、パス解析のひとつとされる。パス図とは、円や四角、矢印を使って要因間の関係を、図によって表現したもの。パス図として表すことで、視覚的にわかりやすくなることが特長。

★★☆

構造方程式モデリング【Structual Equation Modeling；SEM】共分散構造分析と基本的には同義。共分散の構造だけではなく、平均構造についても分析を行うことができるため、構造方程式モデリングの方が言葉として良いともいわれる。

★☆☆

デンドログラム【dendrogram】樹状図ともいう。**クラスター分析**の結果を表す際に使われる、クラスターにまとめられる様子を図として表示したもの。

★★☆

クラスター分析【cluster analysis】調査対象となるもののうち、似ているもの同士でまとめていき、デンドログラムで表示することによって、分類する分析。クラスター分析の手法は階層的方法と非階層的方法とに大別され、さらに階層的方法は、凝集型と分割型の手法にわけられる。たとえば、個体の数をnとすると、凝集型の手法は、それぞれが1個の個体からなるn個のクラスターから始まり、一つのクラスターへとまとめていく。分割型では、一つのクラスターから始まり、最終的にはn個のクラスターへと分けられる。

★★☆

判別分析【discriminant analysis】ひとつの質的データからなる従属変数を、複数の量的データからなる独立変数によって予測・説明・判別する分析。初期標本に基づいて、xがどの母集団に属するかを割り当てる最良の方式を構成する方法。

⭐⭐☆

コレスポンデンス分析【correspondence analysis】質的データを数量化する方法のひとつで、質的データによる量的データの類似の反応を示すものを探す分析。クロス集計表のデータを2次元のマップに配置することで、2つの変数によるデータの関係性を、直感的に捉えることのできる手法。実質的に、日本で開発された数量化Ⅲ類と同じである。

⭐⭐☆

多重コレスポンデンス分析【Multiple Correspondence Analysis；MCA】等質性分析とも呼ばれ、2つの変数間の関連をみるコレスポンデンス分析に対し、3つ以上の変数があっても、それらの関連をみるために使うことができる分析。

⭐⭐☆

数量化理論【Hayashi's quantification methods】林知己夫によって開発された日本独自の質的データを含んだ分析方法。Ⅰ類からⅥ類までの6つの方法からなる。数量化Ⅰ類は、**ダミー変数**を使って質的データを数量化することで回帰分析を行えるようにする方法、数量化Ⅱ類は**判別分析**を行えるようにする方法、数量化Ⅲ類は**因子分析**や**主成分分析**を質的データで行う方法でコレスポンデント分析と似たもの、数量化Ⅳ類は、**多次元尺度構成法**（MDS：Multi Dimensional Scaling）のように質的データ間の類似度などによって座標のうちに示す方法。順序を示す情報しかなくても使用することのできるMDSとは異なり、対象間の距離を表す計量値のみに限られるため、非計量MDSとも呼ばれる。

⭐⭐☆

ロジスティック回帰分析【logistic regression analysis/logistic regression】独立変数が連続数でも名義尺度でも使えるが、従属変数が「はい」「いいえ」のように2値を取るものに対してのみ回帰分析を行うもの。

⭐⭐⭐

カテゴリカル回帰分析【categorical regression analysis】変数が質的データでも、数値を割り当て数量化して行う回帰分析。

⭐⭐☆

項目反応理論【Item Response Theory；IRT】個人の能力やテストの難易度などのパラメータを推定することによって、モデルに対するデータの適合度を算出し、評価項目が識別力、難易度ともにどのくらいであるかを測定するための理論。外国語能力試験などにおいて、それぞれの問題項目の難易度によって点数配分を理論的に決める際などに使われている。

10 質的研究法による分析法
統計を使わない質的研究法

★★★

KJ法【KJ method】文化人類学者の川喜田二郎によって考案された方法。質的研究において、ブレーンストーミングでさまざまなアイデアや情報を出したのち、同じ系統のものでグループ化することで情報の整理と分析を行うために用いられる。

★★★

グラウンデッドセオリー【grounded theory】社会学者のグレイザー（Glaser,B.）とシュトラウス（Strauss,A.）らによって開発された質的研究法の一つ。質的データから仮説の生成や理論の構築を行うことを目的とした手法。被験者にインタビュー や観察を行い、得られたものを文章化し、出現した単語などのターゲットとなるものを、できるだけ客観的にコーディングしてデータ化していく。その上で、似たもの同士をまとめていき、カテゴリーとサブカテゴリー間の関連付けを行っていく。

5

精神医学・
心身医学

1 精神医学
精神医学と薬学

(★★★)

DSM-5【Diagnostic and Statistical Manual of Mental Disorders 5】アメリカ精神医学会による精神疾患の診断と統計の手引き第5版。精神障害が大きく22カテゴリーに分類されており、その下に一つひとつの診断名が挙げられている。DSM-IV-TRからの主な変更点としては、「**スペクトラム**」(連続体) という見方がDSM-5でとくに重視されており、DSM-IV-TRで「自閉性障害」「アスペルガー障害」「広汎性発達障害」などと呼ばれていたいくつかの障害を「自閉スペクトラム症／自閉症スペクトラム障害 (autism spectrum disorder)」として採用しているところにある。

(★★★)

ICD-10【International Statistical Classification of Diseases and Related Health Problems】WHO (世界保健機関) による「疾病及び関連保健問題の国際統計分類」。DSMと並んでICDは、代表的な診断指標として使われ、精神疾患のみではなく身体疾患も掲載されている。

(★★☆)

ディメンション診断 (多元的診断)【dimensional diagnosis】各疾患やパーソナリティ障害のスペクトラムを想定し各疾患のレベル(重症度)をパーセントで表示するもの。従来の多軸診断が一切廃止されたのではなく、異なる枠組みでまとめられている。I軸とII軸はDSM-5ではまとめて記載するようになり、精神状態に影響を及ばしている身体疾患 (III軸) も各疾患の中にまとめて併記することになった。IV軸は、DSM独自のコードを用いずに、ICD-CMコードを用いることになった。また、V軸は、WHOの評価尺度であるWHODAS2.0で評価している。

(★★★)

向精神薬【psychotropic drug/psychopharmaca】脳の中枢神経系に影響を及ぼす薬物の総称で、抗精神病薬、抗不安薬、抗うつ薬などの薬剤を含む。

(★★★)

抗精神病薬【antipsychotic drug】ドーパミンの活動を抑制する作用のある薬で、主に統合失調症などに使用される。メジャー・トランキライザーとも呼ばれる。錐体外路症状という副作用に注意しなければならない。

（★★★）

抗不安薬【antianxiety drug】抗精神病薬のメジャー・トランキライザーに対して、マイナー・トランキライザーとも呼ばれ、一般にいう精神安定剤。多くはベンゾジアゼピン系という薬剤である。

（★★★）

抗うつ薬【antidepressant】うつ病治療に使われる薬。最近よく使われるSSRI やSNRI、NaSSA などに加え、昔から使われている二環系抗うつ薬、三環系抗うつ薬、四環系抗うつ薬などが使われる。

（★★☆）

抗てんかん薬【antiepileptic】てんかん発作を抑えるための薬。てんかん発作以外に、衝動の抑制などにも使われる。

（★★☆）

睡眠導入剤【sleep inducing drug/hypnotic pills/sleep inducer】バルビツール酸系とベンゾジアゼピン系の睡眠導入剤がよく使われる。ベンゾジアゼピン系の薬剤には催眠作用も含まれているため、抗不安薬が睡眠導入剤として使われることも多い。

（★★☆）

抗パーキンソン薬【anti-parkinson drug】パーキンソン病や、抗精神病薬使用時に起こるパーキンソニズムと呼ばれる症状（筋固縮、手指の振戦、姿勢や歩行の障害、無動や寡動）を抑えるための薬剤。

（★★☆）

抗認知症薬【antidementia drug】アルツハイマー型認知症に対して使われる薬剤。根本的な治療薬ではなく、進行を遅らせる薬である。抗認知症薬の種類として、アセチルコリンエステラーゼ阻害薬（アリセプト、レミニール、リバスダッチ・エクセロリン）とNMDA拮抗阻害薬（メマリー）があり、作用機序が異なる2 剤併用で優れた効果が海外では報告されている。

（★★☆）

抗躁薬【antimanic/antimanic drug】躁病や双極性障害（躁うつ病）に対して使われる薬剤。気分安定薬とも呼ばれる。炭酸リチウムが躁うつへの効果があるとのことから、使用が開始された。中毒の危険性があることから、定期的な血中濃度の検査が必要である。

（★★☆）

ドーパミン【dopamine】脳内の神経伝達物質のひとつ。統合失調症では、ドーパミンは、意欲、動機づけに関係するような興奮をもたらす作用があるため、ドーパミンが過剰になることによって、妄想や幻覚が現れると考えられている。

5
精神医学・心身医学

Keyword

★★☆
セロトニン【serotonin】脳内の神経伝達物質のひとつ。抑うつや不安に関する神経伝達物質と考えられている。

★★☆
アセチルコリン【acetylcholine】脳内の神経伝達物質のひとつ。副交感神経に作用する。三環系の抗うつ剤や抗アレルギー薬として使われる抗ヒスタミン剤などは、アセチルコリンの結合を阻害する**抗コリン作用**を持ち、口渇や便秘などの副作用をもたらす。

★★☆
ノルアドレナリン【noradrenaline】脳内の神経伝達物質のひとつ。セロトニンと同じく、抑うつや不安に関する神経伝達物質と考えられている。ノルアドレナリンの一部が変化したものがアドレナリンで、アドレナリンは怒りのホルモンと呼ばれる。

★★☆
錐体外路症状【extrapyramidal symptoms】抗精神病薬の副作用のひとつ。急性副作用として、急性ジストニア、パーキンソニズム、アカシジアがある。遅発性の副作用としては、遅発性ジスキネジアがあり、抗コリン薬は遅発性ジスキネジアを悪化させる恐れがある。

★★☆
急性ジストニア【acute dystonia】抗精神病薬を服用することで起きる副作用。錐体外路症状のひとつで、眼球上転、下や頸部、体幹のねじれやつっぱりが起きる副作用のことを指す。

★★☆
アカシジア【akathisia】抗精神病薬を服用することで起きる錐体外路症状のひとつで、静座不能症ともいう。じっとしているのが難しく、足がムズムズするなどの感覚が特徴。

★★★
遅発性ジスキネジア【tardive dyskinesia】抗精神病薬を服用することで錐体外路症状のひとつで、唇や舌をモグモグさせるような不随意運動が起こる副作用。

★★☆
パーキンソニズム【Parkinson's disease/Parkinsonism】パーキンソン症候群ともいう。具体的には、筋固縮、手指の振戦、姿勢や歩行の障害、無動や寡動といった症状を指す。

★★☆

SSRI（選択的セロトニン再取り込み阻害薬）【Selective Serotonin Reuptake Inhibitors】ニューロンのシナプス部分での神経伝達物質セロトニンの量が減ることにより、抑うつ状態が引き起こされるというセロトニン仮説にのっとって、SSRI を飲むことによりシナプスによるセロトニンの再取り込みが阻害され、結果的にセロトニンが残るといった作用をもたらすとされている。「幸せになれる薬」とアメリカで広まったプロザックから始まり、三環や四環系の抗うつ薬よりも副作用が少ないとされたため、急速に広まった。

★★☆

SNRI（セロトニン・ノルアドレナリン再取り込み阻害薬）【Serotonin Noradrenalin Reuptake Inhibitors】SSRI がセロトニンに選択的に作用するのに対し、SNRI はセロトニンのほかにノルアドレナリンにも作用することが特徴的。

★★☆

NaSSA（ノルアドレナリン・セロトニン作動性抗うつ薬）【Noradrenergic and Specific Serotonergic Antidepressant】中枢神経のノルアドレナリンおよびセロトニン（5-HT）の神経伝達を増強する。また、セロトニン受容体のうち、抗うつ作用に関連する受容体のみを選択的に活性化する。

★★☆

セロトニン症候群【serotonin syndrome】まれに出現する抗うつ剤の副作用で、興奮・錯乱・軽躁、ミオクローヌス（持続時間の短い不随意運動）、発汗、下痢、振戦（ふるえ）など身体症状を呈し、死に至ることもある。抗うつ剤の服用により脳内セロトニン濃度が過剰になることによって起きるものである。

★★☆

悪性症候群【neuroleptic malignant syndrome】抗精神病薬の開始時や増量時、抗パーキンソン薬や抗不安薬の減量時などに生じることがある副作用で、発熱、発汗、無動、筋固縮、意識障害などが出現する。早期の診断・治療が必要のため注意が必要である。

★★☆

退薬症候【withdrawal symptom】抗うつ薬の服用を止めるときに起こる副作用で、突然用量を大きく減らしたり服用しなくなったりした時に出やすい。症状としては吐き気やめまい、うつ病の増悪などがあるため、抗うつ薬を止める際は漸減することが原則である。

5

精神医学・心身医学

(★★★)

スルピリド【sulpiride】スルピリド（スルピライドとも）は、少量のみでの使用で胃潰瘍や十二指腸潰瘍に効き、中用量の使用ではうつ病に効き、高用量の使用では統合失調症に効くとされる薬。

(★★★)

退却神経症【retreat neurosis】意欲減退症状や、本業へ向けての無気力・無関心を呈する神経症のこと。

(★★★)

精神性発汗【mental sweating】ストレスや緊張、不安のために交感神経が活発になることで、手の平などに汗が分泌されること。それに対して暑さのために起きる発汗のことを、**温熱性発汗**（thermal sweating）と呼ぶ。

2 主な精神疾患

抑うつ障害、双極性障害、不安症、強迫症、その他

★★★

うつ病／大うつ病性障害【major depression】 セロトニンの調整機能の障害によってうつ病が引き起こされるという仮説。抑うつエピソードとは、毎日の抑うつ気分、興味・喜びの著しい減退、体重の増減などの症状を指している。

★★☆

セロトニン仮説【serotonin hypothesis】 セロトニンの調整機能の障害によってうつ病が引き起こされるという仮説。ニューロンのシナプスの間隙にあるセロトニン量が減少することで、抑うつや不安などの精神症状が現れるとされる。

★★☆

テレンバッハのメランコリー親和型性格【melancholic type】 テレンバッハ(Tellenbach,H.)がうつ病患者の病前性格を言い表すのに用いた概念。几帳面、完璧主義、人への過剰な気配りを特徴とする。

★★☆

下田の執着気質【Shimoda's immodithymia】 下田光造によって提唱された躁うつ病の病前性格。几帳面、凝り性、熱中性、責任感などを特徴とする。

★★★

持続性抑うつ障害【persistent depressive disorder,Dysthymia】 DSM-5では、抑うつ障害群に分類される。特徴としては、ほとんど1日中慢性的抑うつ気分が、少なくとも2年間持続し、抑うつ気分の期間中は食欲不振または過食、不眠または過眠、気力低下、疲労、自尊心の低下、集中力の低下、決断困難、絶望感などの症状がみられる。

★★★

双極性障害（躁うつ病）【bipolar disorder】 一般的には躁うつ病と呼ばれるもの。双極性障害は、躁状態を伴う双極Ⅰ型障害と、軽躁状態を伴う双極Ⅱ型障害とに分かれており、双極Ⅱ型障害は大うつ病とも間違われやすいので注意が必要である。躁状態、または混合状態が1回でも認められれば前者と診断され、うつ状態と軽躁状態のみが認められる場合には後者と診断される。

(★★★)
気分循環性障害【cyclothymic disorder】双極性障害および関連障害群に分類され、気分が高揚している軽躁状態と落ち込んでいる抑うつ状態を繰り返し、症状がない状態は2ヶ月続かない。軽躁状態のときは、自信過剰で楽観的になったり、イライラが強く、気が散りやすい、短い睡眠で十分になる、話し出すと止まらないなどの症状があり、抑うつ状態のときは、気分が落ち込み、興味関心の減退、睡眠・食欲の過多もしくは減退、集中力の低下、死にたい気持ちが生じるなどの症状が挙げられる。

(★★★)
不安症／不安障害【anxiety disorder】DSM-5 では、不安症のクラスターの中に、分離不安症、選択性緘黙、限局 性恐怖症、社交不安症、パニック症、広場恐怖症、全般不安症などを含む。

(★★☆)
分離不安症／ 分離不安障害【separation anxiety disorder】家族や両親など、愛着を持っている人からの分離について、発達的に不適切なほど過剰に不安を抱いている状態をいう。愛着を持っている人を失う不安や、離れることへの不安のため学校や仕事などに行けない、家を離れて寝ることへの不安などが含まれる。その不安は子どもや青年では少なくとも 4 週間以上、成人では 6ヶ月以上持続するものとされている。

(★★★)
パニック症／パニック障害【panic disorder】パニック発作を契機に生じる予期不安に対する回避行動の形成を特徴とする。パニック発作とは、不安や恐怖の際に生じる身体状態のことであり、動悸、発汗、震え、息苦しさ、めまいなどの症状があげられる。パニック障害は、これらの身体症状が4つ以上あり、なおかつ強い恐怖感や不安感を伴う症状である。パニック障害には、広場恐怖を伴うものと伴わないものがある。

(★★★)
パニック発作【panic attack】動悸や発汗、息苦しさ、めまい、死の恐怖などの症状を伴う強い恐怖状態が突然に起こること。パニック発作には、予期されるものと予期されないもの、2つの特徴がある。

(★★★)
広場恐怖症【agoraphobia】多様な状況に実際に曝露、またはそれが予期されることがきっかけで起こされる著明な恐怖または不安のこと。電車内などの閉鎖的な環境で「ここから逃げられなくなるのではないか」という不安が湧き起こってくる。もともと、欧州で教会の前に社交の場である広場があり、その広場に出ていくことに恐怖の感情を抱いたことからこう呼ばれる。

Keyword

★★★
社交不安症／社交不安障害[社交恐怖]【Social Anxiety Disorder;SAD, Social phobia】社交恐怖とは、他者から注目される可能性のあることに対する顕著な恐怖のことをいう。このような状況で恥ずかしい思いをすることを恐れるあまり、回避行動が増えるようになる。典型的なものでは6ヶ月以上続くとされている。

★★☆
限局性恐怖症【Specific phobia】特定の対象に対する強い恐怖が持続的であり、典型的には6ヶ月以上続いている。女性の方が男性の約3倍多いとされている。恐怖そのものを和らげたいと考えているが、自分では思い通りにならないと訴えるのが特徴である。病型として、動物型（動物や虫）、自然環境型（高所や水など）、血液・注射・外傷型（血や注射）、状況型（電車やエレベーターなど）、その他の型（嘔吐や騒音など）の5つに区分される。

★★☆
全般性不安症／全般性不安障害【General Anxiety Disorder,GAD】多数の出来事や活動についての過剰な不安が6ヶ月以上の間続いており、不安が起こる日の方が起こらない日よりも多い状態をいう。不安や心配は、落ち着きのなさや緊張感、疲労しやすさ、集中困難や心の空白へのなりやすさ、易怒性、筋肉の緊張、睡眠障害といった6つのうち3つ以上を伴っていることにより診断される。

★★☆
対人恐怖症【taijin kyofusho symptoms】日本人に特有の恐怖症とされている。そのため疾患名がそのまま英語になっている。社交不安症の1区分とも考えられる。対人場面で極度の不安や恐怖を感じることが主症状である。さらに、身体症状として頭痛や動悸、赤面、発汗などを伴う場合もある。不安や恐怖の対象に関しては個人差がある。人前で話すことに恐怖を感じるスピーチ恐怖、人前や異性の前で赤面してしまうことを回避しようとする赤面恐怖、集団の中で誰かが見ていると緊張してしまい食べられなくなる会食恐怖などがある。

★★☆
醜形恐怖症／身体醜形障害【body dysmorphic disorder】自分自身の身体の外見上の欠点についてのとらわれがみられることを特徴としている。その欠点は、他人から見ても認識できないか些細なものであることが多い。外見への精神的なとらわれによって、鏡での繰り返しの確認や、他人との比較など、精神的苦痛を伴っているものをいう。

5
精神医学・心身医学

(★★★)

強迫症／強迫性障害【Obsessive-Compulsive Disorder;OCD】 これまで強迫神経症（obsessive-compulsive neurosis）と呼ばれていた障害。強迫観念と強迫行為が反復・持続し、時間の浪費や回避行動のために日常生活や人間関係が困難になることを特徴とする。DSM-Ⅳでは、不安障害の中に含まれていたが、病因や精神病理、生物学的病態などの側面において、他の不安障害との違いが明らかなため、DSM-5では独立した疾患となった。

(★★☆)

適応障害【adjustment disorder】 原因となるストレスがはっきりしていて、抑うつ気分や不安などを伴う情緒的障害を引き起こす。日常生活や社会生活、職業・学業面に支障をきたしている状態。

(★★☆)

自律神経失調症【autonomic dystonia】 自律神経系の働きが悪くなり、そのバランスが崩れたために起こる病的な状態。自律神経系には、交感神経系と副交感神経系がある。前者は、危機状態に直面した時、生体が活動しやすい状態を作るのに働き、後者は、前者の興奮によって引き起こされた諸器官の変化を元に戻す働きをする。

(★★☆)

起立性調節障害【orthostatic dysregulation】 自律神経失調症の一つ。身体症状として、主にめまいや立ちくらみが起こり、その他に睡眠障害や腹痛などさまざまな症状が現れる。精神的な症状としては、疲労感、過換気症候群、不安症などがみられる。

(★☆☆)

概日リズム睡眠障害【circadian rhythm sleep disorders】 人は概日リズムと呼ばれる約24時間の周期からなる体内時計を持って生活を送る。その概日リズムが崩れることにより、通常の社会生活で要求されるような時間に寝起きができなくなる障害のこと。

(★★☆)

ナルコレプシー【narcolepsy】 日中の過度の眠気や夜間睡眠の障害がしばしば見られ、レム睡眠の異常な出現を伴う神経疾患。昼間の激しい眠気、情動刺激によって誘発される急激な筋緊張の消失（カタプレキシー；cataplexy）、入眠時の幻覚、金縛りのような睡眠マヒなどの症状がみられる。

3 トラウマ関連障害
PTSD、ASD、解離性障害など

（★★★）

PTSD【Post Traumatic Stress Disorder：心的外傷後ストレス障害】自分自身や他人の死、重篤な傷害に至る恐れのある事件を経験するといった外傷体験によって発症する。DSM-5によると、このような体験をした後に、①不安や不眠などの過覚醒症状、② トラウマの原因になった出来事や関連する物事に対しての回避行動、③事故・事件・犯罪の目撃体験などの一部や、全体に関わるフラッシュバックなどの症状が1か月以上続き、社会的、精神的機能障害を起こしている場合にPTSDと診断される。これが3ヶ月未満であれば急性、3ヶ月以上であれば慢性と診断される。

（★★☆）

ASD【Acute Stress Disorder：急性ストレス障害】PTSDと同様の症状が、1か月未満の場合にはASDと診断される。

（★★★）

フラッシュバック【flashback】過去の出来事をあたかも実際に再体験するように想起することをいう。PTSDの症状の一つ。過去の出来事を過去としてではなく、現在起こっている出来事のように感じ、日常的に過去を想起する場合とは異なり、急に想起されるという特徴がある。

（★★★）

ポスト・トラウマティックプレイ【post-traumatic play】虐待などのトラウマ体験をした子どもに遊戯療法を行った場合、トラウマとなった出来事を再現する遊びを見せることをいう。

（★★☆）

解離症群／解離性障害群【dissociative disorder】一過性の意識の解離を示す精神障害の総称で、意識の統合知覚、記憶、同一性感覚などの障害や知覚の欠如がみられ、また身体運動の統制が失われるもの。

(★★☆)

解離性健忘【dissociative amnesia】解離症群の一つ。ただの物忘れでは説明ができないほど、自分の個人情報や過去の出来事の記憶が思い出せず、場合によっては生活史のすべてを忘れてしまう状態をいう。器質的要因ではなく、心的外傷や強いストレスを受けることで引き起こされると考えられている。

(★☆☆)

解離性遁走【dissociative fugue】解離症群の一つ。解離性健忘の症状に加え、突然家庭や職場などの日常生活から離れ、全く別の人間として新しい生活を始めているところを発見されることもある。DSM-5では、解離性健忘と区別することにあまり意味がないと捉えられ、省かれることとなった。

(★★☆)

解離性同一性症【dissociative identity disorder】解離症群の一つ。1人の人間の中に2つ、またはそれ以上の、複数の独立した人格が存在し、それぞれが記憶を持ち、交互に行動を支配するという症状がみられる。本来、1つに統合される人格が統合されずに人格が交代して現れる。

(★★★)

離人感・現実感消失症【depersonalization disorder】解離症群の一つで、単に離人症ともいう。現実に関する知覚とそれに伴うはずの感情などが解離する状態をいい、「自分が自分でない」という現実感の喪失を主な症状とし、強いストレスやトラウマ体験が原因であると考えられている。離人感とは、自分の精神過程または身体から遊離して、あたかも自分が外部の傍観者であるかのように感じることが持続的または反復的にあることを指す。離人体験の間も現実検討能力は保たれていることが特徴である。薬物やそのほかの生物学的作用によるものではないとされている。

(★☆☆)

ディブリーフィング【debriefing】心的外傷を受けた被災者や被害者が、自分たちの体験をグループで話し合うことをいう。ただ、これは被災・被害直後に行われることによる効果は実証されておらず、当事者同士が自発的に行うことが大切であるため、強制はなされるべきではない。

4 心身症、摂食障害と心気症
心因反応が身体と行動に現れる疾患

(★★★)

心身症【psychosomatic disease；PSD】身体疾患の中で、神経症やうつ病など、ほかの精神障害に伴う身体症状は除外し、その発症や経過に心理社会的因子が密接に関与し、器質的ないし機能的障害が認められる病態をいう。

(★★☆)

過敏性腸症候群【irritable bowel syndrome】代表的な心身症のひとつであり、便秘や下痢などの排便の異常をきたす。過敏な体質的要因、心理性格的要因、緊張やストレスなどの刺激により生じる腸管の機能性疾患であり、診断の条件として器質疾患は除外される。

(★★☆)

アレキシサイミア【alexithymia】シフネオス (Sifneos,P.E.) によって提唱され、失感情症とも言われる。想像力や空想力が乏しく、感情の言語化が困難で、事実関係をひたすら述べるなどの特徴が挙げられる。

(★★★)

摂食障害【eating disorder】摂食障害や、その他摂食に関する障害は、DSM-5では食行動障害および摂食障害群に分類されている。思春期の女性に多く発症する。痩せ願望、痩せているのに太っていると感じたり思ったりしている身体イメージの障害、体重が増えることを極端に恐れる肥満恐怖などの症状がある。

(★★★)

神経性やせ症／神経性無食欲症（拒食症）【anorexia nervosa；AN】身体イメージの歪みや、著しい痩せが特徴。痩せることを強く望み、脂肪がついていることへの恐れが強いあまり、食事を極端に制限する。女性に多いが、男性にもみられることがある。拒食症は、DSM-5において摂食制限型と過食・排出型に分けられている。体重についての診断基準として、ICD-10では、体重が平均よりも**15%以上**下回る、もしくはBMIが**17.5**以下であること、DSM-5では、有意に低い体重（期待される最低体重）を下回ること、とされている(DSM-5では、BMIが**重症度評定の算出法は、成人と子ども・青年とでは異なる**)

(★★★)

神経性過食症／ 神経性大食症【bulimia nervosa；BN】ムチャ食い（短時間で大量の食物を摂取する）行動が特徴。一気に飲食した後に、嘔吐、下剤、利尿剤、薬物、過度の運動、絶食などの代償行為を行う。

(★★★)

過食性障害【binge-eating disorder】DSM-IV-TR では「特定不能の摂食障害」に分類されていたが、DSM-5 では独立した精神疾患として新設された。神経性過食症と異なり、嘔吐などの反復的で不適切な代償行動が見られず、体重と体型に影響を与える目的で、顕著かつ持続的な食事制限を行うことはない。ダイエットをたびたび試みていることを報告することもある。

(★★☆)

心気症【hypochondriasis】身体的障害に罹患している可能性に頑固にとらわれ、些細な心身の不調について苦痛を訴える精神疾患のこと。適切な身体的症状の説明ができないにも関わらず、何らかの疾患を患っている状態。

5 パーソナリティ障害

認知・行動特性に著しく偏りがある障害

A群パーソナリティ障害（奇妙・風変りを特徴とし、統合失調症に近い傾向）

⭐⭐⭐

猜疑（妄想）性パーソナリティ障害【paranoid personality disorder】正当と認めがたい猜疑心、他者への不信と警戒、屈辱感に対する過敏性と攻撃性が特徴である。実際には、不安や抑うつの背後やアルコール依存、他の人格障害に重複して見出されることが多い。

⭐⭐☆

シゾイド（スキゾイド）パーソナリティ障害【schizoid personality disorder】社会的に孤立して対人接触を好まず、感情の表出を示さず、何事に対しても興味関心がないように見えることが特徴である。一般的に成人期早期に始まるといわれている。鑑別の際、外見的な特徴による観察が主となり、精神的内面への言及はされない。

⭐⭐☆

統合失調型パーソナリティ障害【schizotypal personality disorder】他人と親密な人間関係を保持する能力の減少、および幻想などの認知的歪曲と奇妙な行動がみられることが特徴である。非社会的であり、自閉的な傾向が強く、統合失調症のような症状が顕著であるのが、鑑別の基準となっている。

B群パーソナリティ障害（情緒不安定で演技的な傾向を特徴とし、統合失調症と神経症の中間の傾向）

⭐⭐⭐

境界性パーソナリティ障害【Borderline Personality Disorder,BPD】対人関係、自己像、情緒の不安定さおよび予期しない衝動性を有し、広範な行動に表れることが特徴である。激しい怒りや絶望感を示すなど情緒が不安定であり、対人関係では「理想化」と「こき下ろし（過小評価）」の間で激しく揺れ動く。このような情緒不安定により、しばしば自傷行為、自殺企図、浪費、物質乱用などの行動を起こす。そのため、安定した治療関係を保つことが非常に困難である。治療法として、弁証法的行動療法（DBT）が有効であるといわれている。また、境界性パーソナリティ障害の研究に関してはカーンバーグ（Kernberg,O.）やマスターソン（Masterson,J.）が有名。

(★★★)

自己愛性パーソナリティ障害【narcissistic personality disorder】自分が特別であるとの万能感を抱き、対人関係において他人を利用するのが特徴である。また、他人に嫉妬し、尊大で傲慢な行動をとる傾向がある。成人期早期から顕著に目立つといわれている。一般的に、幼児期に正常な自己愛の発達が阻害された結果、発症すると考えられている。

(★★★)

反社会性パーソナリティ障害【antisocial personality disorder】無責任で罪悪感を持つことができず、攻撃性や衝動性が高いことから、法や規則を犯して他人の権利を侵害する行動様式が特徴である。鑑別の際は、この特徴に加え、15歳以前に行為障害を示していることや発症年齢は18歳以上であることが挙げられている。

(★★☆)

演技性パーソナリティ障害【histrionic personality disorder】過度に他人の注目を得ようとする行動様式を有する。発症は成人中期であり、性的に挑発するような行動、芝居がかった言動などが特徴である。この障害の患者の約半数が境界性パーソナリティ障害でもあるとの報告もある。

C群パーソナリティ障害（不安や恐怖を感じやすい傾向を特徴とする）
(★★☆)

強迫性パーソナリティ障害【obsessive-compulsive personality disorder】秩序・完全主義および対人関係の統制にとらわれ、柔軟性や効率性を犠牲にすることが特徴である。また、優先すべき課題の選択およびその手段を決定することが困難なため、対人関係を維持できず、怒りや動揺を表す傾向が見られる。成人期早期までに発症する。強迫性障害との関係を示唆する研究もあるが、強迫性障害を持つ人の大部分は、強迫性パーソナリティ障害の基準を満たす行動様式を持たない。

(★★☆)

回避性パーソナリティ障害【avoidant personality disorder】他人からの評価・批判に過敏になり、正常な対人関係を保つことのできないことが特徴である。他人に対してより劣っているという劣等感を持っているため、社会に不適応な人間であると思い込んでいる。他人に認められている、受け入れられているという確信がない限り、良好な対人関係を築くことができない。そのため、対人関係のある活動や職業的活動を回避する傾向が顕著である。

 Keyword

★★☆

依存性パーソナリティ障害【dependent personality disorder】他人に過剰に依存、従属し、愛情を失うことを恐れることが特徴である。また、他人との分離に恐怖感を抱き、従属的な行動を行い、他人からの援助を受けようとする傾向が顕著である。この行動様式は成人期早期に始まることが多い。一般に、依存性人格傾向を示す人はかなり多い。しかし、依存的な傾向が柔軟性を欠き、不適応的で、持続的であり、そして著しい機能障害や主観的苦痛を引き起している場合に依存性パーソナリティ障害ということができる。

 5

精神医学・心身医学

6 統合失調症

幻覚や妄想の症状を示す精神疾患

（★★☆）

クレペリン【Kraepelin,E.】ドイツの精神科医で、クレペリン精神作業検査の作成者。精神医学の基礎を築いた人物。今日の統合失調症である早発性痴呆と、今日の気分障害である躁うつ性精神病を異なる疾患として確立した。彼は、精神病の多くについて、体内原因による疾患過程を想定していたとされる。

（★★☆）

早発性痴呆【dementia praecox】モレル（Morel,B.A）が早期発症で痴呆化する精神病に使用した用語。その後、クレペリンが今日の統合失調症の症状に対してこの言葉を用いた。彼は、発症の時期、経過、予後に重点を置いてこの用語を使用し、破瓜型、緊張型、妄想型などに下位分類した。

（★★☆）

ブロイラー【Bleuler,E.】スイスの精神科医で、早発性痴呆に対して精神分裂病（Schizophrenie［独］）という新語を使った。彼は、統合失調症の症状を基本症状と副次症状に区分し、疾患過程から直接生じる一次性症状と患者の心理が疾患過程に反応して生じる二次性症状とに分類した。

（★★★）

統合失調症（精神分裂病）【schizophrenia】クレペリンが早発性痴呆として確立したのが始まりで、その後ブロイラーによって精神分裂病という名称が用いられるようになった。ドイツ語ではSchizophrenie、日本語では精神分裂病と呼ばれていたが、精神そのものが分裂しているかのような誤解を与えることから、統合失調症という用語に変更された。幻覚や妄想などの陽性症状と、意欲の低下などの陰性症状があり、内因性精神病に位置づけられている。症状によって破瓜型、緊張型、妄想型などに分類される。治療では、薬物療法、精神療法、社会復帰・生活療法を行う。

（★★★）

陽性症状【positive symptom】統合失調症の症状のうち、シュナイダーの一級症状（後掲）である幻覚や妄想、思考の障害や激しい興奮などの症状を指す。急性期に見られることが多い。

★★★

陰性症状【negative symptom】統合失調症の症状のうち、意欲低下や感情の平板化、気分の落ち込みなどの症状を指す。病気の発症後、徐々に目立ってくることが多い。

★★☆

解体（破瓜）型【hebephrenic schizophrenia】統合失調症のうち、思春期に発症し、意欲の減退、感情鈍麻、自閉傾向などの陰性症状が進行する型。症状は慢性化する。

★★☆

緊張型【catatonic schizophrenia】統合失調症のうち、顕著な精神運動性障害を特徴とする。多動や、周囲の刺激に反応しなくなる昏迷、指示に自動的に服従する命令自動、あらゆる指示に抵抗する拒絶症などの症状が、青年期に発症し、現れる。

★★☆

妄想型【paranoid schizophrenia】統合失調症のうち多くは30歳前後に発症し、青年期に発症し、思考や会話の不統合や緊張病症状が顕著でないもので、妄想と幻覚にとらわれている型。

★★☆

分類不能・残遺型【unclassifiable・residual schizophrenia】統合失調症のうち、解体型、緊張型、妄想型のいずれにも分類されない型。

★★☆

カタレプシー【catalepsy】蝋屈症とも。統合失調症の緊張型に見られる症状で、身体的に一定の姿勢をとらされると、それを自分の意思で変えようとせずにそのまま維持するもの。昏迷状態の時に起こる。一定の姿勢のまま蝋細工のように動かないため、蝋屈症とも言われる。

★★☆

衒奇症【mannerism】統合失調症の緊張型にみられる症状で、奇妙な芝居じみた挨拶や身振り、動作をすること。

★★★

妄想性障害【paranoid disorder】ひとつ、または複数の妄想が少なくとも1カ月以上続くもの。妄想の内容は奇異なものではなく、後をつけられている、毒をもられている、配偶者や恋人が浮気をしているなど、現実にも起こりうるものである。

（★★☆）

短期精神病性障害【short-term mental disorder】妄想や幻覚、まとまりのない会話、緊張病性もしくはまとまりのない行動のいずれかがみられ、1日〜1か月未満のみの症状の持続で、その後に完全に回復するもの。

（★★★）

統合失調症様障害【schizophreniform disorder】統合失調症の症状を呈するが、1ヶ月以上6ヶ月未満の持続を特徴とする。

（★★★）

統合失調感情障害【schizoaffective disorder】一続きの期間において、統合失調症の症状と同時に大うつ病エピソード、躁病エピソード、混合性エピソードのいずれかを同時に経験し、2週間以上著明な気分症状を伴うことなく、幻覚や妄想の出現が認められるもの。

（★★☆）

シュナイダーの一級症状【Schneider's first rank symptoms】統合失調症の診断のために用いられる指標の一つ。シュナイダーは自我障害が統合失調症に特有のものであるとし、8つの症状にまとめた。①**考想化声**、②問答形式の幻聴、③自分の行為に伴ってたえず口出しする形の幻聴、④身体への被影響体験、⑤思考奪取やその他の思考領域での被影響体験、⑥考想伝播、⑦妄想知覚、⑧感情や衝動、意志の領域におけるその他の行為や被影響の体験のこと。

（★★☆）

ブロイラーの基本症状【Breuler's second rank symptoms】統合失調症の症状である**連合弛緩**（考えがまとまらずに分裂すること）、**感情の平板化**（感情の豊かな表出ができないこと）、**両価性**（価値観や感情が分裂すること）、**自閉**（周囲に合わせた行動や考えを持てないこと）の4つの症状を指す。

（★★☆）

プレコックス感【praecox feeling】統合失調症の人と相対した際に、観察者の内側に起こる一種言いようのない特有の感情のこと。

7 神経発達症群／神経発達障害群
脳の機能的な問題によって生じる疾患

⭐⭐⭐

発達障害【developmental disorders】DSM-5においては、神経発達症群／神経発達障害群として、発達期に起源をもつ病態群であるとしている。また、①通常発達期早期（多くは就学前）に顕在化する、②個人としての機能・社会的な機能・学業あるいは職業機能に障害を生じるような、発達的欠如（developmental deficits）で特徴づけられると定義されている。一方、DSM-5では、神経発達症の中に、知的能力障害群、コミュニケーション症群、自閉スペクトラム症、注意欠如・多動症、限局性学習症、運動症群、他の神経発達症群が分類されている。ICD-10では、「心理的発達の障害」として、①発症は常に乳幼児期あるいは小児期であること、②中枢神経系の生物学的成熟に深く関係した機能発達障害あるいは遅滞であること、③精神障害の多くを特徴づけている、寛解や再発のみられない固定した経過であること、と定義づけられている。

⭐⭐⭐

自閉スペクトラム症／自閉症スペクトラム障害【Autism spectrum disorder(ASD)】
社会性の乏しさや対人コミュニケーションの苦手さ、行動や興味、活動の常同運動やかたくななこだわりがみられる。ローナ・ウィングによる三つ組の障害に特徴づけられる。

⭐⭐☆

アスペルガー障害【Asperger disorder】1944年にオーストリアの小児科医アスペルガーによって報告された障害。自閉症の3つの症状（社会性の欠如、コミュニケーションの障害、想像力及びそれに基づく行動の障害）があるものの、コミュニケーション・言語に関する目立った遅れがなく知的な遅れがないものを指す。DSM-5ではアスペルガー障害の文字は消え、自閉スペクトラム症のスペクトラム（連続体）に含まれることとなった。

Keyword

★★☆

心の理論【theory of mind】1978 年にプレマックとウッドラフ (Premack,D. &Woodruff,G.) による霊長類（チンパンジー）の研究において初めて使用され、体系化された理論。他者の心の動きを類推したり、他者が自分とは違う信念を持っているということが理解できるなど、そういった能力を指して「心の理論」を持つ、と表現する。1980年代以降、心の発達の研究が多くなされ、3歳になると自分以外の他者の考えが存在することを知り、4歳児になると他者の考えを答えることができるとされている。心の理論を査定する際に使用される誤信念課題としては、**サリーとアン課題**が有名である。

★★★

注意欠如・多動症 / 注意欠如・多動性障害【Attention-Deficit/Hyperactivity Disorder；ADHD】不注意、多動性、衝動性に関する障害、物事に持続的に注意を向けること、記憶を留めることが難しいなどの不注意症状と、じっとしていられず、社会的に不適切な場所でも歩き回るなど落ち着きがない特徴の多動性から成る。衝動性は、思いつきで突発的な行動を起こしやすい特徴を持つ。

★★★

限局性学習障害【Specific learning disorders；SLD】一般的な知能の発達の遅れがないのにもかかわらず、読み・書き・計算などの一部の技能が著しく低い状態を指す。はっきりとした原因は明らかになっていないが、中枢神経系に何らかの機能障害が生じ、学習能力の習得に困難さが生じていると考えられている。障害の特徴として、読字障害、書字表出の障害、算数の障害が挙げられる。

★★★

応用行動分析【ABAプログラム、Applied Behavior Analysis】スキナー (Skinner,B. F.) をはじめとする行動主義の考えから生まれたもので、自閉症の子どもに対して行われる療育プログラム。行動を観察・記録し、望ましい行動を強化し、望ましくない行動を減少させていく一連のプログラム。

★★★

TEACCHプログラム【Treatment and Education of Autistic and related Communication handicapped Children】アメリカノースカロライナ大学のショプラー博士らによって創案された、自閉症の人達とその家族に対する治療・療育・就労・生活支援のプログラム。生活の中で行われる着替えや食事、入浴などの基本的生活習慣や勉強、作業などにわたって、環境を整えつつ適応力をつけるために教育を行っていく。自閉症の人が自閉症のまま健康に、幸福に、そして可能な限り自立した活動をしながら、地域の中で生きていけることを目的としている。

8 こどもの障害
こども特有の疾患・問題

★★★

知的能力障害(知的発達症／知的発達障害)【Intellectual disability／Intellectual developmental disorder】元来、知的障害と呼ばれていたもの。社会生活の困難度合いによって、軽度・中等度・重度・最重度に分類される。DSM-5では、重症度の評定に関しては、IQの数値での区分はなく、適応機能に基づいて評定されている。一方、ICD-10では数値による区分を行っている(軽度：IQ50〜69、中等度：IQ35〜49、重度：IQ20〜34、最重度：IQ20未満)。実際、知的障害の判断をする場合は、**知的能力**と**適応能力**が考慮される。知的能力は、読み書きや計算などの能力だけではなく、抽象的なことや論理的に思考すること、自分自身の考えをまとめること、予測や計画を立てるなど、思考するために必要な能力のことであり、一般的に、知能指数(IQ)で表現される。適応能力は、社会やコミュニティをはじめとした集団の中でルールを守る、集団の中で自分の役割を担当する、関わる人との円滑な関係を築くなど、社会を含めた集団生活の中で発揮される能力のことである。よって、知的能力の発達が遅れているということだけを重視するのではなく、社会への適応能力も含めた発達の遅れで、生活が困難になっている状態に対して診断が行われる。そのため、知能指数が低かったとしても適応能力がある場合、知的障害ではない。

★★☆

反応性愛着障害【reactive attachment disorder】愛着障害の一つで、子どもがネグレクトなどの虐待、不適切な環境で育ったことで、抱かれても視線を合わせない、近づいたかと思うと逃げたり、突然大人に反抗するなど、正常な場合にはみられない極度に不安定で矛盾した態度、両価的な行動などを示す場合に用いられる。親と離れるときや再会する時に顕著に現れる。

★★☆

選択性緘黙／場面緘黙【selective mutism】他の状況においては話すことができるのにもかかわらず、特定の社会状況においてのみ、一貫して全く話すことができなくなる状態。

★★☆

吃音症【stuttering】 音や音節の繰り返しや、不自然な単語の途切れ、音の延長などが存在し、正常な会話の流暢さが阻害されている症状によって特徴づけられる。DSM-5では、小児期発症流暢症（吃音）／小児期発症流暢障害（吃音）という名称に代わり、神経発達症群に含まれる。

★★☆

チック障害【tic disorder】 運動性チックと音声チックに分かれる。顔などの筋肉運動、または発声が突発的、反復的、常同的に頻繁に起こるもの。DSM-5では、チック症群／チック障害群との名称になり、神経発達症群に含まれる。

★★☆

トゥレット障害【Tourette's disorder】 多彩な運動性チックと、音声チックが疾患のある時期に存在する（同時でなくてもよい）もの。DSM-5では、神経発達症の中のチック症群／チック障害群に含まれ、「トゥレット症」という名称に変わった。

★★☆

コミュニケーション障害【communication disorder】 表出性言語障害や、受容 - 表出混合性言語障害、音韻障害、吃音症などを含むコミュニケーションにおける障害全般を含むものをいう。DSM-5では、表出性言語障害や受容－表出混合性言語障害と呼ばれていたものが、神経発達症群の言語症となった。また、音韻障害は同じく神経発達症群の語音症となった。

★★☆

発達性協調運動障害【developmental coordination disorder】 運動の協調（いくつかの身体動作を組み合わせて行う動作）が、生活年齢に期待されるものよりも顕著に下手なことが見られる障害DSM-5では、発達性協調運動症／発達性協調運動障害という名称に代わり、神経発達症群の中の運動症群／運動障害群に含まれる。

★★☆

行為障害【conduct disorder】 他者の人権や社会的な規範を侵害することが反復する障害である。DSM-5では、秩序破壊的・衝動制御・素行症群に分類され、素行症／素行障害という名称に変わった。

★★☆

反抗挑戦性障害【oppositional defiant disorder】 拒絶的、反抗的、または挑戦的な行動を常に取り続ける障害である。DSM-5では、秩序破壊的・衝動制御・素行症群に分類され、反抗挑発症／反抗挑戦性障害という名称に変わった。

⭐⭐⭐

児童虐待【child abuse】身体的虐待、心理的虐待、性的虐待、ネグレクト（育児放棄）の4つに分類される。具体的には、養育者などが、子どもに対して暴力や暴言、性的な言動や行動を行うなどの酷い扱いをすること、または本来行うべきである食事を与えることや衣服を着替えさせること、入浴をさせることなどを放棄してしまうこと。

身体的虐待：身体に外傷が生じるおそれのある暴行を加えたり、生命を危険にさらすような行為をしたりすること。

心理的虐待：言葉による暴力、一方的な恫喝、存在の無視や否定、自尊心を踏みにじるなどの著しい心理的外傷を与える言動のこと。健全な発育の妨げとなり、場合によっては心的外傷後ストレス障害（PTSD）などの精神疾患を引き起こすことがある。

性的虐待：子どもへの性的暴力。猥褻な行為をさせたり、猥褻なもの（性器など）や性交を見せ付けたり、性的行為を強要すること。

ネグレクト：子どもを置き去りにする、食事を与えない、など、身の回りの世話をしないこと。積極的ネグレクトと消極的ネグレクトの2つに分けられる。前者は、親の養育知識不足や経済力がないことなど、養育できないはっきりした理由がないのにもかかわらず、育児放棄することである。後者は、経済的に子どもを養えない、精神的疾患を抱えているなどの理由で育児ができないことを指す。

⭐☆☆

てんかん【epilepsy】脳の神経細胞の電気的発射によって生じる慢性脳疾患で、反復性の発作（てんかん発作）を特徴とするもの。脳に何らかの障害や傷があることによって起こる症候性てんかんと、様々な検査をしても異常が見つからない原因不明の突発性てんかんに分けられる。DSM-5では精神疾患には加えられていない。

5

精神医学・心身医学

9 高齢者に関する障害と問題
高齢期にみられる症状・状態・問題

（★★★）

高齢者【aged people／elderly people／senior citizen】「高齢者の医療に関する法律」では、65歳以上の人を呼び、65歳から74歳までを「前期高齢者」、75歳以上を「後期高齢者」としている。

（★★★）

流動性（動作性）知能【fluid intelligence】 キャッテル（Cattel,R.B.）が知能因子説において提唱した。正式には、流動性一般能力という。新しい場面への適応を必要とする際に働く知能のこと。70代から知能の低下が加速される。

（★★★）

結晶性（言語性）知能【crystallized intelligence】 キャッテル（Cattel,R.B.）が知能因子説において提唱した。正式には、結晶性一般能力という。過去の学習経験によって得られた判断力や習慣などの知能のこと。60代から徐々に知能が低下し始めるが、比較的高齢まで保たれやすい。

（★★★）

アルツハイマー型認知症【senile dementia of the Alzheimer type】 アルツハイマー（Alzheimer,A.）が発見した進行性の痴呆状態。四大認知症の一つである。老人斑、神経原繊維変化が海馬を中心に広範囲に出現する。初期症状はものわすれであり、もの盗られ妄想や徘徊が見られ、記憶障害から徐々に見当識障害へと進行することを特徴とする。

（★★☆）

レビー小体型認知症【Dementia with Lewy bodies；DLB】 四大認知症の一つである。脳のさまざまな部位に、レビー小体が出現する。初期症状は幻視、妄想、パーキンソン症状であり、注意力などの低下や抑うつを特徴的な症状とする。症状は、調子の良い時と悪い時を繰り返しながら進行する。

★★☆

ピック病【pick disease】四大認知症のひとつ。前頭側頭型認知症とも呼ばれ、初期症状としては感情の麻痺、自発性の低下がみられる。ゆっくりと年単位で進行していくことを特徴とする。40～50代に多くみられる。

★★☆

脳血管性認知症【vascular dementia】四大認知症のひとつ。脳の血管障害、脳梗塞や脳出血などが原因で起こる認知症。記憶障害や動作、認知の障害などが主な症状。原因となる疾患によって経過は異なるが、段階的に進行していくといわれ、感情失禁が見られることも特徴のひとつである。

★★★

記憶障害【memory disorder/disturbance of memory】情報の記銘、保持、再生・再認といった記憶過程の全部もしくは一部が阻害される障害。内容としては、新しい経験が記憶できなくなる前向健忘、発病以前の経験が想起できなくなる逆向健忘、記憶を補うために生じる作話、記憶を誤って想起する記憶錯誤、過去の記憶が過剰に想起される記憶亢進などがある。

★★☆

見当識障害【disorientation】失見当ともいわれる。時間・場所・人物・状況に関する見当（見当識）の障害。認知症、高次脳機能障害などでみられる。

★☆☆

振戦【tremor】体の一部または全身が、不随意的、律動的に動揺する状態のこと。パーキンソン病など安静時にもみられるもの（静止振戦）、意識的動作の時にみられるもの（企図振戦）に分類される。老人では生理的にみられることもある。

★★☆

パーキンソン病【Parkinson's disease；Parkinsonism】パーキンソン（Parkinson,J.）によって発表された症状。筋肉の硬直、動作の緩慢、振戦などを特徴とする。表情が硬く前屈姿勢、小刻みな歩行や小字症がみられることもある。

★★☆

喪失体験【loss experience】配偶者や友人などとの死別や定年、健康や若さを失うというように、人生において重要な対象を喪失する体験。どの年齢でも起こることだが、特に老年期では短期間のうちに多くの喪失体験を経験しやすい。喪失体験を単なる絶望と捉えずに、しっかりと悲嘆のプロセス、モーニングワークを経験し、受け入れて統合していくことが重要とされる。

5 精神医学・心身医学

205

Keyword

★★★

回想法【recollection method／reminiscence method】老年期に用いられる心理療法の
ひとつ。クライエントにこれまでの人生の歴史や思い出を思い出してもらい、セラピス
トはそれらを受容的な態度で聴いていく方法。

★★★

モーニングワーク【mourning work】配偶者や恋人、長年の仕事や家などの環境、健康
など愛着のある対象を喪失した結果生じる心理的過程。人は対象喪失を経験すると、一
時外界への興味を失い悲嘆にくれた後、失った対象への愛と憎しみという両価的感情を
乗り越えていく。この過程を経ることで、失った対象から脱愛着し、新しい対象を求める
ことが可能になるとされる。

★★★

ターミナルケア【terminal care】臨死患者（死の宣告を受けた患者）の治療と看護のこ
と。患者が近づく死を受け入れ、残された生活の質を高められるように援助を行う。臨死
患者の苦痛をやわらげ、人間としての尊厳を保ちながら生活するための施設にはホスピ
スと呼ばれるものがある。

★★★

キューブラー・ロス【Kübler‐Ross,E.】精神科医で、ターミナルケアの先駆者。著作『死
ぬ瞬間』において、末期状態の心理プロセスを否認、怒り、取引、抑うつ、受容の5段階
とした。医療従事者は、臨死患者がどの段階にいるのかを把握し、これをもとに患者や家
族への対応を行うことが求められる。

★★☆

アルフォンス・デーケン【Deeken,Alfons】残された家族の悲嘆のプロセスを、12段階
に分けたことで知られる（精神的打撃と麻痺状態、否認、パニック、怒りと不当感、敵意
とうらみ、罪責感、空間形成ないし幻想、孤独感と抑うつ、精神的混乱と無関心、あきら
め－受容、新しい希望－ユーモアと笑いの再発見、立ち直りの段階－新しいアイデン
ティティの誕生）。このプロセスを踏むことで、死を受容していくことができる。

10 その他の障害

★★☆

せん妄【delirium】何らかの身体疾患による水準の軽度低下と幻覚や興奮などの精神病的症状を示す状態で、さまざまな病態に伴ってみられる。高齢者の夜間せん妄、大手術の後の術後せん妄、アルコール依存症の患者の離脱時にみられる振戦せん妄などがあげられる。

★★☆

健忘性障害【amnestic disorders】新しい情報を学習したり、すでに学習した情報を想起できないといった記憶障害。

★☆☆

物質関連障害【substance-related disorders】物質依存や乱用といった、物質使用障害のほか、物質中毒や物質離脱などの物質誘発性障害の2種類に分けられ、アルコールや大麻、コカインなどの物質によって生じる障害群。

★☆☆

詐病【malingering】不都合なことを回避するためや、利得を得るために誇張した身体症状や意図的な精神症状を訴えるもので、虚偽性障害と異なる点は外的な誘因があることである。

★☆☆

虚偽性障害【factitious disorder】身体的・心理的な症状を意図的に訴えるものであるが、詐病のような外的な誘引となる回避動機や利得が存在しないもの。不要な薬物を飲むなど、自らが疾病利得を得られるようにする。

★☆☆

代理ミュンヒハウゼン症候群【Münchhausen Syndrome by Proxy；MSbP】ミュンヒハウゼン症候群の一つの形態である。周囲の関心を引くために患者本人の代わりに子どもが病気であるように装い、精神的満足を得ようとするもの。

★★☆

性別違和【gender dysphoria】身体の性と異なる性に対する持続的な同一感と、自己の身体の性に対する持続的な違和感、不快感、不適切感を慢性的に伴うもの（表出するジェンダーと指定されたジェンダーとの間との著しい不一致）。それは単純に性的関心の対象によって規定されるものではないもの。DSM-Ⅳでは性同一性障害（Gender Identity Disorder）と呼ばれていた。

6

地域援助

1 地域援助とは
臨床心理士・公認心理師が地域で活躍できる場

★★☆

地域援助【community support】 地域住民や学校、職場などの様々なコミュニティに対して、よりよい社会システムを構築していくために行われる援助のこと。コミュニティ心理学の考えに基づいて行われる。援助の内容は、**問題の予防**、**危機介入**、**コンサルテーション**の3つに分けて考えられている。

★★★

コミュニティ心理学【community psychology】 キャプラン（Caplan,G.）により体系化された。地域社会における住民や様々なコミュニティの精神衛生の諸問題を扱うもので、臨床心理学者、精神医学者を中心に、様々な領域から貢献が行われている。

★★☆

コミュニティ【community】 地域や学校、職場というように、個人が集まって共同生活が行われている地域や一定の集まりのことを指す。

★★☆

コミュニティ・アプローチ【community approach】 個人の問題の解決のために、背景にあるコミュニティも含めて援助を行う手法のこと。コミュニティ心理学においては、個人の行動とコミュニティは複雑に相互作用しあっていると考えられている。

★★☆

エンパワメント【empowerment】 コミュニティ心理学において、人が共に生き、お互いの力で生活環境を変えていく力を育成することを目的として行われる援助のこと。一般的には、「社会的弱者が力をつけていくことにより差別や搾取をなくし、強者と弱者の関係を変革していくプロセス」として用いられる。

★★☆

アドボカシー【advocacy】 終末期の患者など社会的弱者とされる人々の自立生活を支援するため、可能な限り本人の意思を尊重しながら権利を**擁護**する活動のこと。

★★☆

危機介入【crisis intervention】 災害や事件、事故などの危機に遭遇している人に対して短期集中的に行われる援助。危機状況では、それまでの習慣や方法での対処が困難であるため、新しい習慣や対処法を用いて援助することが望まれる。

(★★★)

キャプランの予防精神医学【Caplan's preventive psychiatry】キャプランは、「地域精神医学とは、本質的には機能的あるいは地理的に限定された人口集団内の精神衛生ニーズを満たすプロセスである」とし、予防精神医学という概念を発展させた。

(★★★)

第一次予防【primary prevention】キャプランによって提唱された予防的介入のうち、人々が精神病にかかったり不適応を起こしたりすることの予防を目的に行われる援助。発生予防と呼ばれる。

(★★★)

第二次予防【secondary prevention】キャプランによって提唱された予防的介入のうち、精神障害や不適応を起こした人々が、それを悪化させたり、長引かせないようにすることを目的に行われる援助。早期発見と早期治療が重要視される。

(★★★)

第三次予防【tertiary prevention】キャプランによって提唱された予防的介入のうち、精神障害や不適応を起こした人々の社会復帰の促進を目的に行われる援助。この目的のもとで行われる生活の支援、社会参加、リハビリテーションなどが含まれる。

6

地域援助

2 スクールカウンセリング
臨床心理士・公認心理師の主要領域のひとつ、学校臨床

(★★★)
スクールカウンセラー【school counselor】教育現場において、児童生徒・保護者への
カウンセリングや教師へのコンサルテーションに関する専門的知識を有し、中心機能と
して活動する者のこと。既存の教職員とは違い成績などの利害関係がなく、外部性を有
することが特徴として挙げられる。

(★★★)
コンサルテーション【consultation】コンサルタント（臨床心理士・公認心理師などの専
門家、ここではSC）が、コンサルティ（他職種の依頼者。ここでは教師）に対して、問題
の状況や援助方法について相談を受け、適切な助言を行うこと。基本的な姿勢としてコン
サルティの自主性が尊重され、コンサルタントの助言を採用するかどうかはコンサル
ティが決定する。

(★★★)
集団守秘義務【collective confidentiality】学校や病院など、患者や児童生徒に関わ
る人が多くいる環境において、組織内でのみ情報を管理・共有し、組織外には漏らさな
いという考え。学校など組織内での他職種間の連携が必要な場合に有効である。

3 諸分野における心理臨床
その他各領域における臨床心理士・公認心理師のはたらき

（★★☆）

学生相談　大学の中にある学生相談室、カウンセリングセンター、保健管理センターの心理相談部門などで行われる大学生に対する心理的相談援助。性格や対人関係、学生生活から進路の悩みなど様々な悩みが想定され、広い一般性と深い専門知識が求められる。また、援助だけでなく、心の健康の増進を目的とする教育活動や、広報誌の発行などのコミュニティ活動、的確で効果的な援助を行うための研究活動も含まれる。

（★★★）

学校臨床　幼稚園、小・中・高等学校などの学校において行われる心理的援助活動のこと。幼児・児童・生徒や学生への対応に加え、教師に対するコンサルテーションや保護者への対応も状況に応じて柔軟に行わなければならない。

（★★★）

子育て支援　核家族やひとり親家庭、働く親への援助、よりよい親子関係を築くための活動などが含まれる。臨床心理士・公認心理師に求められる仕事の役割としては、育児状況のアセスメント、養育者への支援、乳幼児への援助、保育・保健・医療など他職種への援助が挙げられる。

（★★★）

病院臨床　主に精神障害をもつ患者に対する心理的援助活動のこと。心理検査やカウンセリング、デイケアでの援助に加え、子どもに対しては遊戯療法を行う場合もある。また、近年は物忘れ外来やガン医療、HIV医療など様々な医療分野において臨床心理士・公認心理師の参画が進んでいる。

（★★☆）

福祉臨床・高齢者支援　病気や障害を抱えていたり、虐待の恐れがあるなど社会福祉の対象となる人に対する心理的援助活動のこと。また、日本は超高齢社会を迎えており、高齢者ならではの問題も多くみられる。当事者の方々への心のケアに加え、その家族や関係者への支援活動も今後進めていかなければならないといえる。

★★☆

産業臨床　企業内で労働者に対して行う心理的援助活動のこと。労働者へのカウンセリング、上司や管理職へのコンサルテーション、休職者への対応、心理教育などを行う。企業や事業所にとってのリスクマネジメントでもある**従業員支援プログラム (EAP)** も今日注目されている活動である。

★★☆

司法臨床　非行少年や裁判などの法的な分野における心理臨床的援助活動のこと。家庭裁判所の調査官や法務省の保護観察官などとして、事件に関わりのある当事者への心理的援助や所見作成、精神鑑定などを行う。また、暴力や犯罪、事件に巻き込まれた人への被害者支援も今後求められる分野である。

★★☆

ニート【NEET】Not currently engaged in Employment, Education or Trainingの頭文字をとってつけられたもの。日本では、内閣府が「学校に通学せず、独身で、収入を伴う仕事をしていない15〜34歳の個人」と定義している、「就職したいが就職活動をしていない」または「就職したくない」者として用いられることが多い。

★★☆

ひきこもり【social withdrawal】ほぼ半年以上、社会的な場面での対人関係を持たず、社会生活に参加していない状態のこと。程度や症状は様々であるが、家庭内暴力や自傷行為、摂食障害などが生じることもある。思春期・青年期に、傷つきや挫折の経験をきっかけにひきこもる場合が多い。昨今では、30代や40代でのひきこもりも多くみられ、長期化や高年齢化が指摘されている。

★★★

被災者支援【victim　support】紛争や災害が起こった際に、被災した人々に対し行われる支援。臨床心理士・公認心理師には、被災者や救済者の不安や悩みに対するカウンセリング、PTSDなどへの啓発活動、適切な支援のための研修などが求められる。日本では、阪神・淡路大震災、新潟県中越地震、東日本大震災などで活動が行われてきている。

★★★

私設相談臨床　個人的に相談所を開設し、クライエントから直接相談料を得るという方法をとる。地域に根付き、多彩な相談に対応できることから、気軽に心の悩みを打ち明けられる支援の場として期待されている活動領域。

7

心理職に関する
法律と倫理

1 精神保健・心理臨床に関する法律

特にかかわりの深い心理関連の法律群

（★★★）

精神保健福祉法（精神保健及び精神障害者福祉に関する法律） 1995年（平成7年）に施行された。精神障害者の人権に配慮した医療の確保、社会復帰の促進、自立と社会参加の援助を目的としている。1900年（明治33年）に制定された精神病者監護法に始まり、1950年（昭和25年）には精神衛生法に改正、1987年（昭和62年）の改正で精神保健法になり、1987年（昭和62年）の改正で現行のものとなった。

（★★★）

障害者総合支援法（障害者の日常生活及び社会生活を総合的に支援するための法律） 2013年（平成25年）に施行。「基本的人権を享有する個人としての尊厳にふさわしい日常生活又は社会生活」を営むために必要な支援を行うことを目的としている。障害者の社会参加や日常生活を支援するため、サービスの一元化、難病患者などへの対象拡大が行われた。

（★★★）

少年法 非行少年に対して性格の矯正及び環境の調整に関する保護処分を行うことを目的としている。心身発達途上にある少年は可塑性に富んでいるため、適切な援助をすることで再非行を防止することが可能であるという基礎理念がある。

（★★★）

児童福祉法 この法律では児童を18歳未満と定義している。児童すべての健全な育成、福祉を積極的に保障し増進することを基本的な考えとしている。

（★★★）

児童虐待防止法（児童虐待の防止等に関する法律） 2000年に制定、2014年にも改正された。身体的暴行、わいせつな行為をしたりさせたりすること（性的虐待）、長時間の放置や著しい減食（ネグレクト）、暴言や拒絶的対応など心理的外傷を与える言動（心理的虐待）と定義されている。児童虐待の影響や世代間連鎖への懸念から虐待を受けた児童の自立支援を目的としている。児童相談所や福祉事務所へすみやかに通告することが国民の義務（**通告義務**）として明記された。

★★★
DV防止法（配偶者からの暴力の防止及び被害者の保護に関する法律）
2001年に制定、2013年に一部改正され、本法が、生活の本拠を共にする交際相手からの暴力及びその被害者についても準用されることになった。被害者の保護と自立支援、通報の努力義務（守秘義務に優先する）などが明記された。DVを発見した場合、通報に努めること、また、DV発見の通告は守秘義務に優先すると明記されている。地方裁判所による6ヶ月の接近禁止命令、2ヶ月の退去命令という2つの保護命令がある。保護命令に違反した場合は刑事罰に処せられる。

★★★
ジョブコーチ【job coach】 障害者が職場に適応し安定した職業生活を送ることを目的とし、雇用の前後に本人と職場に関わり、必要な実技指導を行い職場の理解を促す。

★★★
発達障害者支援法 2004年に施行、2012年に改正された。発達障害者の心理機能の適正な発達や円滑な社会生活の促進のために早期発見、発達支援を行うために、学校教育、就労支援、発達障害者支援センターでの生活全般にわたる支援を目指している。自閉症、アスペルガー症候群その他の広汎性発達障害、学習障害、注意欠陥多動性障害でその年齢が通常低年齢において発現するもの、と定めている。

★★★
成年後見制度 精神障害者や高齢者など判断能力や意思決定能力が不十分な場合に成年後見人が代理人になり、財産管理や身上監護を行うことができる制度。

★★★
任意入院 本人の意思によって行われる入院。基本的には患者の意思により退院が可能。一方、例外規定あり、指定医の診察の結果、医療および保護のため、指定医が入院の必要性があるとした場合は72時間に限って退院を制限できる。

★★★
措置入院 精神保健指定医2名以上が診察し、精神障害により自傷他害のおそれがあるとされた患者は都道府県知事の命令で入院させることができる。

★★★
緊急措置入院 自傷他害のおそれがあり緊急に入院させる必要があると判断された場合には指定医1名の診察により72時間に限り入院させることができる。

★★★
医療保護入院 医療と保護のために入院が必要な場合、指定医の診察と保護者の同意を得ることで、本人の同意を得られない場合でも入院させることができる。

7
心理職に関する法律と倫理

★☆☆

応急入院　入院治療を要するが、すぐに保護者の同意を得られない場合、指定医の診察により72時間に限り指定病院に入院することができる。

★★☆

心神喪失者等医療観察法（心身喪失等の状態で重要な他害行為を行った者の医療及び観察等に関する法律）　2013年に改正。他人に害を及ぼす行為を行った精神障害者が、再度その行為を行う可能性があるかを複数の管理者が判断し、その精神障害者に対して適切で継続的な医療処遇を行うことを目的としている。

★★☆

非行少年　触法少年、犯罪少年、虞犯少年のことを指す。触法少年 14歳未満で法に触れる行為をした少年。犯罪少年 14歳以上20歳未満の犯罪を犯した少年。虞犯少年 犯罪をするおそれのある20歳未満の少年。

★☆☆

児童の権利に関する条約　1989年に国連総会で採択された。日本は1994年に批准した。大人と同じように、子どもが権利の主体となり、意見を表明する権利や遊ぶ権利などをもつことを保障している。

★☆☆

児童相談所　1947年（昭和22年）の児童福祉法の制定によって、全都道府県と政令指定都市に設置することが義務付けられている。さらに、中核市と政令で定める市および特別区にも設置できる。発達、児童虐待、非行、養育困難などの0歳から18歳未満の児童と家庭に関するあらゆる相談、療育手帳の判定などを扱っている。

★☆☆

少年鑑別所【juvenile classification home】1949年（昭和24年）少年法の施行とともに設置された法務省管轄の施設。14歳以上20歳未満の少年少女が収容される。ここでは矯正教育は行わない。結果は家庭裁判所に送られ、審判や少年院・保護観察所での指導、援助に用いられる。面接や心理検査、行動観察等に基づき個々の少年の資質上の特徴、非行に至った原因、今後の処遇上の指針を示すことが鑑別の目的である。

★☆☆

家庭裁判所【family court】少年事件について、調査や審判を行い、非行事実の有無について判断する。さらに再度非行防止の観点から、その少年にとって適切な処遇を決定する。事件に関わる人間関係や環境の調整を行い、当事者や少年の心的過程に関わる援助をする。

⭐☆☆

保護観察所【probation office】 全国の地方裁判所におかれている施設。保護観察官と民間の保護司が少年の援助をする。保護観察官は更生保護、犯罪の予防に関する事務的なことに従事する。保護司は保護観察官を補い、地方委員会または保護観察所長の指揮監督を受け保護司法に従って動くことが求められている。

⭐☆☆

更生保護法 1949年（昭和24年）に施行された犯罪者予防更生法は、執行猶予者保護観察法との統合のため、2008年（平成20年）に更生保護法として施行された。2014年（平成26年）に改正が行われた。犯罪を犯した者の更生、保護観察や再犯の予防について定められている。

⭐☆☆

少年院【juvenile training school】 家庭裁判所から少年院に送致された者に対して矯正教育を行う。少年の年齢や心身の状態により、2015年（平成27年）からは、四種類（第1種、第2種、第3種、第4種）に分けて少年院が設置されている。尚、第4種少年院はこの時に新しく創設されている。また、送致先の少年院の決定は、家庭裁判所によってなされる（ちなみに、2022年度には少年法の改正が予定されている）。

⭐☆☆

少年刑務所【juvenile prison】 20歳未満の少年に対して、心身の発達段階を考慮した教育的な処遇を行うために成人と区別して設けられた刑務所。

⭐☆☆

児童養護施設【foster home】 家庭崩壊、離婚や虐待などから家庭での生活が困難になった子どもたちの生活を保障する施設である。2000年（平成12年）に施行された児童虐待の防止等に関する法律によりまた、2004年（平成16年）、2020年（令和2年）と法改正がなされており、体罰の禁止が明記されている。

⭐☆☆

児童自立支援施設【children's self-reliance support facilities】 児童福祉法に規定された児童福祉施設である。児童相談所からの措置と家庭裁判所の審判の結果、保護処分として送致される場合がある。入所する。開放処遇が前提である。

7

心理職に関する法律と倫理

2 公認心理師・臨床心理士の倫理

心理職の義務と役割

★★☆

QOL【quality of life】人々の送っている生活の向上についての評価基準。物質的な豊かさだけでなく総合的に判断された生活の質のこと。

★★☆

守秘義務【duty of confidentiality】心理臨床面接では、治療契約を結ぶ際に、面接の中で聞いた内容は他にもらすことはないことを誓約することとなり、クライエントの秘密を守る義務が生じる。ただし、自傷他害の恐れや訴訟などの法的義務が生じる際は除外されるように、治療契約には「守秘義務の例外」をも作る必要がある。

3 スーパービジョンと研修
研鑽を積むためにできること

(★★★)

スーパービジョン【Supervision,SV】 自分より経験が豊富なセラピスト（スーパーバイザー [Supervisor]）から、スーパーバイジー [Supervisee] として自らのカウンセリングのケースについて指導を受けること。

(★★☆)

教育分析【training analysis】 精神分析家が自ら、他の（多くは自分より経験の豊富な）分析家より精神分析を受けること。分析家自身が抱えるトラウマや母子関係などをあらかじめ分析してもらっておくことで、精神分析における転移・逆転移の関係をうまく扱うためのもの。

(★☆☆)

リフレクティング・プロセス【reflecting process】 家族療法の流れの中でできた複数のセラピストからなるチームを使った家族療法の方法で、トレーニングの一環としても利用される。このプロセスでは、二つの「チーム」のコミュニケーションを互いに観察し合うことで、自分の考え方の枠組みに気付いたり、意見を反響させ、異なった循環を生み出すことで解決・解消を図ることを目的とする。

(★☆☆)

PCAGIP【ピカジップ:Person Centered Approach Group Incident Process】 パーソン・センタード・アプローチの考え方から生まれた、新しい事例検討の方法。批判をしない、記録をとらないというルールで事例提供者を温かく支え、参加者の知恵と経験から事例提供者に新しい視点や具体策の糸口を見出していくプロセスを学ぶグループ体験。心理、教育、看護、福祉、司法などの対人援助職や企業における人材育成やボランティア活動など、幅広い活用が可能である。

2部

心理英語

心理英語の学習方法と
第2部の使い方

1 本書の目的と構成

　心理英語のパートにようこそ。本書の第２部は、心理系大学院を目指す方が、大学院入試で必要とされる英語力を身に付けるために作成されています。

　英語学習とひとことで言っても、その目的が、英会話なのか、中学校や高校の中間・期末テストなのか、大学院の入学試験なのか、はたまた英検やTOEIC・TOEFLなどの試験なのかによって、学習方法、学習内容、そしてコツも異なります。中学校・高校のテストや英語検定の英文法問題を解くためには、文法書で細かい英文法の規則を覚える必要があります。英会話をするためには、ネイティヴと同じような感覚で話せるようになるためのトレーニングが必要ですし、あまり細かい文法事項にこだわりすぎると逆に話せなくなってしまうこともあります（日本人はこのタイプが多いといわれています）。では、心理系大学院の大学院入試ではどうでしょうか？

　心理系の大学院入試では、以下のような出題のされ方が大半（おそらく90%以上）です。

出題のされ方の例
①以下の英文を読んで、全文を日本語に訳しなさい。
②以下の英文を読んで、400字以内で要約しなさい。
③以下の英文中にある下線部ＡとＢの訳を書きなさい。
④以下の英文中にあるitとは何を意味するか、本文中からその意味を考え、日本語で答えなさい。
⑤以下の英文中の○○（英単語）とは、どのようなものであるか、日本語で説明しなさい。

つまり、英文を読み解く力が問われるものとなっています。

大学院で知識を学んだり研究したりするとき、そして大学院を出て研究者になるときに、英語で書かれた論文を読む力が必要となるためです。「英会話すること」は求められておらず、「文法の細かい指摘」までも求められておらず（「英作文すること」は求められることがありますが）、「英語の長文を読んで意味を理解すること」、そして「英語から日本語に和訳すること」が求められています。

そこで本書では、長文読解・長文和訳について集中的にトレーニングすることによって、最短距離かつ効率的に大学院入試に必要な英語力を高めることを目指します。

第2章から続く内容は、大きく分けて以下のテーマで構成されています。

1.最低限わかるとよい英文法

英文法の復習に極力時間を割かなくてもよいように、長文読解の際、最低限わかるとよい英文法の復習を行っていきます。

2.英語の文章構造を見抜くための解説とトレーニング

英語が苦手で、「長文を読んでいるとわからなくなってしまう」場合、英語の文構造に不慣れなことが考えられます。そこで、英語の「基本の5文型」をはじめとした、英語の文構造を見抜くためのトレーニングを行っていきます。

また、英語長文が、全体としてどのように構成されているかについてもチェックしていきます。

3.英語長文を読むための速読＆精読トレーニング

英語の文構造や長文の全体像を捉えることができれば、あとは長文を適切な方法で読んでいくことが必要です。適切な方法とは、後で詳しく紹介しますが「返り読み」をせずに「前から順番に読んでいく」という方法を指しています。「前から順番に読んでいく」習慣のない方にとっては、長文を読むスピードが一

時的に遅くなるかもしれませんが、それを数多くこなしていくことによって、英文の読み方が矯正され、長文読解のスピードが飛躍的にアップしていきます。

4.心理系大学院入試対策のための英文和訳のトレーニング

　英語の読み方が板についてきたら、和訳のトレーニングに進みます。直訳にとらわれずに和訳していくトレーニングを行います。受験英語の弊害もあってか、学習者の中には、辞書に載っている単語の意味に忠実に訳そうと苦労される方もいます。そんな方は、以下を読んで気を楽にしてみてください。

　心理系大学院入試の英語問題出題者の意図として、どれが一番近いと思われるでしょうか。

　①一字一句、英単語に対応した日本語を書いてほしい。
　②意訳でもいいから、論文中に何が書いてあるのかを把握できるようになってほしい。
　③英文法の専門家や英単語の専門家レベルになって、心理学領域の翻訳家になってほしい。

　いかがでしょうか？　そうですね、②が正解です。訳しもれている単語が気になったり、辞書に載っている意味と少し異なるのが気にかかる場合もあるかもしれませんが、英語と日本語は別の言語で、語源の違いや、文法構造の違いもあります。「英語の完璧な和訳」というものを作るのは、その性質上困難ともいえます。長文全体のテーマを意識しながら、その中に用いられる文としてふさわしそうな和訳を、普段ご自身が使っている日本語の表現を浮かべながら書いてみましょう。

2 英語のレベルチェック

　さて、最短距離での心理英語学習を始められるように、レベルチェックを行ってみましょう。本書、そして、必要に応じて本書以外の教材も使って、あなたの英語学習のプランを作っていきましょう。

　有名な英語の資格試験としては、大きくは「英検」「TOEIC」「TOEFL」などがあります。

　この中で、TOEICはビジネス英語に偏っており、今回の学術的な英語学習には不向きです。また、TOEFLは大学のアカデミックな英語ではありますが、留学のための浅く広い学習をするための試験であるため、心理系大学院の入試対策としての英語学習については、あまりレベルを測りにくいといえるでしょう。英検は、3つの有名な英語の資格試験の中で、その点最もバランスが取れていると思われます。ですので、ここでは主に英検のレベルを基準として、個々人の英語のレベルを考えてみたいと思います。

　本書では、便宜的に以下のように「英文法レベル」を7段階にレベル分けして考えていきたいと思います。ご自身でどのあたりのレベルに入りそうか考えてみてください。

レベル1：中学1年生と同じかそれ以下くらい。簡単な英語のあいさつや数種類の定型文しか知らない。英検5級合格レベルか、英検5級不合格レベル。

レベル2：中学校の英語が、わかるところ・わからないところ（忘れたところ）それぞれあり、中学校で習う英文法の7割以下しかわからない。英検4級合格レベル。

レベル3：中学校の英語は7割8割以上わかっているが、高校英語になると難しくてわからない。英検3級合格レベル。

レベル4：高校の英語は半分くらいわかるが、半分くらいわからない部分もある。高校で習う英文法の7割以下しかわからない。英検準2級合格レベル。

レベル5：高校英語は7割8割以上わかっており、英文法に関してはあまり問題はない。難しい熟語・慣用表現になってくると、正解率が下がる程度。英検2級合格レベル。

レベル6：英文法に関しては問題はなく、英検準1級に不合格Aか、合格できるレベル。TOEICでは730点前後は取れる。

レベル7：英検準1級に合格でき、英検1級には合格できないレベル、もしくは英検1級に合格できるレベルも含む。TOEICも860点前後、もしくはそれ以上取れるレベル。

　次に、便宜的に以下のように「英単語レベル」も7段階にレベル分けして考えていきたいと思います。ご自身でどのあたりの レベルに入りそうか考えてみてください。

レベル1：簡単な（日本での）日常に出てくる英語くらいしかわからない。英検5級不合格レベル。

レベル2：英検4級に合格するための英単語はわかるレベル。

レベル3：英検3級に合格するための英単語はわかるレベル。

レベル4：英検準2級に合格するための英単語はわかるレベル。

レベル5：英検2級に合格するための英単語、偏差値50以上の大学に合格できる英単語レベル。

レベル6：英検準1級に合格するための英単語はわかるレベル。

レベル7：英検1級に合格するための英単語や、それ以上の英単語の語彙力があるレベル。

　ご自身のレベルはいかがでしたでしょうか？

英文法がレベル１か２、英単語がレベル１か２：

　英語を一から学習し直す必要があるレベルです。本書を読む前に中学３年間の英文法や英単語を総ざらいした方がいいかもしれません。

英文法がレベル３、英単語がレベル３：

　本書で最短距離の合格を目指すのに最適なレベルです。ただ、少し英文法や英単語が弱いおそれがありますので、後述するような英文法書、英単語本を使ってできるだけ文法項目や語彙力を強化するとよいでしょう。

英文法がレベル４、英単語がレベル４：

　本書で最短距離の合格を目指すのに最適なレベルで、かつテクニカルターム（専門用語）の学習に早く到達できるレベルです。後述するような英単語本を使って語彙力を増やし、本書で効率的な学習を進めましょう。

英文法がレベル５以上・英単語がレベル５以上：

　特に問題ないくらいの英文法・英単語レベルです。テクニカルターム（専門用語）を一つでも多く覚えていき、長文読解に少しでも慣れて、きれいな和訳ができるレベルへ洗練させていきましょう。

英文法と英単語力に乖離がある方（片方は高いが片方は低い方）：

　英文法が足りない方は最低限、中学３年間の文法がわかるレベルにはしましょう。高校レベルの英文法は少しでも獲得している方がよいですが、高校レベルが完璧になる必要まではありません。

　英単語が足りない方は、最低限中学３年間で学ぶ英単語（英検３級相当）をほぼ全て覚えた後、高校で習う程度の英単語（英検２級相当）を少しでも多く覚えられるように努力しましょう。

以上、述べてきたように、「英文法や英単語力を中学３年間分＋高校３年間分全て身につけなければ、心理系の大学院入試対策には移れないというわけでは決してありません。ご自身の目標を達成するために必要な英文法力、英単語力を見極め、その内容をまず吸収していくことを大切に、今日からの学習を進めていきましょう。

2

長文読解に
最低限必要な文法を
理解しよう

長文和訳に必要な知識は、ある程度限定することも可能です。ポイントを絞って学んでいきましょう。

　長文を理解していくとき、一つ一つの文章のつながりを理解するのは大変重要です。たとえば、

・それはいつ起きたのか。出来事Ａと出来事Ｂではどちらが先に起きたのか。
・まだ続いていることなのか、終わったことなのか。
・どちらがどちらに影響したのか
など。

　そのようなつながりは、単語の意味のみでなく、さまざまな文法的表現を活用して表現されます。
　本章では、文法を復習することで、文章の前後関係や因果関係、する・されるの関係など、「つながり」を読みとる力をつけていきましょう。

1 英語で登場する 用語紹介

ここでは、英文法の解説の時に使われる用語を確認していきましょう。

品詞

英単語を「働き」で分類したものを、品詞といいます。

名詞	人・ものの名前	apple, pen, water, Japanなど
代名詞	名詞のかわりになる言葉	this, it, heなど
動詞	動作や状態を表す	do, is/am/areなど
助動詞	動詞に意味をつけ加える	can, may, willなど
形容詞	名詞を修飾・説明する	wonderful, smallなど
冠詞	名詞の前につく	主にa/an, the
副詞	名詞以外を修飾する	quickly, hereなど
前置詞	名詞の前について、修飾語をつくる	in, at, withなど
接続詞	同じ品詞の単語をつないだり、文をつなげたりする	and, but, before, becauseなど
間投詞	感情を表す	ah, heyなど

語・句・節

「語」とは、単語のことですが、その単語が複数集まったものは以下のようによばれます。

句 2語以上がまとまり、1つの品詞と同じ働きをするもので、主語と動詞を含まないもの。名詞句、形容詞句、副詞句に分けられる。例えば名詞句は、名詞と同じ働きをする。

節 2語以上がまとまり、1つの品詞と同じ働きをするもので、主語と動詞

を含むもの。

主節　文全体の主語とその動詞から成り立つ、メイン情報となる節の
こと。

従属節　主節に意味を添える、接続詞や関係詞などのついた節のこと。
「文の中の文」とも。名詞節・形容詞節・副詞節の３つに分類さ
れる。

　本書でも、「形容詞句」「主節」などといった言葉が登場しますので、文法用語
の意味をここで覚えておきましょう。

2　時制（時間の表現）を見分ける

　英語での時間の表現は、現在・過去・未来形に加えて、それらに進行形や完了形、完了進行形をかけ合わせた12種類の時間表現（時制）が存在します。

	過去	現在	未来
基本形	did 〜した was/were 〜だった	do/does 〜する is/am/are 〜です	will do 〜するだろう will be 〜になるだろう
進行形	was/were doing （過去のある時点で）（一時的に）〜していた	is/am/are doing 〜している	will be doing 〜していることだろう
完了形	had done （過去のある時点までに）〜してしまっていた	have/has done 〜してしまっている	will have done 〜してしまっているだろう
完了進行形	have been doing （過去のある時点までに）〜し続けてきた	have/has been doing 〜し続けてきた	will have been doing 〜しつづけているだろう

　それぞれの時制の例文を提示します。時制の違いによって、ニュアンスがどのように変わるかをチェックしてみましょう。

基本形

現在形

I teach English for student clinical psychologists.
私は臨床心理学を学ぶ人のための英語を教えています。（今現在の普段の習慣、事実）

動詞の過去形（be動詞はwas/were、一般動詞は規則変化で-edや-dが語尾につく）

I taught English for student clinical psychologists.
私は臨床心理学を学ぶ人のための英語を教えていました。（過去の習慣や事実）

未来形

助動詞will ＋ 動詞の原形

I will teach English for student clinical psychologists.
私は臨床心理学を学ぶ人のための英語を教える予定です。（未来の予定）

進行形

be動詞 ＋ 動詞のing形

現在進行形

I am teaching English for student clinical psychologists (now).
私は（今）臨床心理学を学ぶ人のための英語を教えているところです。（今、進行している・行っている最中、のニュアンス）

過去進行形

I was teaching English for student clinical psychologists (then).
私は（そのとき）臨床心理学を学ぶ人のための英語を教えていました。（過去のある時点で、それを行っている最中だった、のニュアンス）

未来進行形

I will be teaching English for student clinical psychologists.
私は臨床心理学を学ぶ人のための英語を教えているところでしょう。（未来のある時点で、それを行っている最中だろう、のニュアンス）

完了形

助動詞 have/has/had ＋ 動詞の過去分詞形

現在完了形

have/has ＋ 動詞の過去分詞

完了形には、継続用法、完了・結果用法、経験用法があります。

完了・結果用法　過去からの動作が今はもう完了していることを表す

I have (just/already) taught English for student clinical psychologists.

私は臨床心理学を学ぶ人のための英語を (ちょうど/すでに) 教え終えた。

(今から少し前の時点からはじまった講義を、(今/すでに) 教え終えた)

経験用法　(今までに) 〜したことがある (＝経験の有無) を表す

I have been to Mexico twice.

私はメキシコに2回行ったことがある。

継続用法　ずっと〜だ、など、現在までの状態の継続を表す

She has been hospitalized for a month.

彼女は1ヶ月入院している。

過去完了形

had ＋ 動詞の過去分詞

I had taught English for student clinical psychologists.

私は臨床心理学を学ぶ人のための英語を教え終えていた。((完了用法の場合)

過去のある時点で、その少し前から始まった講義を教え終えていた)

未来完了形

will have ＋ 動詞の過去分詞

I will have taught English for student clinical psychologists in two

長文読解に最低限必要な文法を理解しよう

239

weeks' time.

私は再来週に臨床心理学を学ぶ人のための英語を教え終えているだろう。（（完了用法の意味の場合）未来のある時点で、その少し前から始まった講義を教え終わっているだろう）

完了進行形は、登場頻度が少ないことや、難易度が高いことから、今回は割愛しました。文法書をすみずみまでマスターするのは時間もかかるものです。本書に出てくる程度の文法をまず完璧にすることで、長文読解も進めやすくなるでしょう。

3 英語の5文型をマスターしよう

　ここでは、英語の基本5文型を学びます。

　文型とは、英語の文のつくりの種類（パターン）のことです。英文は、基本的に5種類の文型（語順）で表現されています。

　5文型を構成するのは、以下の構成要素です。

5文型の構成要素

S　主語（Subject）　日本語では「〜は」「〜が」にあたる部分。文における動作の主体を表す。

V　動詞（Verb）　be動詞（〜です）、一般動詞（〜する）がある。主語が行う動作や状態などを表す。

O　目的語（Object）　日本語では「〜を」「〜に」等の部分。動詞の動作を受ける対象となる人やものを指す。

C　補語（Complement）　主語や目的語が何であるかや、どんな状態であるかを説明する。

　この構成要素から、5つの構文（①SV、②SVO、③SVC、④SVOO、⑤SVOC）が作られます。

　日本語でも、「トムが（主語）ジェーンに（目的語）プレゼントをあげた」と、「ジェーンが（主語）トムに（目的語）プレゼントをあげた」では、意味が変わってきます。特に、単語数が多い文は、どの単語が主語かがわかりづらかったり、動詞を勘違いしたりしやすくなります。長文読解の際、このような勘違いが重なることで、全体の文意を見誤ることがあります。**文章を正しく読み解くには、その一文のなかで、主語と動詞が何かを正しく見抜けるようになる必要がある**

のです。

　英語の作りを理解し、5文型を見分ける練習を通して、主語、動詞、その他の
パーツを見分けられるようになりましょう。

①　第1文型　SV

S　＋　V

（主語）＋（動詞）

例文

I talk.　私は話す。
S　V

　動作の主体（S）と、主体が行った動作をあらわす動詞（V）で構成されます。
動詞には、be動詞と一般動詞がありますが、一般動詞は、自動詞と他動詞に分
けられます。動作の対象となる「～を」「～に」といった目的語（O）を必ずとる
動詞を「**他動詞**」とよぶのに対し、目的語を必要としない動詞を「**自動詞**」とよ
びます。自動詞が、第一文型の動詞の候補になります。自動詞は、主語と動詞だ
けで意味が通じますが、他動詞は目的語がないと文章が成立しません。

自動詞の例

swim / run / walk / exist / go

他動詞の例

do / give / get / drink / eat

　なお、両方の形を取れる動詞もあります。

例　leave　leave the office（他動詞）

　　　　　　leave for school　学校に向かって出発する（自動詞）

ちなみに、SVOC以外の要素（副詞（句）や前置詞句などは）文の要素には入れず、文型の外にある修飾語句（Modifier ＝ M）という扱いになります。取り除いても文型には影響がないものになります。

例文

He ran.　彼は走った。
S　V

He ran quickly.　彼はすばやく走った。
S　V　（M・副詞）

＊ 副詞quicklyはMであり、共にSVの文型となる。

I talked.　私は話した。
S　　V

I talked to Tom.　私はトムに話しかけた。
S　V　（M・前置詞句）

＊ 前置詞句 to TomはMであり、共にSVの文型となる。

② 第2文型　SVC

S　＋　V　＋　C
（主語）＋（動詞）＋（補語）

主語（S）、動詞（V）、主語の状態や属性等を表す補語（C）から成り立ちます。主語＝補語の関係が成り立ちます（この関係が成立するかによって、ＳＶＣかＳＶＯかを見分けることができます）。

例文

This is a pen.　これはペンです。
S　V　C

Mr. Suzuki became a teacher three years ago.
　　S　　　　V　　　　　C　　　　　　　(M)

鈴木氏は３年前、先生になった。

Mike looks young for his age.　マイクは年のわりに若く見える。
　S　　　V　　　C　　　(M)

　第２文型の動詞にはbe動詞が使われることが多いですが、becomeやlook、taste などの一般動詞がくることもあります。状態を表す動詞（be動詞型）と、状態変化を表す動詞（become型の動詞）に分けられます。（どちらの場合もＳ＝Ｃの関係が成り立ちます）

　be動詞型　〜である（〜がいる）という状態、存在を表す
　例　look（見える）、taste（味がする）、smell（におう）、be動詞（is, am, are）など。

　become型　〜になる、〜にする、〜にさせる、という状態の変化を表す
　例　become（〜になる）、make（〜にさせる）、get（〜になる）、grow（〜に育つ）など。

③　第３文型　SVO

S　＋　V　＋　O
（主語）＋（動詞）＋（目的語）

　主語（Ｓ）、動詞（Ｖ）、そして、動詞の表す動作の対象である目的語（Ｏ）から成り立ちます。

例文

I finally found the book.　私はついにその本を発見した。
S　(M)　　V　　O

244

第4文型では、目的語を2つ必要とします。

$$S + V + O_1 + O_2$$
（主語）＋（動詞）＋（目的語1）＋（目的語2）

O_1にO_2を〜する、などと訳されます。

O_1（〜に）は間接目的語、O_2（〜を）は直接目的語とよばれます。

第4文型をとる動詞には、give、bring、teach、tell、ask、make、buy、find、get、lendなどがあります。

例文

<u>I</u> <u>found</u> <u>him</u> <u>a beautiful picture book</u>.
 S   V O_1 O_2

私は彼に美しい絵本を見つけてやった。

SVO_1O_2のO_1とO_2を入れ替えて、第3文型の文　SVO_2 to/for O_1に変えることもできます。

例文

<u>I</u> <u>found</u> <u>a beautiful picture book</u> <u>for him</u>.
 S   V O_2 for O_1 (for O_1は前置詞句M)

⑤ 第5文型 SVOC

$$S + V + O + C$$
（主語）＋（動詞）＋（目的語）＋（補語）

第5文型をとる動詞はSVOOと比べると多くはありません。例えば、call、name、make、keep、think、find といった動詞があり、ＳＶＯのあとに、Ｏの

状態を表すCが続きます。OをCにする、OをCと名付ける（選ぶ）、OをCと思う、などと訳されます。

　第5文型では、O（目的語）＝C（補語）の関係になることが特徴です。

例文

We call him Mike.
 S　V　 O　 C

私たちは彼をマイクと呼んでいます。（彼＝マイク、が成立）

I found the book easy.
S　 V　　 O　　 C

私にはその本は簡単だった。

（その本＝簡単な、が成立。ここでのfindは、（実際やってみたら）OがCとわかる、と訳す）

※I found him a beautiful picture book.

私は彼に美しい絵本を見つけてやった。

（him＝a beautiful picture bookは成立しない。ＳＶＯＯの文型）

You should keep your hands clean.
 S　　　 V　　　　 O　　　 C

手を清潔に保ちましょう。（手＝清潔な状態、が成立）

　なお、SV「O」なのかSV「C」なのか、SVO「O」なのかSVO「C」なのかは、迷うこともあるかもしれません。長文読解という観点からいうと、OかCかの厳密な区別ができるようになること（例えば、これはSVOかSVCか、という問題に正解できること）というよりは、主語、動詞、それ以外のパートを見分けて、その上で、どのような訳し方のパターンがありうるかを知っておくこと（SVOかSVC、どちらかが当てはまるな、とあたりをつけて読んでいくこと）がより重要であるといえるかもしれません。

5つの文型を頭におくことで、長い文章に取り組むときでも、意味を見失わずに読み進めていける力を育てていきましょう。

4 助動詞

助動詞は、「助動詞＋動詞の原形」の形をとって、動詞に意味を付け加えます。

例文

You can borrow my book if you want.

もし使いたければ、私の本を貸せますよ。

助動詞の代表例	
will	～するだろう・するつもりである
can	～することができる（過去形 could）
may	～かもしれない（過去形 might）
must	～しなければならない（否定形は　～してはならない）・～にちがいない * have to　～しなければならない（否定形　～する必要はない） 　haveは主語・時制に応じて形を変えるが、to以下は動詞の原形。
should, ought to	～するべきだ
would	かつては～したものだ * used to　かつては～した（今はしないが、のニュアンスを伴って）

5 能動態と受動態

能動態は、「主語 (S) が〜する」という文章です。目的語 (O) をとる、SVO、SVOO、SVOCの文型では、「××が (S) 、・・・を (O)　〜する (V)」の「・・・を (O)」の部分を主語にして、「・・・ (O) が、×× (S) によって　〜される」という文章に書き換えることができます。

たとえば、このように書き換えられます。

ジェーンがその手紙を書いた。
⇒　その手紙はジェーンによって書かれた。

この、「・・・が　〜される」という文を、**受動態**といいます。

能動態　Jane wrote the letter.
　　　　　ジェーンがその手紙を書いた。
受動態　The letter was written by Jane.
　　　　　その手紙はジェーンによって書かれた。

××によって〜される、の「××によって」の部分は、by ××と書かれることが多いですが、byを使わない場合もあります。

Jane was surprised at his kindness.
ジェーンは彼の親切さに驚いた。

能動態で動詞として用いられた単語 (V) は、受動態の文章では「be動詞＋Vの過去分詞」に書きかわります。

過去分詞　受動態と完了形の文をつくるときに使われる動詞の形。〜(e)dと
　　　　　規則変化させる場合と、不規則な変化をする場合がある。

なお、進行形（時制の表現で既出）や動名詞（後述）で用いる動詞を〜ingの
形にしたものを、現在分詞といいます。

能動態の文章で必要な前置詞は、受動態にしても残ります。

能動態　She dealt with that issue.
　　　　彼女がその問題を処理した。

受動態　That issue was dealt with by her.
　　　　この問題は彼女によって処理された。

長文読解時に、前置詞が２つ連続で並んでいて、何だろう？と思うことがあ
るかもしれませんが、例えば今回のような場合が考えられます。

第４文型SVOOの場合、目的語Oが二つあるため、Oのどちらかが主語にな
る受動態の文章がつくれます。

能動態　Jane will show him the book.
　　　　ジェーンは彼にその本を見せるつもりだ。

受動態①　He will be shown the book by Jane.
　　　　彼はジェーンから（ジェーンによって）その本を見せてもらうだ
　　　　ろう。

受動態②　The book will be shown (to) him by Jane.
　　　　その本はジェーンによって彼に見せられるだろう。

第5文型SVOCは、Oを主語にして受動態の文をつくることができます。

能動態　She named the cat Mike.
　　　　彼女はその猫をマイクと名付けた。

受動態　The cat was named Mike by her.
　　　　その猫は彼女によってマイクと名付けられた。

6 不定詞と動名詞

不定詞は、「to + 原形動詞」の形をとり、副詞、形容詞、名詞の働きをする表現です。

副詞的用法　〜するために

例文 I went outside to get a taxi.

　　　私はタクシーを捕まえるために外に出た。

形容詞的用法　〜するための

例文 I want something to eat.

　　　私は何か食べ物（食べるためのもの）がほしい。

名詞的用法　〜すること

例文 It is easy to read through this book.

　　　この本を読み通すのは（読み通すことは）簡単だ。

　上記には、不定詞の名詞的用法が出てきましたが、動詞が形を変えて、名詞の働きをする他の表現に、**動名詞**があります。動詞の〜ing形で表し、「〜すること」と訳します。その名称（動名詞）にも表れていますが、動詞がingの形に変わり、名詞の働きをします。

例文 My hobby is singing.

　　　私の趣味は歌うことです。

　名詞と同じように、前置詞の目的語になることもできます。

例文 I am not accustomed to staying up late at night.

私は夜更かしするのに慣れていません。

7 比較級・最上級

2つ以上のものの性質や程度を比べる表現として、**比較級**、**最上級**があります。形容詞や副詞の形を変化させることで、表現します。

例外もありますが、規則的な変化の場合は、おおむね以下のようになります。

5文字以下の形容詞・副詞	
原級（もともとの形）	tall
比較級（形容詞・副詞に-erや-rをつける）	taller
最上級（形容詞・副詞に-estや-stをつける）	tallest
6文字以上の形容詞・副詞	
原級（もともとの形）	beautiful
比較級（形容詞・副詞にmoreをつける）	more beautiful
最上級（形容詞・副詞にmostをつける）	most beautiful

例文

Therapy A was shown to be as effective as the other approaches to therapy.

療法Aは、他の諸療法と同じくらい効果的だと示された。

Therapy A was shown to be more effective than therapy B for treating panic disorder.

療法Aは、パニック症の治療で療法Bよりも効果的であると示された。

Therapy A was believed to be the most effective form of therapy for mildly depressed patients in 1990s.

療法Aは、1990年代に、軽度のうつ病患者に対して最も効果的であると考えられていた。

8 接続詞

語と語、句と句、節と節を結びつける働きをする語を**接続詞**とよびます。

使われている接続詞によって、前後関係や論理関係が変わってくるため、接続詞の意味を覚えておくのは重要です。

下の例文では、3つの接続詞を例に挙げました（わかりやすいように、接続詞のみを英語にしています）。どの接続詞が入るかによって、文章の意味やニュアンスがどのように変わるかを確認してみましょう。

問題 かっこの中に、以下の3つの接続詞を1つずつあてはめて、それぞれを訳してみましょう。

トムが走っている。（　　　　　）レオはゆっくり歩いている。
① and so　　② because　　③ although

解答例

①トムが走っている。（　and so　なので　）レオはゆっくり歩いている。

→　トムが走っているので、レオはゆっくり歩いている。

②トムが走っている。（　because　〜の理由で・〜のため　）レオはゆっくり歩いている。

→　レオがゆっくり歩いているせいで、トムが走っている。

③トムが走っている。（　although　にもかかわらず・〜だが　）レオはゆっくり歩いている。

→　レオがゆっくり歩いているのに、トムは走っている。

著者の意図を正しく理解できるように、さまざまな接続詞をチェックしてお
くとよいでしょう。下記のリストでは、接続詞的に働く副詞も、合わせて収録し
ましたので、まとめて覚えましょう。

等位・従属

等位接続詞			
and	～と、そうすれば	yet	しかし、けれども
but	しかし、～ではなくて	both A and B	AとBのどちらも
for	～というわけで、だから	either A or B	AとBのどちらか
nor	～もまた～ない	neither A nor B	AもBも～ない
or	あるいは、または、つまり、でなければ、さもないと	not only A but (also) B	AだけでなくBも

従属接続詞			
when	するとき	after	した後で
whenever	～するときはいつでも	since	～以来
every time	いつでも	as soon as	するやいなや
each time	毎回	as	～しながら
while	している間は	no sooner ～ than	～するとすぐに
as long as	する限り	once	一旦～すれば
before	～する前に	scarcely	～するとすぐに
by the time	するまでには	the moment	～するとすぐに
till, until	～までずっと	while	～する間に

意味別

原因・理由・目的			
because	なぜなら～だから	on (the) ground that	～を根拠として、～の理由で
since	なので	in order that ～ may	～が…するために
as	なので	so ～ that	とても～であるため…
now that	今や～だから	so that	その結果
seeing that	～する以上は、～であるから	so that ～ can	～が…できるように

仮説・条件			
if	もし	in case	もし
on (the) condition that	～の条件で	unless	～でない限り、もし～でなければ
supposing (that)	もし		

譲歩			
although, though	～にもかかわらず	while	～ではあるが、～する一方で
even if	たとえ～であっても	as	～だけれども
even though	～であるけれども		

様態			
as	～のように	as if, as though	まるで～かのように
like	～のように		

接続副詞

　副詞にもかかわらず、接続的役割を果たす単語を**接続副詞**といいます。接続詞の後にはコンマがつきませんが、接続副詞の後にはコンマがつきます。接続副詞は連結、反意・対立、選択、原因・結果、付加説明の５つの意味で分類できます。

連結		原因・結果	
besides, moreover	さらに、その上	so	だから、それで
then, and then	それから	therefore	だから
meanwhile	（２つのことが起こる）その間に	consequently	そのため
反意・対立		hence	したがって
however	しかしながら、しかし	付加説明	
nevertheless, nonetheless	にもかかわらず	that is (to say)	すなわち
still	それでもなお	namely	つまり
選択		for instance	例えば
or else	さもないと	for example	例えば
otherwise	さもなければ		

9 前置詞

前置詞は、名詞などの前において、場所や時間などを表す表現をつくります。

下記の例文では、どちらの前置詞が使われるかによって、文章の意味合いが逆になります。接続詞と同様に、前置詞も、文脈の正しい理解のカギになりますので、まとめて覚えましょう。

Tom is standing (in front of / behind) Leo.

トムはレオの (前に / うしろに) 立っている。

中学英語レベル	
at	～で・～に（時間・場所） ＊一点の決まった場所・時間を表す
in	～の中に・～に・～で（時間・場所） ＊内部や幅をもった状態を表す
on	～の上に・～に・～で（時間・場所） ＊日付や、面に接していることを表す
under	～の下に
by	～によって・～で・～のそばに
near	～の近くに
around	～のまわりに
for	～のために・～に（とって）・～の間
to	～に・～へ
from	～から
before	～の前に
after	～のあとに
of	～の・～の中で
about	～について
with	～と（一緒に）
during	～の間に
like	～のように
into	～の中に
without	～なしで・～せずに

その他重要な前置詞			
against	～に対して	in spite of	～にもかかわらず
along	～に沿って・～を通って	minus	～を引いた、～を減じた
above	～の上に	off	～から離れて
among	～の間に	onto	～の上へ
across	～を横切って	opposite	～の向かい側に・～と向い合って
aboard	～に乗り込んで	out	～の外へ
as	～として	outside	～の外側に
because of	～のために	over	～の上に・～を超えて
behind	～の後ろに	past	～を通りすぎて
below	～の下方に	plus	～を加えた
beneath	～の下に	round	～のまわりに
beside	～のそばに	save	～を除いて
besides	～の他にも	since	～から
between	～の間に	than	～よりも・～と比べて
beyond	～を超えて	through	～を通って
but	～を除いて	throughout	～の間（ずっと）
concering	～に関して	till	～まで
despite	～にもかかわらず	toward	～の方へ
down	～の下へ	underneath	～の下に
except	～を除いて	untill	～まで
inside	～の中に・～の内側に	upon	～に接して
less	～だけ足りない・～を引いた	up	～の上に
out of	～から	via	～を通って
in front of	～の前に	within	～のうちに

10 分詞構文

ここでは、分詞構文について確認していきましょう。おさらいしておくと、分詞とは現在分詞・過去分詞のことです。受動態の項などでも登場しました。

現在分詞 動詞の〜ing形。〜している、の意。
過去分詞 規則変化で動詞の語尾が〜ed、~dの形。〜される、の意。

形容詞として働く（名詞を修飾する）場合、以下のような形をとります。

名詞の前から修飾
現在分詞 exciting news　わくわくする（わくわくさせる）ニュース
過去分詞 the broken door　壊れた（壊された）ドア

名詞の後ろから修飾
現在分詞 the girl running over there　向こうを走っている少女
過去分詞 the building damaged by the recent storm
　　　　　最近の嵐で損壊した建物

分詞構文とは、接続詞を用いた「節」で表した内容を、現在分詞あるいは過去分詞の「句」で言い換えたものをいいます。分詞（現在分詞・過去分詞）が、接続詞と動詞の働きを兼ねます。

While I was walking along the street, I found a new café.
通りに沿って歩いていると、私は新しいカフェを見つけた。
→　Walking along the street, I found a new café.

分詞構文がどのような意味の接続詞の働きをしているかは、その文にあてはまりそうな接続詞を想像して、解釈する必要があります。そのため、分詞構文の意味の種類を確認しておきましょう。

分詞構文の意味の例

同時に起きる

Walking along the street, I found a new café.

→　When I was walking along the street, I found a new café.

通り沿いを歩いていると、新しいカフェを見つけた。

連続して起きる

The typhoon hit the city, causing great damage.

→　The typhoon hit the city, and it caused great damage.

台風が街に直撃し、大きな被害を生んだ。

理由

Not knowing his phone number, I couldn't call him.

→　Because I did not know his phone number, I couldn't call him.

彼の電話番号を知らなかったので、私は彼に電話できなかった。

条件

Doing these exercises, you can train your biceps.

→　If you do these exercises, you can train your biceps.

もしこれらの運動をすれば、上腕二頭筋を鍛えることができる。

Seen from this angle, this stone looks like a cat.

→　If the stone is seen from this angle, it (this stone) looks like a cat.

この角度から見ると、この石は猫のように見える。（過去分詞の分詞構文）

譲歩

Knowing how you are feeling about it, I still need to go with this plan.

→　Although I know how you are feeling about it, I still need to go with this plan.

あなたがどう感じているかは知っているが、私はそれでもこの計画ですすめる必要がある。

なお、分詞構文が意味するところをはっきりさせるために、接続詞が残されることもあります。

Although not feeling well, I decided to attend the meeting.

気分がすぐれなかったが、その会合に出席することに決めた。

主節と従属節の主語が違うときは、従属節の中の主語は消さずに残されます。

After my work had been done, I started cleaning.

→　My work having been done, I started cleaning.

My work done, I started cleaning.（having been の省略）

仕事を済ませて、私は掃除を開始した。

また、上の例文では、主節と従属節がそれぞれ過去形と過去完了形になっていることにも注目しましょう。主節と従属節の時間のずれや時間の流れを表現したいとき、より昔の話である方の文を完了形にすることで表現します（上の例文では、仕事を済ませたあとに、掃除を始める、という時間の流れがあります）。上の他の例文で、完了形になっていないものは、主節と従属節が同じ時（現在と現在、過去と過去など）の話だからということになります。読解や和訳の際に、ぜひ読み分けましょう。

11 関係詞

関係詞には、大きく分けて**関係代名詞**と**関係副詞**があります。

関係代名詞

　関係代名詞は、2つの文章（それぞれ主語と動詞がある文同士）をつなぎ、直前の名詞（先行詞とよびます）に詳しい説明を加えます。

　たとえば、私には「おじ」がいる、という文と、その「おじ」の詳細を説明した文をつなげ、一つの文で表現することができます。

　具体的に例文で見ていきましょう。

　主格の例文

I have an uncle.　私にはおじがいる。

＋ The uncle is excellent at cooking Spanish food.
　そのおじは、スペイン料理が作るのが大変上手である。

→　I have an uncle who is excellent at cooking Spanish food.
　　私には、スペイン料理をつくるのが大変上手なおじがいる。

　文全体の主語と述語の入った文を主節（上の例ではI have an uncle）、関係代名詞の入っている部分の文を従属節とよびます。

　先行詞が人か、人以外かによって、関係代名詞の使い分けをします。

先行詞	主格	所有格	目的格
人	who	whose	who(m)
人以外	which	whose	which
人・人以外	that	—	that

先ほどの例文は、主格の関係代名詞の例文でした。他の例文も見てみましょう。

I have a friend <u>whose</u> hometown is Kyoto.
私には京都が故郷の友人がいます。

I have a friend.　私には友人がいる。
＋ <u>The friend's</u> hometown is Kyoto.　その友人の故郷は京都です。

The doctor <u>(whom/that)</u> Amy is going to see is from France.
エイミーが受診する予定の医師はフランス出身です。

The doctor is from France.　その医者はフランス出身です。
＋ Amy is going to see <u>the doctor</u>.　エイミーはその医者を受診します。

以下の例文のように、同じ日本語の文が、複数の関係代名詞で表現できる場合があります。また、前置詞を使った表現にできることもあります。

例文
その黄色いカバーの本は、私のです。
The book the cover of <u>which</u> is yellow is mine.
→　The book is mine. ＋ The cover of <u>the book</u> is yellow.

The book <u>whose</u> cover is yellow is mine.
→　The book is mine. ＋ <u>The book's</u> cover is yellow.

The book with the yellow cover is mine.

> 目的格の関係詞は、省略される場合もあります。ただし、先行詞の直後に、前置詞と関係詞がセットで置かれる場合は、関係詞の省略はありません。
>
> **例文**
>
> 彼女が恋した男の子は、3日後に彼女から去ってしまった。
>
> The boy (whom) she fell in love with left her after 3 days.
>
> ⇒ whomは省略されることがあります。
>
> The boy with whom she fell in love left her after 3 days.
>
> ⇒ with whomは省略されません。

先行詞を含んだ働きをする関係代名詞 what

関係代名詞のwhatは、それ自体に先行詞も含んでいる関係代名詞で、「～するもの（こと）」と訳します。

What I need now is a good dinner.

私に必要なものはおいしい夕食です。

⇒ The thing that I need now is a good dinner. と書き換えることができ、関係代名詞 what は the thing（先行詞）とthatの働きを一語で担っています。

関係副詞

関係副詞は、関係代名詞のように、2つの文をくっつける作用があります。

従属節となる方の文で、副詞にあたる部分が関係詞に置き換えられるため、関係副詞とよばれます。

先行詞	場所	時間	理由 (reason)	なし
関係副詞	where	when	why	how

whereの例文

Jane knows the name of the middle school <u>where</u> Hugh went.
ジェーンは、ヒューが通った中学校の名前を知っている。

Jane knows the name of the middle school.
ジェーンは中学校の名前を知っている。

+ Hugh went <u>to the middle school</u>.　(→Hugh went <u>there</u>.)
　ヒューはその中学校に通った。

⇒　2つ目の文がつながる際、副詞的働きをする部分であるto the middle school（there）が関係副詞whereに置き換えられています。

whenの例文

Do you remember the day <u>when</u> we first met?
私たちが最初に出会った日を覚えていますか？

Do you remember the day?

+ We first met <u>on that day</u>.（→We first met <u>then</u>.)

⇒　副詞的働きをする部分であるon the day（then）が関係副詞whenに置き換えられています。

whyの例文

This was the reason <u>why</u> I couldn't attend the meeting.
これが、私が会議に出られなかった理由です。

⇒　whyはreasonを先行詞にして、理由の中身を説明する文を続けます。

The room temperature can affect <u>how</u> we dress.

室内の温度は私たちの装い（服の着方）に影響を与えることがある。

⇒　howは先行詞なしで用いられ、「～する方法」を表す節を導きます。how
　　はthe wayと言い換えられることもあります。

The room temperature can affect the way we dress.

室内の温度は私たちの装い（服の着方）に影響を与えることがある。

複合関係詞

　複合関係詞は、whatと同様に先行詞を必要とせず、複合関係詞それ自体に先行詞を含みます。

複合関係代名詞	
whoever (- whosever -whomever)	～する人は誰でも
whatever	～するものは何でも
whichever	～するものはどちら（どれ）でも
複合関係副詞	
wherever	～するところはどこでも
whenever	～するときはいつでも
however	どんなに～でも

I can tell the story to whoever wants to hear it!

その話を聞きたい人には誰でも教えます！

I will give you this book whenever you need it.

この本をあなたが必要なときにいつでもあげます。

関係詞の前の、コンマの有無による訳し分け（制限用法と非制限用法）

　関係詞を含む文章で、関係詞の前にコンマがつかない場合を制限用法（限定用法）、コンマのある場合を非制限用法（叙述用法・継続用法）とよびます。それぞれ、意味（訳し方）が異なってきますので、確認しましょう。

制限用法

She has a little brother who works for her company.

彼女には、彼女の会社に勤める弟が一人いる。

⇒　この場合、彼女には、他にも別の仕事をする弟がいる可能性がある。
たとえば、She has another little brother who works at a municipal library.（彼女には、市立図書館で働くもう一人の弟がいます）といった文が続くかもしれない表現です。

非制限用法

She has a little brother, who works for her company.

(She has a little brother, and he works…)

彼女には弟が一人おり、彼は彼女の会社に勤めている。

⇒　この場合、「弟が一人いる」という文が完結した後に、その弟について説明をする文章が続くため、他に弟がいる可能性がない表現となります。

　なお、非制限用法のwhichは、前の文章全体または一部を先行詞として、その内容を補足的に説明することがあります。

He missed the last train to Tottori, which was a pity.

彼は鳥取行の最終列車を逃した。それは気の毒なことだった。

⇒　whichの前にコンマがあるため非制限用法。直前の文章全体が先行詞になっています。

S、V、O、Cを見抜く
長文練習

本章からは、どの部分がS（主語）、V（動詞）、O（目的語）、C（補語）なのかを
考える練習を行います。問題文を読んで、S、V、O、Cにあたる部分に下線を引
きながら、それぞれのアルファベットを下線の下につけていきましょう。

※解説では、S、V、O、Cを大きなくくりでとらえられるよう、Sは関係代名詞以下の修飾部分
　も含めて「S」、Vは助動詞なども含めて「V」とするなどの形で下線を引いています。

練習1

(1)

Mood disorders refer to mental conditions that involve depressed
feelings or a cycle of emotional highs and lows. Mood disorders
are largely divided into two categories: 'depressive disorders' and
'bipolar disorders'.

解説

Mood disorders refer to mental conditions that involve depressed
　　　S　　　　　　　V　　　　　　　　　　　　　　S　　　　V
feelings or a cycle of emotional highs and lows. Mood disorders
　　　　　　　　　　O　　　　　　　　　　　　　　　　　S
are largely divided into two categories: 'depressive disorders' and
　　V（Mを含む）
'bipolar disorders'.

訳例

気分障害は、抑うつ気分、ないし感情の高揚と下降のサイクルを伴う精神
症状を指す。気分障害は大きく2つに分けられる。一つは「うつ病性障害」
であり、もう一つは「双極性障害」である。

---

(2)

The disorders under the category of depressive disorders are
characterized by major depressive episodes or depressed moods.
Examples of symptoms include: low moods lasting the whole day,

apathy, excess or decline in appetite, fatigability (susceptibility to fatigue), sleep disorders, difficulty with concentration, and the feeling of anxiety or irritation. What requires extra awareness is the presence of suicidal ideation (thought) or a suicide attempts. Therapists and counselors need to be very sensitive to any potential signs of these in the client.

要がある。

(3)

In bipolar disorders, on the other hand, major depressive episodes and manic episodes follow one after the other. During manic episodes, the patient's self-esteem is inflated and he or she becomes talkative. In addition, the length of sleep may be shortened and the patient may become extremely active. He or she may start to feel out of control and may do things like excess spending (overspending).

解説

In bipolar disorders, on the other hand, <u>major depressive episodes</u>

<u>and manic episodes</u> <u>follow</u> one after the other. During manic
  S   V

episodes, <u>the patient's self-esteem</u> <u>is inflated</u> and <u>he or she</u>
            S   V   S

<u>becomes</u> <u>talkative</u>. In addition, <u>the length of sleep</u> <u>may be</u>
  V   C   S   V

<u>shortened</u> and <u>the patient</u> <u>may become</u> extremely active. <u>He or</u>
                S   V   C   S

<u>she</u> <u>may start</u> to feel out of control and <u>may do</u> <u>things like excess</u>
      V   O   V   O

<u>spending (overspending)</u>.

訳例

一方、双極性障害では、大うつ病エピソードと躁病エピソードが繰り返される。躁病エピソードでは、患者の自尊心は肥大し、多弁になる。また、睡眠時間が短くなり、極度に活動的になったりすることがある。患者は抑制がきかなくなるように感じ、過剰に消費（浪費）をしたりするかもしれない。

(4)

> In general, mood disorders tend to be treated by medications such as antidepressants or antimanic drugs. Combining such medication with psychotherapeutic treatment like cognitive behavioral therapy or with giving plenty of rest to body and mind is also known to be effective. In DSM-5, mood disorders are separated into the categories of 'depressive disorders' and 'bipolar and related disorders'.

解説

In general, <u>mood disorders</u> <u>tend to be treated</u> by medications
    　　　　　　 S　　　　　　　　　V

such as antidepressants or antimanic drugs. <u>Combining such</u>
    　　　　　　　　　　　　　　　　　　　　　　　　 S

<u>medication</u> with psychotherapeutic treatment like cognitive

behavioral therapy or with giving plenty of rest to body and mind

<u>is also known</u> <u>to be effective</u>. In DSM-5, <u>mood disorders</u> <u>are</u>
 V(Mを含む)　　　　　 C　　　　　　　　　　　　　　　 S

<u>separated</u> into the categories of 'depressive disorders' and
 V

'bipolar and related disorders'.

訳例

一般的に、気分障害の治療は抗うつ薬や抗躁薬といった薬で行われること
が多い。そのような薬物療法に、認知行動療法などの心理療法や、心身の十
分な休養を組み合わせることも効果的であることが知られている。なお
DSM-5において、気分障害は「抑うつ障害群」と「双極性障害および関連
症群」とに分けられている。

練習2

Sigmund Freud (1856 to 1939) was an Austrian neurologist and the founder of psychoanalysis, an entirely new approach to the understanding of the human personality and also a method for treating mental illness.

In psychoanalysis, the symptoms of neurosis were thought to emerge as a result of the transformation of complexes that were pushed into the unconscious (repression). This style of therapy, therefore, emphasized the process of making the client become conscious of and confront such repression. Freud established the free association method, in which the client was expected to achieve catharsis and heal neurotic symptoms through talking over whatever came to their mind as it occurred, and bringing out hidden, unconscious content into conscious awareness. In order to support this process of confrontation and clarification of the client, the therapist was expected to stay in a neutral position. The therapist was also encouraged to provide their interpretations of the client's unconscious to help them get insight from the process. Freud endeavored to strengthen the process of attaining more elaborated interpretations and insights by repeating it many times, eventually calling such a therapeutic routine working through.

解説

Sigmund Freud (1856 to 1939) was an Austrian neurologist and
　　　S　　　　　　　　　　　　　V　　　　　　　C
the founder of psychoanalysis, an entirely new approach to the

understanding of the human personality and also a method for treating mental illness.

In psychoanalysis, the symptoms of neurosis were thought to
emerge as a result of the transformation of complexes that were
pushed into the unconscious (repression). This style of therapy,
therefore, emphasized the process of making the client become
conscious of and confront such repression. Freud established the
free association method, in which the client was expected to
achieve catharsis and heal neurotic symptoms through talking
over whatever came to their mind as it occurred, and bringing out
hidden, unconscious content into conscious awareness. In order
to support this process of confrontation and clarification of the
client, the therapist was expected to stay in a neutral position.
The therapist was also encouraged to provide their interpretations
of the client's unconscious to help them get insight from the
process. Freud endeavored to strengthen the process of attaining
more elaborated interpretations and insights by repeating it many
times, eventually calling such a therapeutic routine working
through.

ジグムント・フロイト（1856～1939年）は、オーストリアの神経科医で、人間のパーソナリティの理解に向けた全く新しいアプローチであり、また精神的疾患の治療方法である精神分析の創始者である。

精神分析では、神経症の症状は、無意識の下に押しこめられた（抑圧）コンプレックスが形を変えて現れたものと考えられた。そのため、精神分析のセラピーでは、クライエントに、そのような抑圧を意識化させ、直面化させていく過程が強調された。彼は自由連想法を考案し、そこでクライエントは、心に浮かぶことを浮かぶまますべて話し、隠れた無意識の内容を意識の上へと導くことによって、カタルシスを得、神経症症状を癒すことが期待された。治療者は、クライエントのこの直面化や明確化のプロセスを支えるために、中立の立場にとどまることが求められた。また治療者は、クライエントがそのプロセスから洞察を得られるよう、クライエントの無意識に対する治療者の解釈を提供することを推奨された。フロイトは、より洗練された解釈と洞察を獲得していく過程を、それを何度も繰り返し行うことによって強化しようと努め、このような治療の手順を徹底操作と呼ぶようになった。

第3章の練習はここまでです。いかがだったでしょうか？

　長文の理解が難しいと感じる原因の一つは、文章が長くなる中で、頭が混乱し、SV（主語-動詞）関係を追えなくなることです。本章のようなトレーニングを継続的に行うことで、主語や動詞、その他の部分から成る「文構造」を長文の最後まで見抜いていけるような力を鍛えていきましょう。また、語彙力の少なさにより読解できていないと感じる場合は、第10章に紹介するような参考書をチェックしましょう。

4

英語長文の性質を
知ろう
～前後が大切～

本章では、以降に続く長文読解トレーニングに備え、英語長文の重要箇所を見抜くためのポイントをチェックしていきましょう。

1. 英語の長文では結論が先に来る

　大意を読み取るにあたって、英文についてよくいわれる「英語の長文では、結論が先にくる」を覚えておきましょう。英語では先に結論から述べておき、それについて後から説明するパターンが通例となっています。もちろん、細かい話については文章がはじまったばかりの段階で述べることができないので、大まかなこと（大意）に限られます。ですが、このような長文の最初に示される「大きなテーマ」こそ、要約や全訳には必要なことではないでしょうか？

2. 英語の長文でも最後のまとめは大事

　日本語の長文では最後に結論が来るものですが、英語では結論が最後にくることはないのでしょうか？　いいえ、そんなことはありません。最終的に述べたいことは、文中の事例をふまえた上で、もう一度最後に述べられることが少なくありません。英語の長文であっても、最後の文をきっちり読み取ることは大切です。

　つまり、**英語の長文は、最初の数行と最後の数行に注目することが大切**といえます。よって読解テクニックとしても、長文全体を読む前に、あるいは長文全体を訳そうとする前に、長文の最初と最後の数行をよく読んでみるとよい、ということができます。最初・最後の数行を読むことで、この長文で一体何が論じられるのかがわかれば、残りの長文もその趣旨に沿った内容が続くだろう、と理解をスピードアップすることができます。

　もちろん、実際に英語で本を読む場合などでは、こういった読み方は通常しませんが、英語が苦手な方や、もしくは限られた時間内に試験で英文を理解して訳す必要がある場合には、読解のヒントとして活用してみましょう。

練習

　大きく長文を読み解くための練習問題です。まず長文の前後の部分をよく読み、そこから長文全体の意味を類推しましょう。また、そのあとに長文全体の訳を考え、もしくは答えの和訳を見て、最初に類推した意味と比較してみましょう。

A study shows that being bilingual may delay dementia by at least five years. Upon conducting a study on how language affects the brain, a university in Scotland discovered that for bilingual people, the three most common types of dementia occurred more than four years later than for monolingual people.

A report by Dr. Thomas Bak and other researchers mentioned that bilingualism can become the brain's 'treadmill', helping the brain to stay 'fit' through the natural use of certain crucial brain functions that occurs for people who use two or more languages. Dr. Bak also added, "Bilingualism can be seen as a successful brain training (program) which can help delay dementia." This means that speaking more than one language keeps the brain in better health. It also helps to delay the onset of diseases like Alzheimer's disease and frontotemporal dementia (FTD).

Dr. Bak's research found that the bilingualism-dementia link had little to do with social status, gender, occupation, or education. Dr. Bak studied the medical records of 648 people in India who had suffered from dementia. Of these records, 391 belonged to people who were bilingual, many of whom were illiterate. This research helped to analyze how, in most of these cases, the symptoms of dementia started much later than in monolingual patients. Dr. Bak wrote, "The fact that bilingual advantage is not caused by any differences in education is confirmed by the fact that it was also found in illiterates, who had never attended any school." He suggested that learning a language could keep the brain healthier and is an enjoyable way to train the brain.

訳例

ある研究によれば、バイリンガル（2か国語話者）であることが、認知症を少なくとも5年は遅らせる可能性があることが示されている。スコットランドのある大学で、言語が脳にどのような影響を与えるかの研究が行われ、その結果、バイリンガルの人たちは、1か国語話者の人たちと比べて3つの主要な認知症の発症が4年以上遅くなったことがわかった。

Thomas Bak博士らの報告によると、2つの言語を使用することは、脳の「トレッドミル（軽い運動）」になるといわれている。つまり、2つ以上の言語を用いる人たちは、ある重要な脳の機能を自然に使うことによって、脳の健康保持が促進されるのである。Bak博士はこのように付け加える。「2か国語使用は、認知症を遅らせる効果がある脳のトレーニング（プログラム）であるということができる」。これは、2つ以上の言語を話すことは、脳をよりよい状態に保つということを意味する。また、アルツハイマー病や前頭側頭型認知症（FTD）のような疾患の発症を遅らせる働きもあるということである。

Bak博士の研究では、2か国語使用と認知症との関連は、社会的地位や性別、職業、教育とほとんど関わりがないことがわかった。Bak博士は、648人のインドの認知症患者の診療記録を調べた。これらの記録のうち、391人分がバイリンガルの人たちのものであったが、その多くは読み書きができない者だった。この調査により、これら（バイリンガル）のほとんどの事例で、いかに1か国語話者の患者と比べて認知症症状の始まりが大幅に遅くなったのかの分析が進んだ。Bak博士は、「バイリンガルの持つ利点が、教育の違いによるものではないという事実は、それが学校に一度も出

席したことがなかった、読み書きのできない人たちにも見出されたという事実から確認される」と記している。彼は、言語を学ぶことは脳を健康に保つことができる可能性があり、楽しく脳をトレーニングする方法であることを提示した。

いかがだったでしょうか？　最初のA study shows that being bilingual may delay dementia by at least five years. (ある研究によれば、バイリンガル（2か国語話者）であることが、認知症を少なくとも5年は遅らせる可能性があることが示されている。) というところや、最後のHe suggested that learning a language could keep the brain healthier and is an enjoyable way to train the brain.（彼は、言語を学ぶことは脳を健康に保つことができる可能性があり、楽しく脳をトレーニングする方法であることを提示した。) というところのいずれか、もしくはいずれも読むことができると、「バイリンガル（2か国語を話せること）が脳によく、認知症を遅らせる可能性がある」という本文の趣旨がほとんどわかります。

もちろんこのような問題ばかりではありませんが、通常の英文の特徴としてうまく利用することが、読解をあやまった方向に進ませない（後で訳がおかしいことに気づいて、間に合わなくなることを防ぐ）ために、重要なポイントといえるでしょう。

4
英語長文の性質を知ろう〜前後が大切〜

281

5

「前から読む」ことで読解力を大幅にアップ！

本章では、「前から順に読む」について解説していきます。

1.「前から読む」スキルをつけよう

　日本語と英語では、語順が逆になる部分が多く、このため、日本人の多くは、長文を読む（訳す）際に、文の後ろの部分から前に向かって訳していく「返り読み」をします。

　この「返り読み」に慣れてしまうと、

①長文を読むのに時間がかかる
②読むときにあちこち飛んでしまう読み方になるため、読み忘れが生じやすい

という欠点が出てきます。

　本書では、こうした欠点がある「返り読み」ではなく、英語のネイティブスピーカーと同じ「前から読む」ということを推奨しています。

2. きれいな和訳を作らない

　前から読む際にポイントとなるのは、「きれいな和訳を作らない」ことです。

　これは、試験問題の解答を作る際にきれいな和訳を作らないということではなく、前から読んで読解をしていく際に、ざっくりとした日本語で読んでいく、ということです。

　前から読んでいくと、日本語と英語では語順が異なるため、日本語の文章とはいえない「粗い和訳」になってしまいます。しかし、その「粗い和訳」を、一文一文「きれいな和訳」に変えながら読み進めようとすると、読むスピードも格段に遅くなってしまいますし、一文一文の理解に時間がかかるため、文章全体の流れがつかみづらくなることも起こります。ざっくりとした和訳で前から読み、意味合いとしては理解しつつ次の文に進んでいくことで、読解のスピードが速まり、混乱を避けることができます。

わからない語彙があって読み進められない場合

　わからない英単語が多すぎて、長文をうまく読み進められないこともあるかもしれません。そんな時は、わかる部分は日本語で、わからない部分は、そこに英単語をそのままあてはめて読み進めていく、というのも一つです（たとえば主語の場合は、「○○（英単語）は」としていくなど）。また、副詞や付け足しの言葉（場所や時間、条件句・節など）は、ひとまず省いて読むのもよいでしょう。

　もし、わからない単語が多すぎて、「○○は○○を○○するので〜」と英単語だらけになり、理解していくことができない場合は、読んでいる文章があなたの語彙力の実力に合っていないと考えられます。第10章に紹介するような単語帳を使って、語彙力の増強も積極的に行っていきましょう。あなたに合ったレベルの長文での読解練習が、読む力を養うためには必要です。第10章には、長文読解の書籍も紹介しています（実力に合わせた書籍の選び方も掲載）。自分に合った長文を使って、読解力を養成していきましょう！

6

「前から読む」練習を
長文問題で
実践しよう！

本章では、「前から読む」を実践します。まず問題文を見て、ご自身で前から読んでいきましょう。適度な長さで文を区切り、区切った部分ごとに粗い訳をつけながら読み進めます。次に、解説（前から読んだ訳つき）で思考プロセスをチェックし、最後に、訳例で文章全体の内容の理解を確認しましょう。

練習1

Reliability and Validity

Reliability and validity are critical concepts to be taken into account when we conduct psychological tests and research. Reliability is the overall consistency of a test. If reliability is high enough, testing will always yield similar scores when the same person takes a test under the same conditions repeatedly. Validity is the degree of how much a test can assess what the examiner expects to measure. For example, a 'depression' scale needs to be constructed in order to assess the degree of 'depression'. Thus, we have to consider both reliability and validity when performing psychological tests.

解説

Reliability and Validity
　　信頼性　　と　　妥当性

Reliability and validity are critical concepts to be taken into
　　信頼性と妥当性は　　　　　　非常に重要な概念　　　　考慮されるべき

account when we conduct psychological tests and research.
　　　　　〜の時に　私たちが行う　　心理検査や心理学の研究

Reliability is the overall consistency of a test. If reliability is high
　信頼性は　　　　総合的な一貫性　　　検査の　もし　信頼性が

enough, testing will always yield similar scores when the same
十分に高い　検査は　　いつも生むだろう　　同様の得点　　時に　　同じ人が

person takes a test under the same conditions repeatedly.
検査を受ける　　　　　同じ条件のもとで　　　　　　　繰り返し

Validity is the degree of how much a test can assess what the
妥当性は　　　　〜の程度である　　どのくらい　　検査が　　測定できている

examiner expects to measure. For example, a 'depression' scale
検査者が測定したいこと　　　　　　　例えば　　　　「抑うつ」検査では

needs to be constructed in order to assess the degree of
必要がある　　　構築される　　　　　　測定するために　　　　　　「抑うつ」の程度

'depression'. Thus, we have to consider both reliability and validity
このように　私たちは考えなければならない　　　信頼性も妥当性も

when performing psychological tests.
実施する時に　　　　　　心理検査を

訳例

信頼性と妥当性

心理検査や心理学の研究を行う際に考慮すべき重要な概念として、信頼性と妥当性がある。信頼性とは、検査の全体的な一貫性のことである。信頼性が十分に高ければ、同一の人に同一の条件で繰り返し検査を行うと、検査では常にほぼ同様の得点が得られることになる。妥当性とは、検査者が測定したいことをどのくらい測定できているかの程度のことである。例えば、「抑うつ」検査では「抑うつ」の程度が測定されるように構成されていることが必要である。このように、心理検査を行う際には、私たちは信頼性や妥当性のことを考慮しなければならない。

練習2

The information that human beings and animals retain from past experiences is called memory. On the basis of its nature and processes, memory is explained in various ways in psychology. For example, the process of memory is divided into three stages: registration (encoding), retention, and recall. Memory can also be classified as either short term memory or long term memory, both of which refer to the length of time in which memory is stored.

We have various kinds of functions and abilities that we use (without our conscious awareness) that help us to memorize the information surrounding us. Studying these functions and abilities enables us to understand human beings more deeply from the psychological standpoint.

解説

The information that human beings and animals retain from past
情報　　　　　　　　　　　　人間と動物　　　　　　　保持する

experiences is called memory. On the basis of its nature and
過去の経験から　よばれる　記憶　　　　その性質と過程に基づいて

processes, memory is explained in various ways in psychology.
記憶は説明される　　　さまざまなやりかたで　心理学の中で

For example, the process of memory is divided into three stages:
例えば　　　　　記憶の過程　　　分けられる　3つのステージに

registration (encoding), retention, and recall. Memory can also be
記銘(符号化)　　　　　保持　　そして想起　記憶　また〜できる

classified as either short term memory or long term memory, both
として分類される　　短期記憶か　　あるいは　長期記憶

of which refer to the length of time in which memory is stored.
両者ともに　参照している　時間の長さ　　　　記憶が保管されている

We have various kinds of functions and abilities that we use
私たち　もっている　　　　様々な機能や能力　　　　　私たちが使う

(without our conscious awareness) that help us to memorize the
気づくことなく　　　　　　　　私たちが記憶するのを助ける

information surrounding us. Studying these functions and abilities
私たちを取り囲む情報を　　　研究する　　　これらの機能や能力

enables us to understand human beings more deeply from the
私たちに可能にする　理解する　　人間　　より深く

psychological standpoint.
心理学的観点から

訳例

人間や動物が、過去の経験から保持する情報を記憶という。心理学において記憶は、その性質や過程に基づいて、様々な方法で説明されている。例えば、記憶の過程は、3つの段階、すなわち記銘（符号化）・保持・想起に分けられる。また、記憶を保持している時間の長さによって、短期記憶と長期記憶にも分けられる。

私たちには、身の回りの情報を記憶するのを助ける、（意識的には気付かずに）用いている様々な機能や能力がある。これらの機能や能力を研究することで、心理学的観点からの人間の理解をより深めることができるのである。

第6章の練習はここまでです。いかがだったでしょうか？

しばらくの間は、返り読みをせずに「前から読む」と、これまでやってきた長文読解の方法よりも時間がかかるかもしれません。焦らず急がず、着実に「前から読む」ことを続けることで、少しずつ慣れていくことができるでしょう。

ここで培った力は必ず入試において役立ちます。また、今後英会話などで英語に触れることがある場合にも役に立つはずです。根気よく続けてみましょう。

7

少しずつ「前から読む」 スピードを 速めていこう！

ここからは速読練習を行っていきます。ここでも、「前から読む」という方法を貫いて、区切った英文にできるだけ前から順に和訳をつけながら読み進めてください。速く読めるようになるまでには、時間と経験がどうしても必要です。少しずつで結構ですので、粗い訳で意味をつかみ、読むスピードを上げていくようにしてみましょう。

練習1

Cognitive behavioral therapy (CBT) started with the rise of behavior therapy. Behavior therapy was proposed after the 1950s in accordance with the emergent behaviorist psychology established by John B. Watson. Behavior therapy only deals with behaviors that one can observe. In addition, symptoms are regarded as maladaptive conditioned responses, and treatment aims to eliminate maladaptive behaviors and to teach adaptive ones. That is, unlike psychoanalysis, the symptoms are not the result of repression into the unconscious according to the theories of behavior therapy or CBT.

Cognitive therapy, on the other hand, was established by an American psychiatrist named Aaron T. Beck. Beck thought that the disturbance in emotion or behavior originates from cognitive distortions. In the sessions of cognitive therapy, cognitive restructuring is often used.

Cognitive behavioral therapy then emerged as the second generation of the above two forms of therapy. The techniques of cognitive therapy were too good for behavior therapists to miss out, and Beck also came to call his approach cognitive behavior therapy. Lately, CBT has become the general term for the psychotherapeutic procedures that combine the techniques of both cognitive therapy and behavior therapy.

Also, the recent expansion of CBT has brought about an even wider variety of psychotherapeutic approaches – mindfulness cognitive therapy, acceptance and commitment therapy (ACT), dialectical behavior therapy (DBT), and metacognitive therapy, to name a few – that are to be included as important forms of cognitive behavioral therapy.

解説

Cognitive behavioral therapy (CBT) started with the rise of
認知行動療法は　　　　　　　　　　　　始まった　　　　　行動療法の

behavior therapy. Behavior therapy was proposed after the 1950s
台頭によって　　　　　行動療法　　　提唱された　　　1950年代以降

in accordance with the emergent behaviorist psychology
に従って　　　　　現れてきた行動主義心理学

established by John B. Watson. Behavior therapy only deals with
J.B.ワトソンがうち立てた　　　　　行動療法は　　　～だけ扱う

behaviors that one can observe. In addition, symptoms are
行動　　　　観察すること　ができる　　また　　　症状は

regarded as maladaptive conditioned responses, and treatment
～とみなされる　　不適応的な　　条件づけられた反応　　そして　治療は

aims to eliminate maladaptive behaviors and to teach adaptive
目指す　取り除くことを　　不適応な行動　　そして　教える　適応的な行動

ones. That is, unlike psychoanalysis, the symptoms are not the
　　　つまり　　　精神分析と違って　　症状は

result of repression into the unconscious according to the
～の結果ではない　　　無意識への抑圧　　　　　～によると

theories of behavior therapy or CBT.
行動療法ないし認知行動療法の理論

Cognitive therapy, on the other hand, was established by an
認知療法は　　　　他方で　　　　　創始された

American psychiatrist named Aaron T. Beck. Beck thought that
アメリカの精神科医によって　　　A.T.ベックという名の　　　ベックは　考えた

the disturbance in emotion or behavior originates from cognitive
情動や行動の乱れ　　　　　　　　　生じる

distortions. In the sessions of cognitive therapy, cognitive
認知の歪みから　　　セッションでは　　　　認知療法の

restructuring is often used.
認知再構成法が　　よく用いられる

Cognitive behavioral therapy then emerged as the second
認知行動療法が　　　　　その後　現れた　　　第2世代として

generation of the above two forms of therapy. The techniques of
上記2つの療法の

cognitive therapy were too good for behavior therapists to miss
認知療法の技法　　　良すぎた　　　行動療法家にとって　　見逃すには

out, and Beck also came to call his approach cognitive behavior
また　ベックも　　よぶようになった　自身のアプローチを　　認知行動療法と

therapy. Lately, CBT has become the general term for the
近年では　認知行動療法は〜になった　　包括的な用語

psychotherapeutic procedures that combine the techniques of
心理療法的手続きのための　　　　　組み合わせる

both cognitive therapy and behavior therapy.
認知療法と行動療法の療法の技法を

Also, the recent expansion of CBT has brought about an even
さらに　　　　最近の拡大　　認知行動療法の　もたらした

wider variety of psychotherapeutic approaches – mindfulness
さらに幅広い種類の　　心理療法のアプローチ

cognitive therapy,acceptance and commitment therapy (ACT),
マインドフルネス認知療法　　　アクセプタンス＆コミットメント・セラピー(ACT)

dialectical behavior therapy (DBT), and metacognitive therapy, to
弁証法的行動療法(DBT)　　　　　そしてメタ認知療法

name a few - that are to be included as important forms of
いくつか例をあげると　　これらは　含まれていくだろう　　重要な形式として

cognitive behavioral therapy.
認知行動療法の

訳例

認知行動療法は行動療法の台頭によって始まった。行動療法は、1950年代以降に、ジョン・B・ワトソンが新しく創始した行動主義心理学の流れの中で提唱された。行動療法では、観察することができる行動のみが扱われる。また、症状とは不適応な条件反応であると考え、治療においては、不適応行動の消去と適応行動の教授が目指される。つまり、精神分析とは異なり、行動療法ないし認知行動療法の理論において症状とは、無意識への抑圧からもたらされるものではないのである。

他方、認知療法はアメリカの精神科医であるアーロン・T・ベックによって創始された。ベックは認知の歪みにより情動や行動の乱れが生じると考えた。認知療法のセッションでは、認知再構成法がよく用いられる。

その後、上記2つの療法の第2世代として、認知行動療法が登場した。行動療法家にとっても、認知療法の技法は見過ごせないものであり、またベックの側も、自身の心理療法を認知行動療法とよぶようになったのである。近年では、認知行動療法とは、認知療法と行動療法の技法を組み合わせて行う心理療法的手続きの総称となっている。

さらに、最近の認知行動療法の拡大は、マインドフルネス認知療法やアクセプタンス＆コミットメント・セラピー（ACT、アクト）、弁証法的行動療法（DBT）、メタ認知療法などといったさらに幅広い心理療法のアプローチの誕生をもたらしている。これらのセラピーは、認知行動療法の重要な形式に含まれていくだろう。

練習2

Humanistic psychology emerged as a criticism of psychoanalysis and behaviorism in the 1960s. One of the most famous psychologists of this school is Carl Rogers, who is the founder of client-centered therapy (also called non-directive therapy in an earlier time, and person-centered approach later on). Rogers believed in the potential for growth of every organism (including human beings), and theorized about a 'fully functioning person' – an individual who is flexible, open to experience in the moment, and continually working towards fulfilling their full potential. As the source of dysfunction, he thought of the gap (incongruence) between the person's experience as a living organism and the self-concept in the person's conscious mind. This gap was said to be created through the perception of the person's genuine experience getting either distorted or denied so that their current self-concept is protected.

In Rogerian sessions, active listening is emphasized. In addition, Rogers discussed the six necessary and sufficient conditions for therapeutic personality change to occur. Among the six, the three essential attitudinal conditions required for the therapist – empathy, unconditional positive regard, and congruence – were called the three core conditions.

As an activity by person-centered approach for groups, Rogers brought about an experiential group work called an encounter group. The facilitator is usually present to create and maintain a safe meeting environment for the members. The participants, including the facilitator(s), are encouraged to freely communicate their thoughts and feelings of the moment when they would like to, and to listen with respect and appreciation when another participant is talking.

解説

Humanistic psychology emerged as a criticism of psychoanalysis
人間性心理学　　　　　　現れた　　批判として　　　精神分析学と行動主義の

and behaviorism in the 1960s. One of the most famous psycho-
　　　　　　　　　1960年代に　　　　最も有名な心理学者の一人

logists of this school is Carl Rogers, who is the founder of client-
　　　　この学派の　　は　　C.ロジャーズ　彼は　　クライエント中心療法の創始者

centered therapy (also called non-directive therapy in an earlier
　　　　　　　ともよばれた　　　非指示的療法　　　　初期には

time, and person-centered approach later on). Rogers believed in
　　　そしてパーソンセンタードアプローチ　後年には　　ロジャーズは　　の存在を信じる

the potential for growth of every organism (including human
潜在力を　　　成長のための　　すべての有機体の　　　　人間を含めた

beings), and theorized about a 'fully functioning person' – an
また　　　～について理論化した　　　「十分に機能する人間」

individual who is flexible, open to experience in the moment, and
個人　　　　柔軟である　　～に開かれている　　経験　　その瞬間の

continually working towards fulfilling their full potential. As the
そして継続的に　　向かっている　　開花させる　彼ら（その個人）のすべての潜在力

source of dysfunction, he thought of the gap (incongruence)
機能不全・障害の原因として　　彼は考えた　　ずれ（自己不一致）

between the person's experience as a living organism and the
～の間　　　　その人の経験　　生きている有機体としての

self-concept in the person's conscious mind. This gap was said
そして自己概念　　その人の顕在意識にある　　　　このずれは

to be created through the perception of the person's genuine
つくられるといわれた　～を通して　　その人本来の体験の知覚

experience getting either distorted or denied so that their current
　　　　　歪曲される、あるいは否認される　　　ために　　　現在の

self-concept is protected.
その人の自己概念　　守られる

In Rogerian sessions, active listening is emphasized. In addition,
ロジャーズ派のセッションにおいて　　傾聴が　　強調される　　加えて

Rogers discussed the six necessary and sufficient conditions for
ロジャーズは　論じた　6つの　　必要十分な　　　条件

therapeutic personality change to occur. Among the six, the three
治療的なパーソナリティ変化が起こるための　　その6つのうち

essential attitudinal conditions required for the therapist –
3つの重要な　態度に関わる条件　　セラピストに求められる

empathy, unconditional positive regard, and congruence – were
共感　　無条件の肯定的関心　　そして自己一致

called the three core conditions.
よばれた　　3つの中核条件

As an activity by person-centered approach for groups, Rogers
活動として　パーソンセンタードアプローチによる　グループのための　ロジャーズが

brought about an experiential group work called an encounter
生み出した　　体験的グループワーク　　エンカウンターグループとよばれる

group. The facilitator is usually present to create and maintain a
ファシリテーターが　　通常存在する　　つくり出し維持するために

safe meeting environment for the members. The participants,
安全な集まりの環境　　メンバーのための　　参加者

including the facilitator(s), are encouraged to freely communicate
ファシリテーターを含む　　奨励される　　自由に伝える

their thoughts and feelings of the moment when they would like
自分の考えや気持ち　　その時の　　話したい時に

to, and to listen with respect and appreciation when another
そして　耳を傾ける　　尊重と理解をもちながら　　～のとき

participant is talking.
他の参加者　話している

300

訳例

人間性心理学は、精神分析学と行動主義への批判として1960年代に現れた。この学派の最も有名な心理学者の一人として、カール・ロジャーズが挙げられる。彼は、クライエント中心療法（初期には非指示的療法、後年にはパーソンセンタードアプローチともよばれた）の創始者である。ロジャーズは、人間を含めたすべての有機体が、成長へと向かう潜在的な力をもつものと信じており、「十分に機能する人間」について理論化した。これは、柔軟で、その瞬間の経験に開かれており、また、自らの可能性のすべてが十分に開花する方へと継続して向かっている個人として書き表されている。また、障害（機能不全）の原因としては、生きている有機体としての自分自身の体験と、顕在意識にある自己概念とのずれ（自己不一致）を想定した。このずれは、その人の現在の自己概念を守るために、その人本来の体験が歪曲して知覚される、あるいは体験の知覚が否認される中でつくられるとされた。

ロジャーズ派のセッションにおいては傾聴が重視される。またロジャーズは、治療的パーソナリティ変化が起こるための6つの必要十分条件について論じた。その6つのうち、セラピストに求められるあり方についての重要な3条件（共感、無条件の肯定的関心、そして自己一致）は、中核3条件とよばれた。

パーソンセンタードアプローチによる集団のための活動として、ロジャーズはエンカウンターグループとよばれる体験的グループワークを生み出した。そこでは通常、集まりの場の安全を確保し守る存在として、ファシリテーターがおかれる。ファシリテーターを含む参加者は、その時思ったこと・感じたことを話したい時に自由に話し、また、他の参加者が語っているときは、尊重と理解の心をもちつつ耳を傾けることが奨励される。

第7章の練習はここまでです。いかがだったでしょうか？

　もし難しく感じられる場合には、長文を段落ごとに分けて細切れにしてゆっくり読むようにするか、先に挙げたように、語彙力が十分増えるまで、長文で出てくる語彙レベルを下げて練習しましょう。あわてて難易度の高い長文で読解練習を行うよりも、ゆっくり着実にすることが重要です。また、単語を覚えることにもう少し時間を割くようにしてもいいかもしれません。

　本書で取り上げている長文の量は必ずしも多くありません。トレーニングには、たくさんの長文に触れ、量をこなしていくことが必要です。第10章に掲載の参考書や、インターネット上にある様々な長文を読む習慣をつけましょう。

きれいな和訳に
チャレンジしよう！

ここまでは、粗い和訳で、前から読んでいくことを練習しました。

ある程度「前から読む」が板についてきた方や、受験まで1～2か月しかない方は、次に進んでみましょう。ここからは、いよいよ和訳にフォーカスした演習に入っていきます。

以下の問題では、「前から読む」を心がけて読み、最後に、全文の和訳を作成してください。終わったら、解説や訳例で内容の理解や和訳の表現について確認しましょう。「粗い和訳」で読み進め、大意をつかむことで自然な和訳づくりに取り組んでいきましょう。

練習1

Psychological assessment is a process of gathering the client's information with the aim of deepening the understanding of him/her. It is also carried out to produce therapy sessions with the client based on the deepened understanding of them. The psychological test is one of the methods for psychological assessment. There are many types of psychological tests like the intelligence test, the developmental test, and the personality test. The personality test includes questionnaire tests, projective tests, and performance tests.

Questionnaire tests require the respondent to answer the given items, and tend to measure the parts that they are relatively conscious of. In contrast, projective tests are effective in measuring the deeper parts of the subject's inner world that they are not always conscious of. In questionnaire tests, it is easy to make conscious choices of the answers to the questions given in the form. One weakness of questionnaire tests is, therefore, the tendency of it being affected by response distortion. For this reason, some questionnaires include certain items called lie scales. In projective tests, it is hard for respondents to guess the intentions behind the directions or questions of the test, or how their responses may be interpreted. It is for this reason that it has the advantage of reducing the impact of response distortion. At the same time, however, assessors need to be cautious in making subjective interpretations of the responses to projective tests.

解説

Psychological assessment is a process of gathering the client's
心理査定は　　　　　　　のプロセス　　　　　　クライエントの情報を集める

information with the aim of deepening the understanding of him/
〜の目的で　　　　　　彼・彼女（クライエント）についての理解を深める

her. It is also carried out to produce therapy sessions with the
それは　また　　行われる　　をつくりあげるために　セラピーのセッションを　クライエントとの

client based on the deepened understanding of them. The
〜に基づいて　　　　　深められた理解　　　　彼ら（クライエント）の

psychological test is one of the methods for psychological
心理検査は　　　　　　　手法のひとつ　　　　　　　心理査定のための

assessment. There are many types of psychological tests like the
〜がある　　　たくさんの種類の　　　心理検査　　　のような

intelligence test, the developmental test, and the personality
知能検査　　　　　　　　　　発達検査　　　　　　　そしてパーソナリティ検査

test. The personality test includes questionnaire tests, projective
パーソナリティ検査は　　　含む　　　質問紙法検査　　　投映法検査

tests, and performance tests.
そして作業検査

Questionnaire tests require the respondent to answer the given
質問紙法検査は　　　求める　　　回答者（被検者）が　　与えられた項目に回答する

items, and tend to measure the parts that they are relatively
そして　　測定する傾向がある　　〜な部分を　彼ら（被検者）が　　比較的

conscious of. In contrast, projective tests are effective in
意識している　　それに対して　　投映法検査は　　　　効果的

measuring the deeper parts of the subject's inner world that they
測定するのに　　深い部分　　　被検者の内的世界の　　　彼ら（被検者）が

are not always conscious of. In questionnaire tests, it is easy to
いつもで〜ではない　意識している　　質問紙法検査では　それ（to以下の仮主語）は簡単である

make conscious choices of the answers to the questions given in
意識的な選択をすること　　　　回答の　　　　　　　質問に対して　　　用紙に

the form. One weakness of questionnaire tests is, therefore, the
のせられた　　　一つの欠点　　　　　質問紙法検査の　　は　　従って

tendency of it being affected by response distortion. For this
～の傾向　　　それが影響されること　　　反応歪曲によって　　　この理由から

reason, some questionnaires include certain items called lie
いくつかの質問紙は　　　　　　　特定の項目を含む　　　　虚偽尺度と

scales. In projective tests, it is hard for respondents to guess the
よばれる　投映法検査において　それ(to以下の仮主語)は難しいことである　被検者にとって　意図を推測する

intentions behind the directions or questions of the test, or how
指示や質問の背後の　　　　　　　　検査の　　あるいはどのように

their responses may be interpreted. It is for this reason that it has
自身の回答が　　　解釈されるかもしれない　　　この理由によって(これによって)

an advantage of reducing the impact of response distortion. At
それは利点をもつ　　　　影響を減らすという　　　反応歪曲の

the same time, however, assessors need to be cautious in making
同時に　　　しかしながら　査定者は　　　用心する必要がある

subjective interpretations of the responses to projective tests.
主観的な解釈をすることに　　　回答の　　　投映法検査への

訳例

心理査定とは、クライエントについての理解を深めることを目的として、クライエントの情報を集めるプロセスのことである。また、深めた理解に基づいて、クライエントとの心理面接をつくりあげるためにも行われる。心理検査とは、心理査定の手法の一つである。心理検査には、知能検査や発達検査、パーソナリティ検査をはじめとした数多くの検査が存在する。パーソナリティ検査には、質問紙法検査、投映法検査、作業検査などがある。

質問紙法検査とは、あらかじめ決められた質問に回答してもらうものであり、被検者が比較的意識している部分が測定されやすい。それに対して、投映法検査は被検者が必ずしも意識できていない深層心理について測定するのに有効である。質問紙法検査は質問紙の質問への回答を意識的に選択し

やすい。そのため、反応歪曲の影響を受けやすいことが一つの欠点だといえる。このことから、質問紙によっては虚偽尺度とよばれる特定の質問項目を入れている場合もある。投映法検査では、検査の指示や質問の意図、あるいは自身の回答がどのように解釈されるかが被検者にとってわかりにくい。そのため、反応歪曲の影響を減らすことができる利点をもつ。しかし同時に、査定者は投映法検査の回答の解釈に主観が入ることを避けるよう注意する必要がある。

練習2

Developmental disorders have come to gain publicity since Leo Kanner discovered 'autism' in 1943. Those who have autism-like characteristics but possess relatively high IQs were called to have Asperger's syndrome or high functioning autism. In recent years, the trend that views various developmental disorders in a spectrum is becoming more common. In DSM-5, 'autism spectrum disorder (ASD)' is proposed as a new concept of disorder that encompasses autistic disorder, Asperger's disorder, pervasive developmental disorder not otherwise specified (PDD-NOS), and some other disorders in DSM-Ⅳ. Lorna Wing, psychiatrist in the UK, divided the characteristics of impairments of autism spectrum disorders – as were proposed before the publication of DSM-5 – into three main categories: social interaction, communication, and imagination. This triad of impairments by Wing continues to be regarded as important in the current diagnosis of disorders related to autism.

Other well-known developmental disorders include attention-deficit / hyperactivity disorder (ADHD) and specific learning disorder (SLD). More than one type of developmental disorder can often appear within a single person (comorbidity). When we observe people with developmental disorders, it is important to reconsider the fact that developmental disorders are not caused by bad communication within the family but rather by organic factors.

解説

Developmental disorders have come to gain publicity since Leo
発達障害は　　　　　　するようになった　　知名度・認知度を高める　　以来

Kanner discovered 'autism' in 1943. Those who have autism-like
L.カナーが　　「自閉症」を発見した　　1943年に　　〜の人たち　　もつ

characteristics but possess relatively high IQs were called to
自閉症のような特徴　　しかし　もつ　　比較的高い知能　　　よばれた

have Asperger's syndrome, or high functioning autism. In recent
もつ　　アスペルガー症候群　　あるいは　　高機能自閉症　　　近年

years, the trend that views various developmental disorders in a
潮流・動き　〜をみる　　　　様々な発達障害を　　　スペクトラム

spectrum is becoming more common. In DSM-5, 'autism spectrum
(連続体)の中で　なってきている　より一般的に　DSM-5では　　自閉スペクトラム症

disorder (ASD)' is proposed as a new concept of disorder that
(自閉症スペクトラム障害)(ASD)　提案されている　　新しい疾患の概念として

encompasses autistic disorder, Asperger's disorder, pervasive
包含する　　　　自閉性障害　　　アスペルガー障害

developmental disorder not otherwise specified (PDD-NOS), and
特定不能の広汎性発達障害(PDD-NOS)

some other disorders in DSM-IV. Lorna Wing, psychiatrist in the
そしてその他いくつかの障害　DSM-IVの中の　L.ウィング　精神科医　イギリスの

UK, divided the characteristics of impairments of autism
分けた　　　　障害の特徴

spectrum disorders - as were proposed before the publication of
自閉症スペクトラム障害の　提唱されていたところの(関係代名詞のas)　DSM-5の出版の前に

DSM-5 - into three main categories: social interaction,
3つの主要カテゴリーに　　　　　社交性(社会性)

communication, and imagination. This triad of impairments by
コミュニケーション　そして想像力　　この三つ組の障害

Wing continues to be regarded as important in the current
ウィングによる　引き続きみなされている　重要なものとして　現在の診断において

diagnosis of disorders related to autism.
　　　　　　　自閉症に関わる障害の

Other well-known developmental disorders include attention-
その他のよく知られている発達障害　　　　　　　　　含む

deficit / hyperactivity disorder (ADHD) and specific learning
注意欠如多動症（注意欠如多動性障害）(ADHD)や　　　　　限局性学習症（限局性学習障害）

disorder (SLD). More than one type of developmental disorder can
(SLD)　　　　　　　1つ以上の種類　　　　発達障害の

often appear within a single person (comorbidity). When we
よくあらわれうる　　　　一人の人の中に　　　　併存疾患　　　　私たちが観察

observe people with developmental disorders, it is important to
するとき　　　　発達障害を抱えた人々　　　　それ(to以下の仮主語)は重要である

reconsider the fact that developmental disorders are not caused
事実を再考する　　　　　　　発達障害は　　　　　　を原因とするのではない

by bad communication within the family but rather by organic
望ましくないコミュニケーション　　　家族内の　　　むしろ　　　器質的な要因に

factors.
よって

訳例

1943年にレオ・カナーが「自閉症」を発見して以来、発達障害は認知度を高めてきた。自閉症のような特徴をもつが、知能が比較的高い者は、アスペルガー症候群、ないし高機能自閉症とよばれた。近年、様々な発達障害をスペクトラム（連続体）で捉える動きがより一般的になってきている。DSM-5では、DSM-IVにおける自閉性障害、アスペルガー障害、特定不能の広汎性発達障害(PDD-NOS)、その他いくつかの障害を含む概念である「自閉スペクトラム症（自閉症スペクトラム障害）(ASD)」が新しい疾患概念として提案されている。イギリスの精神科医であるローナ・ウィングは、自閉スペクトラム症（DSM-5出版以前に提唱されていたもの）の障害の特徴を、社交性（社会性）、コミュニケーション、想像力の3つの主要カテゴリーに分類した。このウィングによる三つ組の障害は、今日における自閉症に関わる障害の診断でも引き続き重要視されている。

その他のよく知られている発達障害として、注意欠如多動症（注意欠如多動性障害）（ADHD）や限局性学習症（限局性学習障害）（SLD）がある。発達障害は、一人の人の中に複数併存することがよくある（併存疾患）。発達障害を抱えた人々を観察する際、発達障害は家族内の望ましくないコミュニケーションによってつくられるのではなく、器質的な要因によるものであるということを再考するのは重要である。

練習3

Psychotherapy and therapy session

Psychotherapy is a therapeutic activity that attempts to alleviate, resolve, or prevent mental illnesses, psychosomatic disorders, maladaptive behaviors, or other mental and psychological difficulties mainly through 'talking' rather than through physical or chemical means. The aim of psychotherapy is to contribute to the maintenance and improvement of people's mental health and well-being. At the present moment, there are over 200 of psychotherapy approaches, each of which is equipped with various theories and techniques.

Trained professionals that offer psychotherapy include certified clinical psychologists, certified public psychologists, and psychiatrists. Those who receive psychotherapy are commonly called clients or patients. The client may be an individual, a couple, a family, or a group. Only doctors including psychiatrists can give diagnoses and prescriptions for medications, which is one of the main differences between them and other types of mental health professionals.

The first meeting is called an intake interview. In this interview, the therapist explains to the client what is expected to happen in therapy and the rules and agreements within it. After checking the client's understanding and clarifying any concerns that the client may have, the therapist requests for the client's consent to commit to therapy (informed consent). After the therapy contract is made, the therapist moves onto collecting information on the client's chief complaints, growth history, or the life situations that they are in by using dialogues and asking questions from the interview sheet. Based on the information shared, the therapist and the client explore the course of therapy from the next session onwards.

The quality of the therapeutic relationship or therapeutic alliance between the client and the therapist is an important factor that can affect the therapeutic outcome. Establishing rapport and trust will be aimed at as they share time in therapy. Ethical considerations in relation to therapy (e.g., constructing a form of therapy that adheres to confidentialities, codes of ethics, and boundaries) have a role in helping create a safe environment for clients who often find themselves in vulnerable states.

解説

Psychotherapy and therapy session
心理療法　と　面接

Psychotherapy is a therapeutic activity that attempts to alleviate,
心理療法（精神療法）とは　　治療的活動　　　　〜を試みる　軽減する

resolve, or prevent mental illnesses, psychosomatic disorders,
解決する　あるいは　予防する　　精神疾患　　　　心身症

maladaptive behaviors, or other mental and psychological
不適応行動　　　　　あるいは　　　　その他精神的・心理的問題

difficulties mainly through 'talking' rather than through physical or
主に　　「話すこと」を通して　　〜よりも　　　物理的あるいは

chemical means. The aim of psychotherapy is to contribute to the
化学的手段を通して　　心理療法の目的は　　　　〜に寄与することである

maintenance and improvement of people's mental health and
維持と増進　　　　　　人々のメンタルヘルスと

well-being. At the present moment, there are over 200 of
ウェルビーイングの　　　　現在　　　　　ある　　　200を超える

psychotherapy approaches, each of which is equipped with
心理療法のアプローチ　　　　そのそれぞれが　　　〜を備えている

various theories and techniques.
さまざまな理論や技法

Trained professionals that offer psychotherapy include certified
訓練を受けた専門家　　　心理療法を提供する　　含む

clinical psychologists, certified public psychologists, and
臨床心理士　　　　　　公認心理師　　　　　　そして

psychiatrists. Those who receive psychotherapy are commonly
精神科医　　　〜の人　　を受ける　　心理療法　　は　　通常

called clients or patients. The client may be an individual, a
よばれる　　クライエントあるいは患者　　クライエントは　かもしれない　　個人

couple, a family, or a group. Only doctors including psychiatrists
カップル　　家族　あるいは　　集団　　医者のみ　　含む　　精神科医

can give diagnoses and prescriptions for medications, which is
与えることができる　診断　　と　　　　　薬の処方　　　　　それが

one of the main differences between them and other types of
主な違いの一つ　　　　　　　彼ら(医師)とその他の心の健康に

mental health professionals.
かかわる専門家との間の

The first meeting is called an intake interview. In this interview,
第一回目の面接は　　よばれる　　インテーク(初回面接)　　この面接の中で

the therapist explains to the client what is expected to happen in
セラピストは　　説明する　クライエントに　　起こると予期されること

therapy and the rules and agreements within it. After checking
セラピーで　また　　ルールや合意事項　　その中での　〜のあと　確認する

the client's understanding and clarifying any concerns that the
クライアントの理解　そして　明確にする　どのような懸念でも　クライアントが

client may have, the therapist requests for the client's consent to
抱いているかもしれない　セラピストは　リクエストする　クライアントの同意

commit to therapy (informed consent). After the therapy contract
セラピーにコミットすることへの　インフォームドコンセント　〜のあと　治療契約が

is made, the therapist moves onto collecting information on the
結ばれる　セラピストは　〜へと進む　情報を集める

client's chief complaints, growth history, or the life situations
クライアントの主訴　生育歴　あるいは　生活の状況

that they are in by using dialogues and asking questions from the
彼らが置かれている　〜によって　対話を用いてや　問診票の質問を尋ねて

interview sheet. Based on the information shared, the therapist
〜に基づいて　共有された情報　セラピストと

and the client explore the course of therapy from the next session
クライアントは　を探る　セラピーの流れ　次回の面接以降の

onwards.

The quality of the therapeutic relationship or therapeutic alliance
質　治療関係の　あるいは　治療同盟

between the client and the therapist is an important factor that
クライアントとセラピストの間　は　重要な要素

can affect the therapeutic outcome. Establishing rapport and
影響しうる　セラピーの効果(結果)　形成すること　ラポールと信頼

trust will be aimed at as they share time in therapy. Ethical
目指される　〜につれて　彼らが　時間を共有する　セラピーの中で

considerations in relation to therapy (e.g., constructing a form of
倫理的配慮　セラピーに関わる　(例えば　構築すること

therapy that adheres to confidentialities, codes of ethics, and
セラピーの形式　〜を遵守した　守秘義務　倫理綱領　そして

boundaries) have a role in helping create a safe environment for
バウンダリー)　において役割をもっている　つくり出すのを助ける　安心な環境

clients who often find themselves in vulnerable states.
クライアントにとって気づくと〜であることがよくある　傷つきやすい状態

訳例

心理療法と面接

心理療法（精神療法）とは、精神疾患や心身症、不適応行動、その他精神的・心理的問題を、物理的・化学的手段ではなく、主に「対話」を通して軽減、解決、あるいは予防しようと試みる治療的営みである。心理療法の目的は、人々の心の健康とウェルビーイングの維持・増進に寄与することである。現在、200を超える心理療法のアプローチが存在し、そのそれぞれがさまざまな理論や技法を持っている。

心理療法を行う、訓練を受けた専門家としては、臨床心理士、公認心理師、精神科医などがいる。心理療法を受ける者は通常クライエント（来談者）や患者とよばれる。クライエントは、個人、カップル、家族、あるいは集団かもしれない。精神科医を含む医師のみが診断と薬の処方を行うことができ、これが医師とその他の心の健康にかかわる専門家との間の主な違いの一つである。

第一回目の面接はインテーク（初回面接）と呼ばれる。セラピストはこの面接の中で、セラピーで起こると期待（予期）されることやセラピーに関わるルール・合意事項をクライエントに説明する。クライエントの理解を確認し、クライエントが懸念することがあれば明確にしてから、セラピストはセラピーへの参加の同意をクライエントに求める（インフォームドコンセント）。治療契約が結ばれると、セラピストは、対話や問診票の質問を通して、クライエントの主訴や生育歴、あるいは彼らが置かれている生活の状況等の情報を集める段階に進む。共有された情報に基づき、セラピストとクライエントは今後のセラピーの流れを探っていく。

クライエントとセラピストの治療関係ないし治療同盟の質は、セラピーの効果を左右する重要な要素の一つである。セラピーで両者が時間を共有し

ていく中で、ラポールと信頼を形成することが目指される。セラピーに関わる倫理的配慮（例えば、守秘義務や倫理綱領、バウンダリーを遵守したセラピーを構築すること）は、多くの場合傷つきやすい状態にあるクライエントにとって、安心できる環境を生み出す一助としての役割を担っている。

第8章の練習はここまでです。いかがだったでしょうか？

　ここでのポイントは、「理解する（ために読む）」時間と、「訳す（ために読む）」時間とを分けることです。日本語に翻訳しようと思うと、まず文の後ろの方に目を通してから、文の前の方に戻ってくるという目の動き（返り読み）をしてしまいがちです。これでは、大意を見失わず、素早く読む方法として「前から読む」練習をしてきた意味がなくなってしまいます。

　ですので、まずは「長文全体を読もう」という意識で読み、全体が理解できてから、「（和訳が必要な部分を）訳すために読もう」という意識で取り組みましょう。

　また、和訳の時に、英文をじっくり見つめながら訳すと、「英語を直訳した和訳」になりがちです。一度英文の内容を理解したら、一旦英文から目をそらし、文章の要点を、自分が普段話すような日本語らしい表現で書いてみましょう。このような和訳作業の後に、改めて英語本文と照らしながら、最終的な和訳の調整を行います。英文から目をそらしている間に、英単語や文構造に関する学術書的な知識とほどよく距離が取れ、自然な和訳がつくりやすくなります。

9

模擬試験

本章では、模擬試験として、長文を用いてこれまでの総復習を行います。

これまで学んできたように、

1. 長文全体を「前から読む」ことで、長文で何が言いたいかを大まかに理解する。
2. 主語（S）や動詞（V）、その他の句・節の関係性（英文としての構文構造）を捉える。
3. もう一度最初から、一文ずつ（ピリオドのあるところまで）文を分け、それぞれの（すでに大まかに意味を読み取った）文を、英語の直訳ではなく日本語としてできるだけ自然な文となるように、翻訳して書く。

ということをやってみてください。

問題

次の英文を読み、全文を和訳しなさい。

Recent studies show that a significant number of fathers, like their female counterparts, tend to suffer from depression before and after experiencing the birth of their children. The problem, which is popularly referred to as 'maternity blues', was once thought to affect only women who had given birth. However, Dr. James F. Paulson, associate professor of pediatrics at America's Eastern Virginia Medical School, and his team of researchers have discovered that about 10% of fathers can also suffer from paternal prenatal and postpartum depression.

His team of specialists was able to compile data consisting of 43 different studies contributed by 28,004 participants. The findings indicated a moderate but clear positive correlation between maternal and paternal depression. In other words, it warns that depression in one parent in gestational or postnatal period should prompt clinical attention to the other. Dr. Paulson's research also tells that paternal depression was reported internationally, ranging from European countries, Australia to China. It was discovered that the percentage of fathers in America suffering from this condition is 14.1%, which is greater than the 8.2% international average.

These results should be considered significant enough to generate public health concerns, and have already influenced the team to the conclusion that specialists of prenatal and postpartum depression should pay more attention to the fact that this condition influences fathers and mothers alike. Dr. Paulson commented that prenatal and postnatal depression is a problem that can affect all people regardless of their gender.

訳例

最近の研究では、母親同様に父親も、子どもの産前・産後にうつ病に罹患する傾向があることが示されている。その問題は巷で「マタニティブルー」とよばれているが、かつてはお産をする女性だけに起こるものだと考えられていた。しかしながら、アメリカのEastern Virginia Medical Schoolの小児科学准教授であるJames F. Paulson博士ら研究者チームは、約10パーセントの父親も産前・産後のうつ病を呈する可能性があることを見出した。

Paulson博士ら専門家チームは、28,004名の参加者を擁する43の異なる研究のデータを集め、分析することができた。その研究の結果、父親と母親のうつには中程度だがはっきりとした正の相関が示された。つまり、妊娠期や出産後に親の一方に抑うつが見られるとき、もう一方の親に対しても臨床的な注意を向けるべきであると警鐘を鳴らす結果である。またPaulson博士の研究では、父親のうつは、ヨーロッパの国々からオーストラリア、中国まで、国際的に報告されていた。アメリカでは14.1パーセン

トの父親にこの症状が見られ、これは8.2パーセントという国際平均と比べると大きな差があったことがわかった。

このような結果は、公衆衛生の懸案事項を生み出す重大な結果と考えられるべきであり、研究チームも、産前・産後うつ病の専門家が、母親同様に父親にもこのような症状が現れることにより注意を向けるべきだとの結論を述べるに至った。Paulson博士は、産前・産後のうつ病は、全ての人が性別に関わらず影響を受けうる問題であると伝えている。

　全体的なテーマの意味を、まずタイトルや最初の一文目から推測しましょう。ここで大きなテーマとして語られているのは、母親だけでなく父親も「産前・産後のうつ病」になることがあるのだということです。このテーマが理解できていればOKです。

　これだけ長い英文の訳となると、採点する側は加点法より減点法の方がつけやすいと思われます。加点法とは、出題者が予め決めておいた採点基準に則り、加点の対象となる部分ができているかを見て、その数によって加点し最終点数を決める方法です。逆に減点法とは、回答者全員にまず100点が与えられており、そこから出題者が予めある程度決めておいた部分について「できていない箇所」がどのくらいあるかを見て、その数によって減点し最終点数を決める方法です。

　この模試でも減点法で自己採点してみましょう。満点を100点として、まず、全体の趣旨からずれている箇所につき10点ずつ減点してみましょう。また、上記の和訳と自分の和訳とを照らし合わせて、明らかに意味合いがずれている文があればマイナス5点、単語の意味を間違えていたり、単語が英語でそのまま書かれている箇所に関してはマイナス2点の形で減点していき、自分の点数を出してみましょう。

　この模試で気付いていただきたいことは、英語の長文和訳の場合（100点満

点が取れることに越したことはないのですが）できるだけ減点されないように気を付けることがより重要、ということです。

　単語の意味がわからないことに対しては少しの減点しかされませんが、最も大きく減点される可能性があるのが「全体のテーマ（趣旨）」の捉え間違いです。全体のテーマが合っていれば、点数を半分くらいは取れたも同然です。全体のテーマをきっちりと捉えたあとに、個々の文章のことを考えましょう。それがSVOCなどの構文です。構文構造をしっかり把握していると、単語やイディオムが少々わからなくても、話の流れ（文脈）が崩れずに済みます。全体のテーマと構文構造を押さえた状態で気を付けたいのは、「日本語として読んで意味のわかる訳文か」ということです。そして最後に、単語やイディオムを正しく訳せるかどうか、ということになってきます。

> 1. 全体のテーマ（間違えれば大幅減点につながりやすい）
> 2. SVOCなどの構文構造をつかめているか（間違えると、テーマや文脈からそれた訳をしてしまうなど、減点になりやすい）
> 3. 日本語として意味のわかる訳文か（意味がわからない訳の場合、概ね合っていても減点せざるを得ない）
> 4. 個々の単語やイディオムが正しく訳せているかどうか（わからない単語のみの部分減点で済む）

　わからない単語があれば、SVOCの構造だけは崩さないようにして、わからない単語の部分だけ英語のまま置いておくか、文脈から推測した言葉を置くか、ということをしてみましょう。そうすると、その部分（わからない単語）の減点のみで済むので、できるだけ点数を確保できるでしょう。

　他にも、様々な本に載っている長文を使って読解の練習をすることで、着実に「英語を読む力」をつけていきましょう！

お薦め英語参考書

本章では、第1章で出てきた英語のレベルチェックなどを通して、併用できる他の書籍を探したいと感じた方に向けて、参考書をいくつかご紹介します。一例ですので、その他ご自身が使いやすいと思う書籍は、どんどん活用していきましょう。

[英単語]

　英単語帳は、英語が比較的得意な方以外はあったほうがいいでしょう。TOEFLやTOEICなどは（第1章で触れたように）主眼とする内容が今回対策していきたい内容と異なってきますので、一般的な大学受験の英単語帳や、もしくは英検3級〜準1級対策の単語帳を活用していくとよいでしょう。単語帳のレベルは様々なので、どのレベルの単語帳を選ぶか迷うかもしれません。例えば、以下にご紹介する英単語ターゲットの場合は1200、1400、1900がありますし、速読英単語も入門編、必修編、上級編があります。本を選ぶ際には、まずより初学者向けのレベルの本から、ぱっと開いたページの単語の訳が8割以上答えられるかをチェックします。数ページやってみても8割以上わかるようでしたら、もう一つ上のレベルの本を同じようにチェックしていきましょう。ターゲットなら1900、速読英単語なら上級編、そして英検の単語帳なら2級か準1級の単語帳の語彙が、8割以上わかるようでしたら、あとは心理学のテクニカルターム（専門用語）の対策のみと言えるでしょう。

　その場合は、本書の巻末に載っているような英語のキーワード索引や、姉妹本の「心理系大学院入試＆臨床心理士試験のための心理学標準テキスト（秀和システム）」の本文中の専門用語に付記された英訳などを用いて、専門用語を覚えていきましょう。

・英単語ターゲット1900 6訂版（大学JUKEN新書）ターゲット編集部（編）旺文社（2020）
・DUO 3.0　鈴木 陽一（著）アイシーピー（2000/03）
・速読英単語 必修編［改訂第7版］　風早 寛（著）Z会（2019）

［文法書］

　英文法に関しては、志望大学院の過去問で（「長文を読んで訳しなさい」などの）和訳の出題がほとんどを占めているようであれば、あまり気にする必要はありません。

　少し対策しておきたい、という程度でしたら、中学や高校レベルの内容を復習できる書籍を、かなりしっかりやりたい方でしたら「総合英語 Forest」などの文法書を使ってみてください。

- 総合英語 Evergreen　墺 タカユキ（編著）、川崎 芳人 他（著）いいずな書店（2017/1）
- 一生モノの英文法　澤井 康佑（著）講談社（2012/06）
- 中学・高校6年分の英語を総復習する(CD付)　平山 篤（著）ベレ出版（2007/09）
- カラー版CD付 中学3年間の英語を10時間で復習する本　稲田 一（著）KADOKAWA/中経出版（2010/01）
- カラー版CD付 高校3年間の英語を10日間で復習する本　稲田 一（著）KADOKAWA/中経出版（2010/01）

［長文］

　長文に関しては、やはり何度も練習するのがお勧めです。以下のような書籍を参考にしてみてください。こちらで紹介した長文対策の書籍のうち、初学者向けのものは丁寧にSVOCが英文についており、SVOCを見抜く練習ができます。そのほか、「前から読む」や「自然な日本語に訳す」を練習する素材として、これらを使っていただければと思います。

- 大学入試 英語長文ハイパートレーニングレベル1 超基礎編 新々装版　安河内 哲也（著）桐原書店（2020/06）
- 大学入試 英語長文ハイパートレーニングレベル2 標準編 新々装版　安河内 哲也（著）桐原書店（2020/02）

· 大学入試 英語長文ハイパートレーニングレベル3 難関編 新々装版
安河内 哲也 (著) 桐原書店 (2020/06)
· 入門英語長文問題精講 3訂版　三浦 淳一 (著) 旺文社 (2019/07)
· 英語長文問題精講 新装版　中原 道喜 (著) 旺文社 (2000/01)

[和訳]
· 英文和訳演習 (中級篇) (駿台受験シリーズ)　伊藤 和夫 (著) 駿台文庫
(1983/09)

[その他]
· Atkinson & Hilgard's Introduction to Psychology 16th ed.
Susan Nolen-Hoeksema, Barbara L. Fredrickson, Richard C.
Atkinson, Geoffrey R. Loftus & Christel Lutz (著) Cengage
Learning EMEA (2014/04)
· 心理系大学院入試＆臨床心理士試験のための心理学標準テキスト'21～'22
年版　IPSA心理学大学院予備校 (編著) 秀和システム (2021)

3部

部

研究計画書

第1章　研究計画書の書き方〜完成までの流れとポイント〜

研究計画書の書き方
〜完成までの
流れとポイント〜

1 研究計画書を作成する前のポイント

◉ 内容そのものよりも論理構成・研究の立て方が大切

　研究計画書とは、大学院修士課程における修士論文の計画書のことです。そのため、計画書では、修士論文の「テーマ」「目的」「仮説」「意義」「分析方法」「引用・参考文献」を書くことになります。しかしながら、入試の研究計画書で見られるポイントは、内容そのものよりも、研究計画書の書き方が重視されます。なぜなら、内容は大学院入学後に経験・勉強を積み重ねていく上で、深めていくこととなり、当初の計画から変更されることがほとんどだからです。つまり、研究計画書では、研究したいテーマについて先行研究を引用しながら論理的に文章を構築し、目的や仮説を含む内容が、臨床心理学の内容であれば、素晴らしい内容である必要はありません。まずは研究するための計画書として体をなしていることが大切です。

◉ 研究計画書と志望大学院の特徴がマッチしていること

　大学院には特徴があり、所属している教員にはそれぞれ研究分野があります。研究計画書のテーマの選定は、志望大学院の特徴を踏まえる必要があります。例えば、研究計画書の内容が、投映法を扱っているのに、志望大学院の教授に投映法の専門家がいない場合、論文指導できないといわれかねません。よって、研究計画書のテーマが研究できる大学院を選ぶことになります。テーマの選択とともに志望校の特徴・教員の研究領域を調べておいたほうがよいでしょう。

◉ 研究計画書の字数の分量を必ず確認

　研究計画書は、大学院の願書と一緒に提出することになります。それぞれの大学院の願書にはフォーマットがあり、求められる文字数は異なります。おお

よそ800字～3000字です。大学院によっては、HPで募集要項が公開されていますので事前に確認しておいてください。

◉ 研究計画書は志望理由書の内容と合わせておく

研究計画書では、面接試験でも用いられることがあり、その他、志望動機も尋ねられることがあります。行いたい研究内容と大学院の指導教官とがマッチしていることも志望動機になりますから、志望理由書に研究計画書のテーマを選んだ理由を書くこともいいでしょう。受験生の中には、心理学部で卒論のテーマ・内容とは別のものを研究計画書にしている人もいます。その場合は、面接の際に、変更の理由を聞かれることもあるので注意が必要です。

◉ 研究計画書完成までのスケジュールを作る

研究計画書は、すぐに完成するものではありません。そのため、大学院の筆記試験対策と並行して進める必要があります。よって、研究計画書を計画的に執筆するためのスケジュールを立てておくとよいでしょう。

研究計画書スケジュールの例

4月（9月）	：志望校の選定・研究計画書のテーマ探し
5月（10月）	：テーマの決定・先行研究を集める
6月（11月）上旬	：先行研究を基に「問題（はじめに）」にあたる部分を作成
6月（11月）末	：研究の「目的」を作成し、「問題」「目的」を完成させる
7月（12月）上旬	：分析方法の検討
7月（12月）末	：軸となる研究計画書を完成させる
8月（1月）上旬	：各大学院のフォーマットに合わせて調整
8月（1月）中旬	：願書提出
9月（2月）	：大学院入試

生徒からの質問コーナー

Q 修士論文は、臨床心理学に関する内容のものでないといけないのですか？

A 日本臨床心理士資格認定協会（2014）の規定によると、「修士論文のテーマと内容が臨床心理学に関するものであること」とされています。そのため、臨床心理士指定大学院に進学し、そのうえで臨床心理学に関する修士論文を書く必要があります。

Q 臨床心理学の研究論文はどんな内容ですか？

A 論文の結果が、心理支援や臨床場面に役立つことを示すことが必要です。つまり、精神疾患や心理学的問題の治療・解決、あるいは人々の精神的健康の増進に貢献する内容であるということです。

Q 先行研究（論文）はどれくらい集めたら良いですか？

A 目安としては、5～10本程度です。それら全てが、研究計画書での自分の主張の裏付けとなる内容であることが大切です。しかし、テーマがまだはっきりとしていない場合や、研究の目的・方法が決まっていない場合は、それらが決まるまで論文を集めることになります。研究テーマ、あるいは研究方法を決める段階での論文は、研究計画書に引用・参考文献として記載されないこともありますが、研究の枠作りのために必要な論文となります。

2 研究計画書完成までの流れ

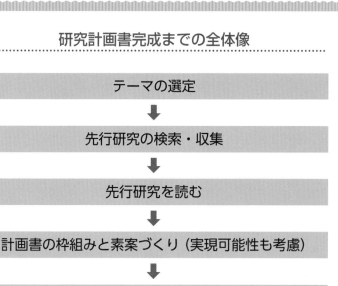

研究計画書完成までの全体像

テーマの選定

⬇

先行研究の検索・収集

⬇

先行研究を読む

⬇

計画書の枠組みと素案づくり（実現可能性も考慮）

⬇

計画書全体の見通し

◉ テーマの選定

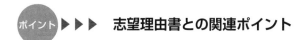

ポイント ▶ ▶ ▶ 　志望理由書との関連ポイント

・これまでの経験（心理支援の視点）
・受験の動機
・修了後、資格取得後のキャリア
・大学院を選んだ理由

　上記の内容からテーマを考えてみると、具体的には以下のようになります。

・みなさんが公認心理師・臨床心理士になりたいと思ったきっかけはなんでしょうか？

・心理師（士）として働くとき、どんな場所でどんな人を相手にカウンセリングをしたいと考えましたか？

・将来どこで働きたいと考えているでしょうか？例えば、「小学校でスクールカウンセラーをしたい」、「企業内で働いている人のメンタルケアをしたい」など色々あると思います。この場合、「小学校の児童」「企業労働者」が最初の大きなテーマとなります。

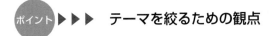 **テーマを絞るための観点**

・研究テーマの範囲－実現可能であるかどうか

・倫理的に可能かどうか

・研究テーマの範囲－実現可能であるかどうか

　繰り返しになりますが、研究の内容は、臨床心理学となります。しかし、その範囲は広く、例えば、精神疾患や心理的問題を扱うとなると、不安障害、うつ病、引きこもり、不登校など多くあります。しかし、精神疾患やいじめ、不登校などは、直接的に学生が研究対象として扱うことは難しいでしょう。ボランティア団体や、当事者グループに所属しているのであれば、研究に協力してもらいやすいですが、そういった繋がりがない場合、自分で探さなければなりません。入学後に教員から紹介してもらえないわけではないですが、面接試験時に研究対象者について問われることもあるため、研究協力者の見込み、実現可能性を示さなければなりません。

　次に、研究期間についても考慮する必要があります。修士論文の作成期間は最長で2年間です。論文として取り掛かるまでに、調査依頼、調査実施、分析などの過程を経て、論文作成にあたります。その他、大学院生であっても授業やレポートがあり、実習もあるので、実質の研究期間は1年程度と思われます。そのため、「学年による居場所の変化」といった、年単位を必要とする縦断研究は実

現することが不可能であり、数ヶ月の予定であっても、期間制限を考慮した上で研究計画書を作成しなければなりません。

・倫理的に可能かどうか

　最近の大学院では、倫理審査委員会が設置されています。大学院生が行う研究もその委員会の審査に通らないと実施することができません。受験における研究計画書の段階では、審査という形は取られませんが、倫理的に問題がないか配慮する必要があります。例えば、以下のような点が挙げられます。

・研究協力者の過度な負担になっていないか
・研究協力者に辛い体験をさせる、あるいは思い出させるような内容でないか
・研究のテーマや目的と一致した方法となっているかどうか
・研究の内容が、自己満足ではなく公共性を持っているか

◉ テーマから先行研究の検索・収集をする

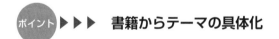 **書籍からテーマの具体化**

　書籍からわかることは、「テーマに関する大まかな歴史」です。最新の情報、緻密な情報を入手するには適していないこともありますが、まずは「大まかな歴史」を把握しておくことが大切なので、1冊以上の書籍には目を通しておきましょう。書籍の中には、著者として専門家が複数人おり、特定のテーマに対して、異なる立場から書いている本もあります。そのため、自身のテーマをさらに絞り込んだり、全体像の理解として参考になったりすることも多いでしょう。

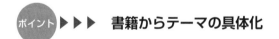 **研究論文からの具体化**

　研究論文には、大きく分けて、学会誌（学会発行の雑誌）に掲載されている論

文と、大学などの研究機関が発行している紀要論文があります。学会誌の論文は、査読（複数人の専門家による審査）があることが多いため、論文としての水準が高いといえます。それに対し、紀要論文は査読がないか、簡易的なもので済まされることがあるため、学会誌の論文に比べると、水準が高くない印象があります。そのため、引用・参考文献に含める際は、学会誌の論文を中心にし、紀要論文は少ないほうが良いでしょう。

 **論文の探し方**

　最近は、インターネットの検索システムにより、簡単に論文を探すことができます。

・Google Scholar

　Googleが提供しており、学術論文の検索に特化したものです。検索能力が優れているだけでなく、論文の被引用回数が表示されたり、論文管理ソフトと連携したりできるなど、他の検索サービスにはない特徴もあります。「まずどの論文から読めばよいのか？」という時に手掛かりとなります。複数検索、キーワード検索、OR検索、除外検索もできるので、比較的使いやすく、便利です。

・CiNii（NII論文情報サービス）

　国立情報学研究所（NII）が運営するデータベースで、日本国内の主要雑誌の多くをカバーしています。論文だけでなく、図書館に収蔵されている書籍も検索できます。大学図書館を利用できる環境にある場合には、積極的に活用できます。ほかにも、博士論文を検索できます。

・国立国会図書館／大学図書館

　インターネット上では入手できない論文に関して、国立国会図書館に貯蔵されている雑誌・書籍等であれば、文献複写サービスを利用することで入手できます。直接出向いて複写申し込みすることもできますし、ネット上で申し込みをして郵送してもらうこともできます。

● 先行研究を読む

　心理学における研究論文は、「タイトル」「要約」「問題」「目的」「方法」「結果」「考察」「引用・参考文献」という構成になっています。論文の構成によっては、【問題と目的】【結果と考察】というようにまとまっていることもあります。

・タイトル

　タイトルでは、誰を対象にどんなことを調べたかが端的に示されています。より具体性を持たせるために、サブタイトルをつけることもあります。受験における研究計画書も基本的にはタイトルを書きますので、タイトル決めの参考になります。

・要約

　要約には、その研究の目的や方法、結果や考察が書かれています。400字程度で書かれており、その論文の中心的な内容となっています。英語で記載されていることもあります。まず、要約を読み、重要な点をおさえて、全体を読みすすめると理解がしやすいでしょう。

・問題

　問題には、その研究の歴史や、関連する事柄、すでに明らかになったことや課題などが論じられています。また、多くの先行研究が引用され、研究に関連する概念の説明もされています。さらに、研究の「目的」につながるための情報であり、その目的の妥当性や意義を示しています。

・方法

　方法には、研究対象の属性や人数、時期や場所、研究材料が書かれています。量的研究の場合、使用された尺度や分析方法も示されています。質的研究の場合も、インタビューの様式や質問項目、分析方法が示されています。

・結果

　結果には、方法によって出された分析データが示されています。基礎統計量のほか、検定の結果や図や表が記載されています。結果の内容は、複雑な分析によるものもあり、また研究計画書には結果を書くことはありませんので、すべて理解する必要はありません。しかし、研究計画書の分析方法と同様のものを用いる場合は手順を把握しておくため、目を通しておいたほうがよいでしょう。

・考察

考察には、結果から導き出された結論が書かれています。目的が確かめられたかどうか、結果の意味していることはなにか、仮に目的の仮説が証明されないとしたら、どのような要因が影響していたのか、といったことが述べられています。また、その研究での問題点や今後の研究課題なども書かれており、研究計画書作成のヒントにもなるでしょう。

◉ 論文の枠組みと素案づくり

研究計画書のテーマを絞り、先行研究の論文をいくつか集め、テーマ、目的および方法が決まったら、研究計画書を書き始めます。志望大学院の募集要項に従って書いていきますが、文字数の制限だけで、その他は指定されていない場合、一般的な研究計画書の書き方を参考にするとよいでしょう。研究計画書は、先行研究の論文の形式と違い、あくまで計画ですので、「結果」や「考察」は必要ありません。よって、「タイトル」「問題（目的）」「方法」「引用・参考文献」を書くことになります。計画書では、「仮説」「研究の意義」が重視されることもあります。それらは、字数の制限によって、項目として表記せず、「問題・目的」の中に書くこともありますが、項目立てて書く場合、方法の後に記載することが一般的です。面接試験でも質問されることがありますので、必ず検討しておきましょう。

・タイトル

本研究がどのようなものかについて明確にわかるタイトルをつけましょう。抽象的になりすぎず、内容とズレないようにするために、研究計画書を書き終えたあとでもよいでしょう。タイトルの長さについては、学会誌の「心理臨床学研究」では35字以内、「心理学研究」では30字以内が目安となっています。サブタイトルをつけるのであれば、研究の具体的な内容・方法を含めたほうがいいでしょう。大学院のなかには、HPに過去の修士論文のタイトルを掲載していることもあるので、参考にしてみましょう。

・問題（目的）

問題は、あくまでも「目的」を論じるための前段です。社会問題の背景や研究の歴史から述べられていることもありますが、先行研究で明らかになったこと

を整理し、本研究の目的に向けて論理的に述べられているかが、評価ポイントの一つになります。これまでの研究を整理し、その研究分野のなかで本研究は何を明らかにしようとしているのかを述べるのが、研究目的です。目的は、できるかぎり焦点が絞られていることが望ましく、書き方の例として、「これまでの研究では、××が明らかになっていない。よって、本研究では、××を明らかにすることを目的とする」や「これまでの研究では、〇〇という視点は含まれておらず、よって、本研究では〇〇と××の関係性について検討することを目的とする。」というようになります。

・方法

　研究方法には、誰を対象にどのような方法を用いてデータを収集し処理するかを書きます。対象者の属性や人数、データの収集方法（尺度を使用するのか、インタビューを行うのか等）、データの分析方法を述べますが、字数の制限上、使用尺度の説明（因子数、因子の説明）や分析手順（因子分析、重回帰分析など）は書くことができない場合があります。しかし、その場合でも、面接時には質問されることがあるため、答えられるようにしておいたほうがよいでしょう。

・仮説

　仮説には、本研究での結果の予測を示します。仮説は研究目的に沿ったものでなければなりません。先行研究の成果を整理しつつ、研究の仮説を論理的に妥当性があることを示します。仮説とは、予想される結果のことなので、使用する尺度で測定される変数間の関係性などについて、具体的に記述するといいでしょう。

・研究の意義

　研究の意義とは、研究で得られた結果が、臨床心理学の進展や他分野への応用、社会にどのような貢献ができるかを述べる部分です。あくまで予想されることであるので、確定的である必要はありません。一般的に研究の目的は、個人的な興味を満たすものではなく、社会に役に立つことであるため、それを意識しているかが問われているのです。

・引用・参考文献

　引用参考文献を書くかどうかは大学院によって異なります。大学院によっては、指定字数に含めることを明示しているところもあれば、800字以内の研究

計画書であれば、引用・参考を書かないことが暗黙のルールになっているところもあります。特に指示はなく、2000字の制限の場合は、文献リストを含めての範囲と考えていいでしょう。1500字以下の場合は、文献リストを含めるのは難しいといえます（迷う場合は大学院事務局に問い合わせたるとよいでしょう）。ただし、文中に「○○（□□,2004）と述べられている」などと書くことは必要です。下記に詳しく書いています。

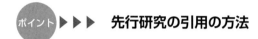

ポイント ▶ ▶ ▶ 先行研究の引用の方法

　心理学の論文において、先行研究を引用する時にはルールがあります。研究計画書においても、そのルールに従う必要があります。引用の仕方については、日本心理学会発行の「心理学研究　執筆・投稿の手引き」、もしくは日本心理臨床学会発行の「心理臨床学研究　論文執筆ガイド」を参考にしてください。そのうち、研究計画書に関連すると思われるものについて下記に紹介しています。

【文中おける引用】

(1) 著者名・刊行年

　本文中に文献を引用する場合，著者名（姓）の直後に刊行年を添える。

　・本文中に文章として入れる場合

　　「宮埜（2014）によれば…」，「Miyano（2014）は…」

　・括弧内に文献を示す場合

　　「…という（森川, 2014）。」，「…である（Morikawa, 2014）。」

　・同一著者で，同一年に刊行された文献がいくつかある場合，刊行年のあとにアルファベット小文字 a, b…を付して区別する。

　　「たとえば箱田（2014a, 2014b）では…」，「…とする（Hakoda, 2014a, 2014b）。」

　・異なる著者で，同一姓，同一年の文献の引用があり，混同の恐れのある場合，日本語文献であれば第 1 著者の名を，外国語文献であればイニシャルを添える。

「阿部 純一（2014）では…であり，阿部 恒之（2014）では…となっている。」

「…といえる（阿部 純一，2014；阿部 恒之，2014）。」

(2) 共著（著者 2 名）

著者が 2 名の共著の場合は，引用のたびごとに両著者名を書く。

・日本語文献では，著者名の間は中黒（・）で結ぶ。

「伊東・越智（2014）は…」，「…している（伊東・越智，2014）。」

・英語文献では，"&" を用いる。

「Shimizu & Haryu（2014）によれば…」

「…確認された（Shimizu & Haryu, 2014）。」

(3) 共著（著者が 3―5 名）

著者が 3―5 名の共著の場合は，初出の際には全著者名を書く。2 度目以後は，第 1 著者名を書き，第 2 著者以降は日本語文献では「他」，英語文献では "et al." と略記する。

・日本語文献の初出「堀毛・上淵・鈴木（2014）からは…」

「…であろう（堀毛・上淵・鈴木，2014）。」

日本語文献の 2 度目以後「堀毛他（2014）が…」，「…になる（堀毛他，2014）。」

・英語文献の初出「Takahashi, Ikegami, & Imura（2014）において…」

「…する（Takahashi, Ikegami, & Imura, 2014）。」

英語文献の 2 度目以後「Takahashi et al.（2014）を用いて…」

（日本心理学会「執筆・投稿の手びき」より一部引用）

【文献一覧】

・引用文献は，本文の終わりに「文献」の見出しで，著者の姓を規準にしてアルファベット順に一括して記載する。

・複数の著者名の記述の仕方は，漢字仮名による人名表記の場合，A・B あるいは A・B・C というように，氏名と氏名の間は「・」で区切る。アルファベットによる人名表記の場合は，「A & B」あるいは「A, B, & C」等と，「&」を用いる。

a）雑誌の場合：著者名，公刊年（西暦），論題，誌名，巻（太字），記載頁の順序とする。ただし，通巻ページ数の記載がない場合は，巻数に続けて号数を（ ）で括り，記載すること。巻数がない雑誌の場合は，通しの号数を，「号」または「No.」を付けて記載すること。なお，雑誌名の記載に際しては，和・欧いずれの場合でも，「心研」「J. Clin. Psychol.」といったような略記をしてはならない。

〈和雑誌例〉

一丸藤太郎・倉永恭子・森田裕司・鈴木健一（2001）. 通り魔殺人事件が児童に及ぼした影響―継続実施した S-HTP から. 心理臨床学研究, 19, 329-341.

〈洋雑誌例〉

Shore, J. H., Tatum, E. L., & Villmer, W.（1986）. Psychiatric reactions to disaster: The Mount St. Helens experience. American Journal of Psychiatry, 143, 590-595.

b）単行本の場合：著者名，発行年度（西暦），書名，発行所，引用頁の順序とする。ただし，編者と担当執筆者の異なる単行本の場合は，該当執筆者を筆頭にあげ，以下，発行年度，論題，編者名，書名，発行所，頁の順とする。編者の英語表記は，1 人の場合は "Ed." と，2 人以上の場合は "Eds." とする。

〈和書例〉

河合隼雄（1967）. ユング心理学入門. 培風館.

中村泰江（2003）. 学校に入ったら何から始めたらよいか. 伊藤美奈子・平野直己（編）. 学校臨床心理学入門―スクールカウンセラーによる実践の知恵. 有斐閣, pp. 46-60.

〈洋書例〉

Fiscalini, J.（1995）. Narcissism and self-disorder. In M. Lionells, J. Fiscalini, C. H. Mann, & D. B. Stern（Eds.）. Handbook of interpersonal psychoanalysis. New York: Analytic Press, pp. 333-374.

〈訳本例〉

Sullivan, H. S. (1953). The interpersonal theory of psychiatry. New York: Norton. 中井久夫・宮崎隆吉・高木敬三・鑪幹八郎 (訳) (1990). 精神医学は対人関係論である. みすず書房.

c) インターネット上の資料からの引用の場合, 著者名, 年号, 題目, サイト名, 取得日を明記すること。

〈例〉

文部科学省 (2010). 平成 21 年度「児童生徒の問題行動等生徒指導上の諸問題に関する調査」結果 (暴力行為, いじめ, 高等学校不登校等) について. http://www.mext.go.jp/b_menu/houdou/22/09/1297352. htm (2011 年 3 月 5 日取得)

d) 著者名を基準にした一括記載の場合, 同一著者で 2 種以上の文献がある場合は発刊年度順とし, さらに同年度に同一人の 2 種以上の文献がある場合には論題のアルファベット順に 1980 a, 1980 b のように区別して記載する。

e) 本文中の引用文献が, 巻末掲載の文献一覧に記載されていない場合がある。本文中に引用した文献は漏れなく掲載すること。ただし, 参考文献は文献一覧から除外する。

(日本心理臨床学会 「論文執筆ガイド」より一部引用)

◉ 計画書全体の見直し

研究計画書を一通り書くことができたら、何度も全体を見渡して推敲するとよいでしょう。下記のチェック項目が参考になります。

▶▶▶ チェック項目

・タイトル

・研究内容とズレていないか

・タイトルから研究の内容が読み取れるか

・問題（目的）

・臨床心理学の内容であるか

・先行研究を整理できているか

・最新の先行研究も入っているか

・目的が明確に示されているか

・目的が具体的になっているか

・方法

・実現可能か（対象者・時間・期間）

・倫理的に問題はないか

・尺度は信頼性・妥当性があるか

・目的、仮説と整合性がとれているか

・仮説

・論理的であるか

・目的と方法と整合性があるか

・研究の意義

・仮説と整合性がとれているか

・臨床心理学の発展や社会貢献につながる内容であるか

3 研究計画書作成後

◉ 研究計画書作成後のポイント

　作成した後は、必ず誰かに読んでもらいましょう。予備校に通っている場合は予備校講師や、大学教員などの専門家に依頼できれば良いですが、それが難しい場合は、何人かの身近な人に読んでもらい、文章のまとまりや論理の構成を見てもらえばよいでしょう。

　研究計画書を作成することは、修士論文あるいは、今後の学会論文を作成するための基礎練習となります。後回しにすることなく、テスト勉強と同時進行していきましょう。研究テーマからキーワードを検索して、論文をいくつか読むと、何となくでも大枠のイメージが掴めたりするものです。

◉ 面接対策

　大学院受験には、面接試験（口述試験）があります。二次試験として、筆記問題の合格者を対象に実施されることが多いですが、筆記試験の同一日に実施されることもあります。2〜3名の面接官により実施され、時間としてはおおよそ10〜15分程度となります。質問される内容として、志望動機と研究計画書は必ず含まれます。志望動機、研究計画書を、2〜3分程度でまとめておくといいでしょう。志望動機・研究計画書について、面接試験で予想される質問を次に紹介します。

● 面接試験の予想問題

志望動機に関する質問

- ・なぜ本校を志望しましたか？
- ・本校に望むことはなんですか？
- ・心理学を学びたいと思うきっかけはなんですか？
- ・大学生のときは心理支援に関わる活動はしていましたか？
- ・将来はどういった分野で働きたいですか？
- ・今の仕事を辞めて、心理職を目指す理由はなんですか？
- ・社会人としての経験はどんな風に活かせそうですか？

研究計画書に関する質問

- ・なぜそのテーマを選びましたか？
- ・研究の臨床心理学的な意義を説明してください。
- ・この研究で想定される仮説を教えて下さい。
- ・研究対象として選んだ理由はなんですか？
- ・選んだ尺度の説明をしてください。
- ・統計的手法として想定しているものを教えて下さい。
- ・卒業論文と比較して違いを教えて下さい。

事項索引

索引　事項索引

357

人名索引

日本語

索引 人名索引

英語索引

索引　英語索引

369

引用・参考文献

・American Psychiatric Association 編 **日本精神神経学会 日本語版用語** 監修 髙橋三郎・大野裕 監訳 染矢俊幸・神庭重信・尾崎紀夫・三村將・村井俊哉 訳(2014)**DSM-5 精神疾患の診断・統計マニュアル**. 医学書院.

・朝野熙彦・鈴木督久・小島隆矢 共著(2005)**入門 共分散構造分析の実際**. 講談社.

・アン・ワイザー・コーネル 著 村瀬孝雄 監訳(1996)**フォーカシング入門マニアル**. 金剛出版.

・アン・ワイザー・コーネル 著 大澤美枝子 訳(1996)**フォーカシング入門マニュアル**. 金剛出版.

・Edward E. Smith・Susan Nolen-Hoeksema・Barbara L. Fredrickson・Geeoffrey R. Loftus 著(2003)**Atkinson and Hilgard's Introduction to Psychology With Infotrac**. Wadsworth Pub Co.

・ルドルフ・ドライカース 著 宮野栄 訳(1996)**アドラー心理学の基礎**. 一光社.

・藤健一・八木保樹・星野祐司・土田宣明・柴田直峰・福原浩之 著 松田隆夫 編著(1997)**心理学概説―心と行動の理解**. 培風館.

・藤山直樹 著(2010)**集中講義・精神分析(下)フロイト以後**. 岩崎学術出版社.

・長谷川啓三 著(2005)**ソリューション・バンク**. 金子書房.

・長谷川啓三・若島孔文 編(2002)**事例で学ぶ家族療法 短期療法 物語療法**. 金子書房.

・一般社団法人日本心理臨床学会 学会誌編集委員会 編(2016)**心理臨床学研究 論文執筆ガイド**

・ジェイ・ヘイリー 編(1997)門前進 訳 **ミルトン・エリクソンの催眠療法**. 誠信書房.

・ヤーコ・セイックラ/トム・エーリク・アーンキル 著 高木俊介・岡田愛 訳(2016)**オープンダイアローグ**. 日本評論社.

・東豊 著(1993)**セラピスト入門―システムズアプローチへの招待**. 日本評論社.

・東豊 著(2010)**家族療法の秘訣**. 日本評論社.

・平山典子・袰岩秀章 著(1997)**カウンセリングの基礎-臨床の心理学を学ぶ**. 北樹出版.

・平山諭・鈴木隆男 著(1994)**発達心理学の基礎<2>機能の発達**. ミルネヴァ書房.

・リン・ホフマン 著 亀口憲治 訳(2006)**家族療法の基礎理論**. 朝日出版社.

・本郷一夫・金子京子 著(2011)**臨床発達心理学の基礎(シリーズ臨床発達心理学・理論と実践)**. ミネルヴァ書房.

・飯田紀彦 編著(2006)**プラクティカル医療心理学**. 金芳堂.

・今田寛・賀集寛・宮田洋 編(2003)**心理学の基礎 三訂版**. 培風館.

・乾吉佑・亀口憲治・東山紘久・山中康裕・氏原寛 編(2005)**心理療法ハンドブック**. 創元社.

・乾吉佑 監修 横河滋章・橋爪龍太郎 編(2015)**生い立ちと業績から学ぶ精神分析入門 22人のフロイトの後継者たち**. 創元社.

・亀田憲治 編著(2006)**家族療法**. ミネルヴァ書房.

・かしまえりこ・神田橋條治 著(2006)**スクールカウンセリングモデル100例―読み取る。支える。現場の工夫**. 創元社.

・鹿取廣人・杉本敏夫・鳥居修晃 編(2011)**心理学 第4版**. 東京大学出版会.

・公益財団法人日本臨床心理士資格認定協会 監修(2013)**新・臨床心理士になるために 平成25**

年版. 誠信書房.

・公益財団法人日本臨床心理士資格認定協会 監修(2015)**新・臨床心理士になるために 平成27年版**. 誠信書房.

・公益社団法人日本心理学会機関誌等編集委員会 編(2015)**執筆・投稿の手びき 2015 年版**

・小塩真司 著(2004)**SPSSとAmosによる心理・調査データ解析 —因子分析・共分散構造分析まで**. 東京図書.

・子安増生・二宮克美 編(1992)**キーワードコレクション発達心理学 [改訂版]**. 新曜社.

・熊野宏昭 著(2012)**新世代の認知行動療法**. 日本評論社.

・丸山欣哉・大橋智樹・佐々木隆之 著(2009)**学生のための心理統計法要点**. ブレーン出版.

・松田隆夫 編(1997)**心理学概説 心と行動の理解**. 培風館.

・松田隆夫 著(2000)**知覚心理学の基礎**. 培風館.

・松尾太加志・中村知靖 著(2002)**誰も教えてくれなかった因子分析**. 北大路書房.

・森敏昭・吉田寿夫 (編)(1990) **心理学のためのデータ解析テクニカルブック**. 北大路書房.

・無藤隆・やまだようこ・南博文。麻生武・サトウタツヤ 編(2004)**ワードマップ 質的心理学 創造的に活用するコツ**. 新曜社.

・村上宣寛・村上千恵子 著(2008)**改訂 臨床心理アセスメントハンドブック**. 北大路書房.

・村尾泰弘 著(2001)**家族臨床心理学の基礎-問題解決の鍵は家族の中に**. 北樹出版.

・無藤隆・やまだようこ・南博文・麻生武・サトウタツヤ(2004)**質的心理学 —創造的に活用するコツ**. 新曜社.

・永井徹 著(2005)**子どもの心理臨床入門**. 金子書房.

・中島義明・繁桝算男・箱田裕司 編(2005)**新・心理学の基礎知識**. 有斐閣.

・中島義明・安藤清志・子安増生・板野雄二・繁枡算男・立花政夫・箱田裕司 編(2010)**心理学辞典**. 有斐閣.

・中村伸一 著(2011)**家族・夫婦臨床の実践**. 金剛出版.

・中村友靖・松井仁・前田忠彦 共著(2006)**心理統計法への招待**. サイエンス社.

・成田善弘 著(2003)**セラピストのための面接技法—精神療法の基本と応用**. 金剛出版.

・日本家族研究・家族療法学会 編(2013)**家族療法テキストブック**. 金剛出版.

・日本心理臨床学会(2011)**心理臨床学事典**. 丸善出版.

・小此木啓吾・馬場謙一 編(1977)**フロイト精神分析入門**. 有斐閣新書.

・佐治守夫・飯長喜一郎 編(1983)**ロジャーズ クライエント中心療法**. 有斐閣新書.

・佐藤郁哉 著(2008)**質的データ分析法 原理・方法・実践**. 新曜社.

・佐藤宏平・三澤文紀・生田倫子・久保順也 著 長谷川啓三・若島孔文 編(2002)**事例で学ぶ家族療法・短期療法・物語療法**. 金子書房.

・重野純 著(1994)**キーワードコレクション心理学**. 新曜社.

・清水裕 著(2003)**社会心理学の基礎と発展**. 八千代出版.

・下山晴彦 著(2000)**臨床心理学研究の技法 シリーズ・心理学の技法**. 福村出版.

・下山晴彦 著(2009)**よくわかる臨床心理学(改訂新版)**. ミネルヴァ書房.

・ケヴィン シルバー・苧阪 満里子・苧阪 直行(2005)**心の神経生理学入門—神経伝達物質とホル**

モン (心理学エレメンタルズ). 新曜社.

・高橋雅春・高橋依子 著(1993)**臨床心理学序説**. ナカニシヤ出版.

・高橋雅春・西尾博行・高橋依子 著(2006)**ロールシャッハテスト実施法**. 金剛出版.

・高橋三郎・大野裕・染矢俊幸約(2003)**DSM-IV-TR精神疾患の分類と診断の手引き**. 医学書院.

・鑪幹八郎 編著・名島潤慈 編(2010)**心理臨床家の手引[第3版]**. 誠信書房.

・津川秀夫・大野裕史 編著(2014)**認行動療法とブリーフセラピーの接点**. 日本評論社.

・内山喜久雄・坂野雄二 編(2008)**認知行動療法の技法と臨床**. 日本評論社.

・上里修一郎 監(2002)**臨床心理学と心理学を学ぶ人のための心理学基礎事典**. 至文堂.

・氏原寛・亀口憲治・馬場禮子・岡堂哲雄・西村洲衛男・松島恭子 著(2006)**心理査定実践ハンドブック**. 創元社.

・氏原寛・亀口憲治・成田善弘・東山紘久・山中康裕 共著(2004)**心理臨床大事典 改訂版**. 培風館.

・若島孔文 著(2011)**ブリーフセラピー講義**. 金剛出版.

・若島孔文 編(2003)**学校臨床ヒント集—スクール・プロブレム・バスター・マニュアル**. 金剛出版.

・若島孔文・長谷川啓三 著(2000)**よくわかる!短期療法ガイドブック**. 金剛出版.

・渡部洋 編著(2004)**心理統計の技法 シリーズ・心理学の技法**. 福村出版.

・エイドリアン・ウェルズ 著 熊野宏昭・今井正司・境泉洋 監訳(2012)**メタ認知療法: うつと不安の新しいケースフォーミュレーション**. 日本評論社.

・World Health Organization 編 融道男・中根允文・小見山実・岡崎祐士・大久保善朗 監訳(2005)**ICD-10精神および行動の障害: 臨床記述と診断ガイドライン**. 医学書院.

・山鳥重 著(1985)**神経心理学入門**. 医学書院.

・山本利和 編(1999)**発達心理学**. 培風館.

・山中康裕 著(1996)**臨床ユング心理学入門**. PHP新書.

・山中康裕 編著(2010)**心理学対決!フロイトvsユング (史上最強カラー図解)**. ナツメ社.

・山内光哉 著(1998)**心理・教育のための統計法〈第2版〉**. サイエンス社.

・吉川悟・東豊 著(2001)**システムズアプローチによる-家族療法のすすめ方**. ミネルヴァ書房.

・財団法人日本臨床心理士資格認定協会 監修(2011)**臨床心理士資格試験問題集1 平成3年版~平成18年**. 誠信書房.

・財団法人日本臨床心理士資格認定協会 監修(2012)**臨床心理士資格試験問題集2 平成19年版~平成22年**. 誠信書房.

・財団法人日本臨床心理士資格認定協会 監修(2012)**新・臨床心理士になるために 平成24年版**. 誠信書房.

あとがき

　本書では、公認心理師や臨床心理士の養成大学院、あるいは公認心理師試験・臨床心理士試験で重要なキーワード・キーパーソンについて第１部で紹介しました。また、それだけではなく、公認心理師や臨床心理士の養成大学院入試の試験科目には英語があるため、試験でよく問われる英文読解・和訳に特化した心理英語対策ができるように、第２部を構成しました。第３部では、公認心理師や臨床心理士の養成大学院で求められることの多い研究計画書の書き方についても紹介しています。

　これらは、大学院入試だけではなく資格試験のときやその後に学び続ける際にも役立てることができると思いますので、ぜひ大いに活用いただければ嬉しいです。

　もし本書を軸に学習していただいて、公認心理師・臨床心理士の大学院に合格し、資格試験に合格した後も、それが終わりでは決してありません。臨床心理士資格が更新制にされているように、「いくら学んでも学びきれない」という気持ちを持って、常に研鑽を積んでいっていただけることを願っております。

　最後になりましたが、本書を執筆するにあたってご協力いただいた執筆者の皆様方、ならびに本書の校正などでご助力いただいた方々に感謝の意を申し上げさせていただきたく存じます。

2021年12月29日

浅井伸彦
ほか、執筆者一同

●編著
IPSA心理学大学院予備校

公認心理師・臨床心理士の大学院入試対策や、公認心理師資格試験対策の予備校。東京と大阪、また通信講座の形で各種の対策講座を提供している。大阪校にはカウンセリングオフィス(MEDI心理カウンセリング大阪、関連会社である一般社団法人国際心理支援協会による)が併設されている。

●執筆者
浅井 伸彦　伊藤 之彦　田代 千夏　可児 美緒　福原 佑佳子　金井 佑実子

この1冊で公認心理師・臨床心理士・養成大学院入試に使える！
心理学頻出キーワードとキーパーソン
＋英語集中対策
（研究計画書対策も収録）

| 発行日 | 2021年12月29日 | 第1版第1刷 |

編　著　IPSA心理学大学院予備校

発行者　斉藤　和邦
発行所　株式会社　秀和システム
　　　　〒135-0016
　　　　東京都江東区東陽2-4-2　新宮ビル2F
　　　　Tel 03-6264-3105（販売）Fax 03-6264-3094
印刷所　三松堂印刷株式会社　　　　Printed in Japan

ISBN978-4-7980-6522-9 C3011